Гюлюш Агамамедова

Манекен

Мы живые, мы не куклы

Оглавление

Манекен 3
Мужчина без возраста 10
Птицы 21
Лиза Герардини 49
Маска 71
Машутка 79
Грезы 86
Все на продажу 110
Ген счастья 124
Неизвестный адресат 141
Файл судьбы 152
Я горжусь тобой!!! 168
Право на старость 175

Манекен

В витрине дорогого магазина симпатичная девушка улыбалась ослепительной улыбкой. Еще вчера на ней была коротенькая юбочка, открывающая длинные загорелые ноги. Сегодня она облачилась в полосатые облегающие капри. Льняные волосы рассыпались по обнаженным плечам. «Вот моя мечта. Именно такой должна быть избранница! Она совершенна.» Молодой человек глядел из магазина напротив. То, что он был манекеном, не мешало ему иметь собственное мнение о женской красоте и привлекательности. За время своей службы в магазине он приобрел некоторый опыт. Прежде чем заинтересоваться особой напротив, он внимательно наблюдал за всеми девушками и женщинами, проходящими мимо, и теми, кто входил в его магазин. У каждой он находил какой-либо изъян. Почему он интересовался только женским полом? Да потому, что он был настоящим мужчиной, хоть и с маленькой оговоркой. Мужчиной-манекеном. Недавно ему показалось, увы, только лишь показалось, что молоденькая девчушка, разглядывавшая с восхищением развешенные на плечиках вечерние платья, необыкновенно хороша. Но стоило ей потянуть носом и забывшись заплести, как медвежонок, ноги, все очарование испарилось. А как он развеселился, когда одна дама, проходившая мимо и принявшая его за обычного молодого человека, подмигнула ему. Манекену очень хотелось улыбнуться в ответ и помахать рукой, но он не мог позволить себе подобной вольности. Он был на работе и обязан был сохранять достоинство. Все вокруг должны были им восхищаться: его внешностью, красивой одеждой и, конечно, безупречным воспитанием. И та, подмигнувшая дама была, похоже, заинтересована им до крайности; она обернулась и удивленно покачала головой, увидев, что ни один мускул не дрогнул на лице у манекена в ответ на ее заигрывания.

А то повадилась вечерами приходить какая-то безумная старуха. Сначала она просто его изучала. Что она пыталась разглядеть? Манекен, при всей своей проницательности, не мог догадаться. Через какое-то время ее ежедневный визит превратился в ритуал. В самом начале их знакомства она только кивала ему как старому знакомому и что-то бормотала себе под нос. А потом старая женщина стала

3

произносить длинные монологи. В один прекрасный, а может, и наоборот несчастливый день, манекен так и не решил для себя этого вопроса, старуха не пришла. И больше уже никогда он ее не встречал. По правде говоря, она ему порядком надоела. Ну какая радость молодому человеку, даже такому совершенному во всех отношениях, как наш манекен, от общения со старухой. Единственное, что удерживало его от того, чтобы нагрубить ей, это хорошее воспитание и высокое звание манекена. « Noblesse oblige ![1] » А как он разозлился, когда новенькая неумелая продавщица задвинула его подальше в дальний угол. Видите ли, он мешал ей раскладывать по полкам новый товар. Кто бы обратил внимание на ее дешевый уцененный товар, если бы не он, манекен, с его шармом, умением носить любую тряпку так, как будто это в самом деле стоящая вещь. Так он и стоял в дальнем темном углу, пока женщина, случайно от скуки забредшая в магазин, не обнаружила и не вытащила его на свет божий, на всеобщее обозрение. Она тут же захотела купить все, что на нем было надето. Продавщица, окрыленная несказанной удачей, помчалась разыскивать те же вещи, что у манекена. Выяснилось, что и тут он незаменим. Одежда, в которую он был наряжен, осталась в единственном экземпляре. Именно та, что была на нем. Продавщица оказалась настолько бестактной, что стала раздевать манекен прямо на глазах у женщины. Ему было так неловко, что если бы не обязанности манекена, то он сорвался и наорал бы на нетактичную продавщицу. Тут на помощь ему пришла благодарная покупательница, задвинувшая шторку в примерочной, чтобы он не смущался. После того вопиющего случая манекена одели в новую одежду и снова выставили в витрину. А директор магазина отругал нерадивую продавщицу за беспардонное обращение с манекеном. Женщина больше не появлялась в магазине, и он скоро забыл о ней, тем более, что встретил ту, о которой мечтал долгими ночами, глядя немигающими глазами прямо перед собой. Утром в субботу ему показалось, что все вокруг осветилось необыкновенным светом. Лучезарная улыбка девушки в витрине напротив оказала на манекен такой эффект, что весь день он простоял совершенным истуканом, не реагируя на другие внешние раздражители. Время от времени он приходил в себя, бросал взгляд на девушку и с удовольствием убеждался в том, что ничего не поменялось. Она улыбается все также зазывно. Никаких сомнений

---

[1] Положение обязывает (фр.)

быть не могло. Эта улыбка предназначалась только ему. Ему одному и никому другому. Она пристально, не мигая, смотрела на него, ожидая какого-нибудь знака с его стороны. И манекен настолько воспламенился, что позволил себе два или три раза поднять и опустить веки. Девушка хотя и заметила его маневр, но никак не отреагировала; она получила почти такое же воспитание, как и он, в этом не было никаких сомнений. Манекен с удовольствием отметил ее сдержанность. Только его старания обратить на себя внимание не прошли даром для других. Две девчонки, со вкусом поедавшие мороженое прямо перед его носом вдруг, замерли и переглянулись.

- Ты видела? Он моргнул
- У тебя глюки. Он не может моргать, он же манекен!
- Спорим?

Девочки застыли перед манекеном, став похожими на его младших сестер. Манекен не мог не заметить столь пристального внимания и еще раз моргнул, на этот раз из озорства.

- Ну что, убедилась, - торжествующим тоном спросила первая
- Не знаю, - протянула вторая, - может, это от жары. Так бывает. Мне мама говорила.

Вторая девочка схватила первую за руку и потянула изо всех сил прочь от опасного манекена. Первая поддалась с неохотой. Манекен вновь стал образцовым и недвижно застыл на боевом посту. Девочки ушли, и когда манекен поднял глаза на предмет своего обожания, то был неприятно поражен. Девушка, стоявшая до этого мгновения лицом к нему, теперь была повернута боком, и он не мог уже видеть ее прекрасной улыбки и горящих глаз. Только стройную фигурку в тех же полосатых брючках. «А она не так хорошо воспитана, как мне показалось вначале. Зачем нужно было поворачиваться боком. Да и вкус у нее не совсем безупречный. В одних и тех же штанах целый день простояла. Могла бы что-нибудь новенькое надеть.» С наступлением темноты витрины закрыли железными жалюзи, и манекен промучился всю ночь напролет, не сомкнув глаз ни на минуту. Он с нетерпением ждал утра в надежде, что неприступная красавица сменит гнев на милость и повернется к нему лицом. Он строил догадки, чем он ее так рассердил, что она более не захотела улыбаться и смотреть на него. Наступило утро, поднялись жалюзи. Красавица стояла также, как в самом начале- лицом к манекену и улыбка была та же. Изменилось только оформление витрины. Прямо над головой у красавицы висела табличка, на которой громадными буквами было написано: скидки, 30-50%. А на его милой был надет совершенно безвкусный цветастый сарафан ядовито розового, особенно нелюбимого манекеном, цвета. В первое мгновение ему даже показалось, что девушка подняла руку, приветствуя его. Только потом он заметил, что она держала в ней соломенную старомодную шляпку. «Ну разве можно так издеваться над собой. Зачем она надела этот балахон? Если бы его выбрала та старуха, которая разговаривала со мной, то это было бы понятно, а ей зачем? А еще эта шляпка. Моя бабушка и та отказалась бы от такой!» Манекен лукавил. Бабушки своей он не знал. Его тяжелая служба, заключавшаяся в полной неподвижности, заставляла работать воображение, и в своих грезах он придумал себе целое семейство со сложными отношениями. Он представил, как познакомит свою избранницу с дружным семейством. Манекен размечтался настолько, что представил себе также небольшую виллу, на которой живет его семья. У виллы настоящая черепичная крыша, гараж на две машины, а лучше на три. Его мечты прервала продавщица.

После разноса шефа она стала чрезвычайно внимательной к манекену. В руках она держала мокрую тряпку. Не обращая внимания на умоляющие глаза манекена, она прошлась тряпкой по физиономии и открытым рукам модельного истукана. Ему вдруг показалось, что красавица с витрины смотрит на него с нескрываемым презрением. Он даже представил, какого рода мысли могли посещать ее. «Вот такой безвольный, ни на что не способный тип, смеет мечтать о моей благосклонности?! Скандал! Да если я только глазом моргну, любой, самый завидный кавалер будет у моих ног! » «Наверняка она думает нечто подобное. Забывает, правда, об одной мелочи. Малюсенькой мелочи. Что надо глазом моргнуть. Что-то я не заметил за столько времени, что гляжу на нее, чтобы она хоть разок глазом моргнула».

Красавица и в самом деле не моргала. Она ведь тоже была манекеном, модельной красавицей. Ее совершенно не угнетала непростая работа, вольности, которые позволяли себе продавщицы, а иногда и клиенты. Ни разу ей не захотелось превратиться в живой манекен, а вернее в манекенщицу или даже в «супермодель» Сколько бы сразу проблем обрушилось на ее симпатичную головку. Диеты, кастинги, непременное везенье. А зависть?! Лавина зависти, способная погрести под собой и не такое хрупкое создание, как модель. Одно было плохо. Она никак не могла подобрать себе спутника жизни. Какого выбрать? Такого манекена как она, к примеру? Того, что в магазине напротив глядит день-деньской,

6

наглядеться не может? Ну положим, в подобном случае ни в чем нельзя быть уверенной. Может он глядит от того, что его так поставили. А если повернут в другую сторону, то он будет смотреть на другой объект. Ему так полагается по долгу службы, также, как и ей. Такой партнер - не поддержка. Он ведь не волен сам принимать решения.

Манекен-мужчина тем временем был на стадии принятия решения. Он пережил все фазы любовной лихорадки и подошел к опасному рубежу. Он решил, что должен и сможет ради своей любимой совершить подвиг. Не только моргать, махать рукой. Он сможет перейти дорогу, встать на колено и приложить руки к сердцу, точнее к тому месту, где у живых моделей находится сердце. На совершение подвига манекен отвел себе месяц. За это время он надеялся научиться передвигаться. Он упорно старался, и у него это получалось. Первой новые успехи манекена заметила все та же настырная продавщица. Она не стала посвящать никого в свои наблюдения. Напротив, ей захотелось скрыть это от посторонних. На людях она обращалась с ним, как прежде, пренебрежительно, а когда оставалась одна с манекеном, то читала ему газеты и пересказывала все новости магазина. Но манекена совершенно не интересовали газеты, сплетни, а самое главное - ему не нравилась продавщица. Как ей было далеко до его избранницы! Стоптанные шлепанцы, неухоженные волосы, всегда чрезмерный макияж. Страх божий, да и только.

Недавно, когда он научился делать три шага подряд, невыносимое зрелище предстало перед его немигающим взором. Его красавица стояла, все также улыбаясь, а рядом на коленях ползал толстяк с огромной лысиной и делал вид, что поправляет складки ее нового наряда. То, как толстяк прикасался к юбке его красавицы, очень не понравилось манекену. Ему даже захотелось крикнуть, но он никогда прежде не кричал и не был уверен в том, что у него это получится. И манекен смалодушничал, смолчал. Продавщица заметила поникший силуэт своего подопечного и унесла его подальше, чтобы утешить по-своему. Она поставила его рядом с табуретом, стоявшем в укромном уголке подальше от глаз любопытной публики и грозного начальства. Продавщица вытащила из тайника свежие газеты и тихо стала читать своему подопечному анекдоты, стараясь найти самые веселые, чтобы как-то поднять его упавшее настроение. В том, что он все понимает, она нисколько не сомневалась. Напротив, ее беспокоил обратный процесс: насколько ей самой будут понятны переживания

7

манекена. Внимательно вглядевшись в бесстрастное лицо, она пришла к неутешительному для себя выводу, что ему совсем не интересны анекдоты. Женщина перешла в наступление.

– Ты думаешь, я не вижу твоих маневров, из-за этой куклы, в витрине напротив, - зашипела она так, чтобы ее мог слышать только он, манекен. – Думаешь, я не замечаю, что ты ей моргаешь? А позавчера даже шаг сделал в ее сторону. Чего ты от нее ждешь? От куклы бесчувственной? Она же ни разу не ответила тебе? Скажешь, я не права? Вот я о тебе забочусь день и ночь. И какую я вижу от тебя благодарность?! Ни-ка-кой! Только страдания и заботы! Заботы и страдания! Конечно, ты же не видишь, не ценишь! В прошлую субботу я помыла тебе голову шампунем. А ты представляешь, сколько он стоит? Тебе не интересно! Я же не такая кукла как она. Я же не меняю каждый день наряды, как она! Куда мне до нее! Не отвечаешь? Не чем крыть!

Манекен все также неподвижно стоял с поникшей головой, не пытаясь вникать в сумбурный монолог его нежданной покровительницы. Женщина не дождалась реакции и выложила последний аргумент:

– А ты знаешь, что у твоей куклы появился обожатель? Я же заметила, как ты переменился, когда он поправлял ей юбку, ползал у ее ног. Я все вижу и понимаю. Эти дурацкие анекдоты тоже для тебя, чтобы ты не страдал!, -продавщица незаметно для себя говорила все громче.

Любопытная клиентка неожиданно вынырнула из-за кипы набросанной вповалку одежды. Продавщица очнулась, грубо схватила манекен и потащила его на прежнее место, в витрину. То, что открылось взору страдающего манекена, совершенно сбило его с толку. Его «кукла», как назвала ее влюбленная в манекена продавщица, стояла в углу витрины, с опаской глядя в противоположный угол, в котором появилась долговязая фигура, укутанная с головы до пят в шелк ярко-зеленого цвета. Только густо подведенные черной краской глаза сверкали на фоне зеленой блестящей материи. Судя по глазам и четко очерченным дугам бровей, фигура была женщиной. Оставалось лишь гадать, какова она была, эта новая загадочная модель. Наш манекен никогда не покидал пределы родного города, никогда не посещал сказочные города Востока, и потому появившаяся дама, закутанная в шелк, была для него в диковинку. Неожиданно для себя манекен чрезвычайно ею заинтересовался. Его «кукла» в тот день рекламировала новомодный купальник. Тоненькие ниточки вместо лифчика и трусиков не оставляли никакого простора для воображения. Все было предельно ясно. Вот тут его внимание невольно переключилось на другую, на модель-загадку. К концу дня, перед закрытием магазина, когда сумерки обволокли мягкой завесой все вокруг, манекен своими ясными зоркими глазами увидел драму, происходящую в витрине напротив. Толстяк, еще вчера любовно поправлявший складки на «кукле», буквально залез под просторное одеяние новой модели. «Кукла» стояла так же неподвижно, как всегда, но поднятая в возмущенном жесте рука говорила о многом. От неуклюжих телодвижений толстяка, блестящий искусно задрапированный шелк пополз вниз, и модель-загадка разом потеряла все свои преимущества. Она оказалась совершенно бесформенным, набитым ватой болванчиком с голым черепом. Толстяк от неожиданности раскрыл рот. Модель в купальнике в душевном порыве, в первый раз за всю свою карьеру сделала то, чего ей не полагалось: она моргнула и опустила руку. Толстяк опустился на колени, обнял красавицу и застыл в экстазе. Жалюзи, неожиданно поползшие вниз, скрыли от манекена все дальнейшие события.

Манекен от избытка переполнявших его чувств зашатался и упал бы, если бы подоспевшая продавщица не подхватила его на руки. Она прижала его к своей обширной груди и стала баюкать как ребенка. Манекен не сопротивлялся. Ему было совершенно все равно. Впервые за долгие годы работы он почувствовал себя настоящим истуканом.

На утро в обоих магазинах поднялся страшный переполох. Ночью загадочным образом пропали манекены: женщина и мужчина. Расследовать происшествие не стали, ограничились только опросом свидетелей. Самыми активными в поисках манекенов оказались продавщица и толстяк –менеджер. Они приставали с расспросами к сослуживцам до тех пор, пока начальство не запретило вспоминать о происшедшем.

Открыв дверь, продавщица сразу же устремилась в маленькую гостиную своей игрушечной по размерам квартиры, где в кресле в непривычной позе безжизненной куклой восседал манекен.

– Ты скучал без меня, дорогой? Что я тебе сейчас расскажу, ты не поверишь!

Продавщица нежно погладила свой любимый манекен по чистым блестящим волосам и положила перед ним стопку газет. Она твердо решила сделать из него настоящего мужчину.

Мужчина без возраста

Стоя перед зеркалом в ванной комнате, мужчина занимался необычным для себя делом. Он внимательно исследовал себя. Обычно, он вихрем проносился мимо зеркала, заботясь лишь о том, чтобы при выходе из дома одежда на нем имела опрятный вид. Его лицо и тело жили своей особой жизнью, иногда они радовали его, но в последнее время все больше огорчали. Зеркальный двойник не нравился ему. И все-таки он любил себя достаточно для того, чтобы нравиться другим. Особенно женщинам. Он с удовольствием вспомнил о своей последней победе. Совсем молоденькая соблазнительная женщина. Вспомнил восхищенный взгляд приятеля, оценившего должным образом его добычу. «Я не стар! Наоборот, если сравнивать меня с моими дружками, я всегда в выигрыше. У меня свои волосы и даже зубы. Половина, во всяком случае. Надеюсь еще долго пользоваться всеми имеющимися у меня на руках козырями. До самой смерти!» Он произнес это ужасное, магическое слово и еще внимательнее взглянул на свое отражение в зеркале. Ясно проступали первые предательские знаки смерти. Вместо лобовой атаки, она избрала стратагему медленной осады, чтобы не спугнуть раньше назначенного срока своего будущего избранника. Внешность, особенно лицо меняется. Нос становится откровенно большим и смешным, глаза все глубже погружаются в пещеры орбит, губы вытягиваются в тонкую линию с уголками, завернутыми запятыми. Это лицо еще его, но уже очевидно, что через несколько лет, оно станет лицом старого клоуна без грима. Старый клоун будет пользоваться его именем и всеми его правами. Еще больнее то, что новый персонаж, как, впрочем, и он сам, осознает, что деградация картинки в зеркале сопряжена с ожидаемым, неумолимо приближающимся визитом таинственной и страшной дамы, госпожи Смерти. Утверждать, что подобные мысли посещали нашего героя каждый день, значит солгать. Нет! Иван смел и полон огня. Он живет напряженной жизнью. Ему есть чем гордиться: у него есть все, что может сделать любого смертного если не счастливым, то по крайней

10

мере довольным жизнью. Работа, престиж, деньги, семья. Именно в этом порядке он выстроил свою вселенную. Правда, после ежедневной рутины, у него оставалось совсем немного времени, чтобы расслабиться и вкусить жизненных удовольствий, тем более, когда их ценишь и имеешь средства, чтобы заплатить за них.

Странные, тяжелые мысли захватили его после передачи по радио, услышанной в машине по дороге в офис. Дикторша скороговоркой читала новости, совершенно не вникая в содержание информации. Иван рассеяно слушал и вдруг услышал то, что повергло его в болезненное состояние. Новость вынудила его взять отпуск, запереться в затерянном шале в Альпах, отгородиться от людей и неприличным образом изучать себя в зеркале.

Информация казалась фантастичной. Было объявлено, что процесс старения расшифрован. Теперь стали известны мельчайшие подробности победного, неотвратимого марша в направлении к смерти. Все механизмы деградации физического тела раскрыты. Ученые дошли до стадии, когда они могут успешно бороться с внешними признаками старости. Они смогли приручить свободные радикалы, вызывающие заметные разрушения в человеческом теле. Открытие способно совершенно изменить внешний облик людей. В последнее время стареющая Европа серьезно занималась этой проблемой. Наконец, наступил счастливый миг! Больше не будет стариков, вызывающих жалость, сгорбившихся от старости и забот, передвигающихся с большим трудом, глухих и слепых, или совершенных маразматиков, не помнящих своего имени. Все (или почти все) смогут оставаться молодыми и активными до преклонных лет библейских патриархов. Сначала Иван не поверил. И все-таки он выбрал действие. Иван вернулся в город, позвонил в службу информации на радио, чтобы получить более точные сведения. Он нашел исследовательский институт и шефа проекта, руководившего командой ученых, сделавших невероятное открытие. Ему пришлось воспользоваться своими связями, чтобы добраться до загадочного шефа. Вот тут он повел себя грубо и нагло. Он не хотел верить ни единому слову из сбивчивых объяснений ученого. Или во всяком случае вел себя подобным образом. Поведение Ивана вдохновило руководителя группы сделать ему предложение, столь же неожиданное, как и его визит. Ученые предложили Ивану стать их подопытной свинкой, согласиться протестировать новый препарат, действующий против очевидных признаков старости. Лекарство, по словам врачей, совершает чудо. После лечения, Иван станет моложе на десять лет. А если он продолжит принимать его, то останется молодым всю свою жизнь. Однако, обещанная панацея от старости слишком уж напоминала магическое средство средневековых алхимиков. Врач поспешил продолжить объяснения:

Вы можете спросить, почему мы Вам делаем это предложение, если все так замечательно?

– В самом деле. Почему?

– Потому что, чтобы получить реальные результаты, нам нужны добровольцы, согласные испытать на себе лекарство. Конечно, у нас не будет в них недостатка! Напротив, их будут легионы. Всегда есть «но», не правда ли? Мы ведем серьезные исследования и не собираемся устраивать шоу. Вы понимаете, что я имею в виду?

– А ваша реклама на радио? Это что?

Ученый поморщился

– Предположим, утечка информации. Маленькая внутренняя проблема.

Иван задал вопрос, мучивший его с первой минуты, как он услышал эту информацию.

– Скажите, доктор, когда вы обещаете, что я останусь молодым, это значит, что я не умру? Так? Это значит, что я смогу жить очень очень долго?

Доктор казался потерянным и отвел взгляд:

– Я не знаю, Иван, и никто не скажет Вам этого. Если бы мы все знали, то были бы Богами! Но мы смертные! Мы пытаемся бороться и заставить старость отступить, но нельзя шутить со смертью.

– Если следовать Вашим рассуждениям, доктор, то это значит, что можно оставаться молодым, что не мешает умереть в обычном для смертного возрасте, совсем как состарившиеся люди, не принимавшие вашего лекарства? Я правильно понял?

– Всегда можно надеяться, никто не запрещает Вам надеяться. Ничего неизвестно. Но, по-моему, это так. Каждый человек запрограммирован на определенный срок. Точно так же, как и любая материальная вещь. Время использования, время службы. Мы задались целью продлить активную жизнь людей. Понимаете Иван? Сделать их жизнь лучше, облегчить им ношу. Вы считаете, что это не достойная задача?

- Да, да. Если я Вас правильно понял, только внешне человек, принимающий ваше лекарство не стареет, а на самом деле он дряхлеет, как все остальные ?
- Нет, Вы в самом деле остаетесь молодым. У вас все реакции, как у молодого человека. Вы двигаетесь как юноша, так же выносливы, как в молодости, просто Вы молоды!
- Черт! Я ничего не понимаю! Я молод во всех смыслах, почему тогда я должен умереть?
- В этом вся загвоздка, именно это я хотел бы знать.

Ученый рассуждал вслух, совершенно позабыв о чувствах Ивана. Доктор долго рассказывал о действии магической пилюли, схожей с эликсиром молодости. Иван молчал с непроницаемым видом. Сколько радостей и восторгов он мог еще испытать в жизни, если такое чудо произойдет. Он подумал о зависти своих стареющих друзей, о потенциальных молодых любовницах, будущей, еще более блестящей карьере. Его настоящей возраст, опыт в сочетании с молодостью тела, создаст невиданный ароматный коктейль, позволяющий наслаждаться жизнью самым утонченным образом. Иван вспомнил историю, прочитанную им в юном возрасте и впечатление, не покидавшее его долгое время. Главного героя книги звали Дориан Грей. Желание молодого красивого человека не стареть исполнилось. Цена этого бесценного дара казалась ничтожной. Старел только прекрасный портрет, где Грей блистал красотой и молодостью. Только рассматривая свой портрет, на котором проступали признаки старости и пороков, он мог судить о своей настоящей внешности. Очевидно, здесь не обошлось без идеи о бессмертной душе, но эта метафизическая субстанция слишком эфемерна, чтобы Иван озаботился ею. Иван успел забыть, чем кончилась история с Дорианом Греем, но убедил себя в том, что он, намного умнее и рассудительнее, к тому же он менее порочный, сможет лучше воспользоваться таким подарком, как молодость. Еще немного поколебался, представив, какая пустыня будет его окружать лет через десять. Ни его нынешние ровесники, ни молодые люди его нового возраста не будут ему друзьями. Но такое небольшое неудобство среди стольких преимуществ – просто пустяк.

- Да, доктор, я согласен. Как вы называете тех, кто соглашается протестировать вашу отраву? Подопытная свинка? Странное словосочетание. Я согласен стать вашей подопытной свинкой. Нужно подписать договор кровью, или удовольствуемся пером?

– Вам не откажешь в чувстве юмора, это очень облегчает дело. Вы правы, мы сейчас подпишем договор, и в нем будет указано лишь одно условие: что бы ни случилось с Вами, за исключением серьезных проблем со здоровьем, Вы не имеете права подавать на нас в суд, потому что, это был Ваш выбор. И еще одна оговорка: Вы не можете остановить тестирование по Вашему желанию, поскольку наша цель получить динамику воздействия, как вы выразились «нашей отравы» на человеческий организм. Все. Просто, не правда ли? – доктор улыбался, и Ивану показалось, что он немного похож на черта.

Тестирование начали в понедельник, вопреки несчастливой репутации этого дня недели. Иван был спокоен, хотя чувствовал себя слабым и разбитым. «Это не страшно, все войдет в норму, как только лекарство начнет действовать», - убедил его доктор. Иван доверил свою фирму другу детства, предложив стать компаньоном. События развивались стремительно, и у него не осталось другого выбора. Иван укрылся в своем шале под предлогом новой страстной интрижки. Первая неделя была самая сложная, впрочем, об этом его предупреждал доктор. Лекарство оказалось не таким безобидным, как предполагал Иван. У него поднялась высокая температура, ломало все тело, какое то время он бредил кошмарами. Иван шел по сосновому бору, пытаясь выбраться из него. Он с трудом вышел на поляну, где его ждала женщина, молодая и старая одновременно, как это бывает только в сновидениях; она обняла его и стала укачивать, словно ребенка. Только проснувшись, он понял, что эта женщина была никем иным, как Смертью. Последующие дни выдались более спокойными. Он следил за своим отражением в зеркале ванной и не находил никаких признаков, подтверждающих его возврат в молодость. Наоборот, он казался себе более усталым и изможденным, чем раньше. Иван позвонил к доктору, чтобы сообщить ему об эффекте лечения. Неистребимый энтузиазм профессионального врача явственно звучал в голосе доктора:

– Не беспокойтесь, Иван, все хорошо. Я не объяснил вам сразу, что первые три недели могут произвести обратный результат. Вы можете резко постареть. Не переживайте. Это нормально.

Объяснение доктора показалось Ивану идиотским. Его не убедил фальшиво бодрый тон доктора. Он задал себе множество вопросов по поводу термина « морская свинка», повергшего его в шок при знакомстве с доктором. К концу третьей недели облик Ивана

14

настолько деградировал, что у него появилось страстное желание поехать в больницу и задушить доктора-профана. Он подумывал о том, чтобы остановить лечение, но в последний момент передумал. Отражение его лица в зеркале и ускоренный процесс старения убедили его в необходимости продолжить прием лекарства. Его рассуждения казались необъяснимыми ему самому. Очевидно, умственные способности также подверглись воздействию неотвратимого марша к концу жизни. Волосы у Ивана поседели, зубы выпали. Кожа на всем теле напоминала старый пергамент. Он превращался в мумию, которую доктор, обуреваемый жаждой знаний, разрежет, чтобы удовлетворить свой научный интерес. У Ивана осталось сил только на то, чтобы проглотить лекарство. Он стал похож на зомби, запрограммированного на определенные действия. Он совершенно потерял чувство времени. Когда через несколько дней беспамятства, Иван проснулся, он почувствовал себя необычайно легко и подумал, что может быть уже умер, и его бестелесная душа порхает в эфире. Пробудившись окончательно, он очень удивился при виде своей странной руки. Пергаментная кожа висела клочьями, а из-под нее проглядывала новая молодая кожа. Иван устремился в ванную. Новый облик напомнил ему саламандру, возрождающуюся в языках пламени. Его старое изношенное тело покидало его, а вместо него появился юнец. Его можно было принять за совсем юного сына Ивана, с наивным взглядом, свойственным юности и угловатой грацией. Он вдруг ясно осознал, как сложно будет доказать, что этот юнец – он, Иван, человек известный и состоявшийся. Никто не захочет поверить в это подозрительное чудо. Он представил себе ожесточенную борьбу, которую придется вести, чтобы доказать свою личность. Внезапно он представил себе, что может потерять, и эта мысль оказалась невыносимой. Все, что он создал в жизни, проявив ум и смелость, уйдет безвозвратно.

Старая привычка взвешивать все « за» и «против» в своей профессиональной деятельности, помогла оценить ситуацию и найти решение. Прежде всего, он позвонил к доктору. Иван рассказал ему все перипетии своего превращения. Доктор не сразу поверил, что слышит Ивана, настолько у него поменялся голос. Убедившись в этом, доктор возликовал. Иван превзошел все его ожидания. Доктору не терпелось увидеть его и оценить результаты своего волшебного лечения. Он сразу же отмел все сомнения Ивана по поводу проблем с установлением личности. Доктор был настолько милым и убедительным, что сумел уверить Ивана в ничтожности его

15

сомнений. Иван приехал в больницу. Его встретила веселая команда ученых. Внешний вид Ивана потряс женщин, неотрывно глядевших на него восхищенным взглядом, в котором ясно читалось сексуальное желание. Шеф команды, доктор, от радости впал в младенчество. Он без конца дотрагивался до кожи Ивана, он заставлял его делать приседания, сгибал и разгибал конечности, внимательно изучал новые ослепительные зубы, он обращался с ним, как с новым Франкенштейном, оживленным, благодаря его магии. Мэтр стал Создателем, и все подчинялось его воле. Остыв после первого приступа радости, они принялись составлять план кампании. Задача оказалась сложнее, чем представлялась вначале. Доктор признал, что немного ошибся с результатами действия лекарства: омоложение произошло более радикальное, чем ожидалось. Иван помолодел не на десять лет, как обещал доктор, а на все тридцать. Ученые обсуждали между собой сложившееся положение, не обращая никакого внимания на его попытки быть услышанным. Иван безнадежно наблюдал за всем этим, проникаясь уверенностью, что он попал в свою собственную ловушку. Наконец, было решено, что он даст телевизионное интервью. Иван поедет на телевидение в сопровождении команды ученых. Они подтвердят его личность и одновременно прорекламируют свой новый революционный фармацевтический продукт. Идея проста. Вначале ученые покажут фотографию Ивана, сделанную до начала лечения и его удостоверение личности с увеличенной фотографией. Эта банальная задумка, к тому же затертая до дыр в рекламе, нашла поддержку у всей команды. « Старый испытанный трюк сделает весомым невероятное заявление», уверяли ученые. А затем, новый Иван войдет в студию, сопровождаемый приветствиями и аплодисментами всех присутствующих. Расскажет обо всем, что пережил, и объяснит, почему он решился испытать на себе это средство. Он сделает акцент на возможности прожить жизнь достойно, не впадая в маразм. Он перечислит все преимущества нового открытия и, естественно не забудет напоминать телезрителям каждые десять минут, что такое лечение доступно каждому, у кого есть достаточно средств. Необходимо лишь обратиться к доктору…

Иван казался запуганным. В голове у него был туман, похожий на тот, что он испытывал накануне экзамена на бакалавра. Впрочем, Иван объяснял себе это тем, что его умственные способности уже не соответствовали уму взрослого человека. Он стал подростком и не только внешне. Иван не спал всю ночь накануне интервью…

День интервью наступил. Команда вела себя безупречно, доктор сделал все возможное, но результаты оказались неубедительными. Один единственный виновник - Иван. В начале передачи его ослепил безжалостный свет прожектора, и он стал невпопад отвечать на вопросы говорливого журналиста. Пришлось отказаться от ответов на телефонные звонки, потому что Ивану, охваченному паникой, не удавалось ответить на самые простые вопросы телезрителей. Он переживал стресс. Но его ждал еще один сюрприз, самый тяжелый удар: звонок жены. Иван взял трубку :

– Здравствуйте, - женщина сделала паузу, - я не знаю, как Вас называть! Потому, что уверена в том, что Вы не Иван! Вы, амбициозный и порочный мальчишка! Нужно знать Ивана, как я его знаю, чтобы сразу сказать, что Вы, негодяй, мечтающий прибрать к рукам, все, что имел бедный Иван. Да, я уверена в том, что он умер, а Вам, ведь, это известно лучше, чем мне! Вы и ваша банда негодяев, вероятно, убили его. Почему бы и нет? Я вижу, как это случилось. Сначала он выпил вашу пилюлю, она его и убила. А потом ваша банда нашла выход. Мальчик, бездомный бродяга, отдаленно похожий на моего мужа мог вполне решить проблему.

– Мадам, - Ивану удалось внедриться в маленький интервал между фразами, - мадам, повторил он более уверенно, - если желаете, я мог бы рассказать Вам о более интересных деталях. Мне достаточно перечислить ваши родинки на самых интимных частях вашего тела. Ну, как, Вы готовы составить список ваших самых тайных прелестей?

Женщина замолчала. Она колебалась и не хотела верить. Иван воспользовался ее сомнениями:

– Я предлагаю продолжить этот разговор у нас, Флоранс.

– Хорошо. Я согласна, но при одном условии. Вы будете разумны и не станете настаивать на встрече с детьми Ивана, которым впрочем, столько же лет, сколько и Вам, не забывайте. И они достаточно травмированы всеми этими событиями. Я не хочу, чтобы вы встречались с ними. Вы можете мне это пообещать?

Теперь уже Иван задумался:

– Да, я вам это обещаю. Хотя и не понимаю вашего упрямства. Наоборот. На вашем месте, я бы настаивал на встрече с детьми. Дети намного чувствительнее взрослых. У меня был этот опыт, и я могу подтвердить, что теперь в моем нынешнем

17

состоянии я намного чувствительнее, чем раньше. Хочу сказать, раньше, то есть до того, как я помолодел. Вы, - он замялся, а затем продолжил, - ты меня понимаешь, Флоранс? Ладно, я согласен. Я принимаю все ваши условия.

Он повесил трубку. Супруги назначили свидание на следующий день. Флоранс чувствовала себя взволнованной. Мысль о том, что муж умер, не покидала ее уже некоторое время. Она привыкла к ней, успокоилась и призналась себе в том, что ее новое положение имело и положительные стороны. Одна из этих положительных сторон – бывший компаньон ее мужа, навещавший ее почти каждый день. Привлекательный мужчина обладал к тому же неоспоримым преимуществом в сравнении с Иваном - он еще не был ее мужем. Флоранс переживала чудесный и волнующий добрачный период. Период брачных игр. Появление мальчика, грозило расстроить идиллию. А если предположить, что это Иван! Кто знает? Основная загвоздка во всей этой истории – это внешность Ивана. Флоренс была ровесницей Ивана. Она всегда гордилась тем, что выглядит младше Ивана, а теперь… Никакого шанса. Рядом с этим мальчиком, она похожа на его мать. Есть еще другая причина. Она не так важна, тем не менее… Флоранс в качестве образцовой супруги подумала уже о том, как она почтит память умершего мужа, оставившего ей значительное наследство. Она наткнулась в журнале на статью одного немца, где он хвалил новый бизнес своего соотечественника. Последний организовал фирму, производящую посмертные фильмы. Немец создавал черно-белые фильмы, что само по себе впечатляло, где фотографии покойного сопровождались хорошим текстом и умело подобранной музыкой. Обычно эти фильмы показывали во время погребения или обряда кремации. Учитывая деликатную ситуацию, а именно отсутствие тела, Флоранс предполагала устроить особую церемонию, где будет только фильм и глубокая скорбь родных. Все будет просто и элегантно, а значит аристократично. Флоранс связалась с немцем и уже выбрала фотографии для фильма. Она как раз занималась подбором музыки, когда ненормальный мальчишка, Иван-самозванец вторгся в ее жизнь.

Опасения Ивана по поводу своих умственных способностей оказались напрасными. Теперь он полностью прочувствовал ситуацию, в которой барахтался, не имея ни малейшего представления, как из нее выплыть. Триумф, о котором он мечтал до лечения, на глазах превращался в самый большой провал в его жизни. В случае с женой, он не сомневался в выбранной им тактике.

18

Никакого давления, насилия, наоборот, сдержанность, хладнокровие и рассудительность. Когда Иван вошел в свой дом, обустроенный им в свое время с большой любовью, он был поражен новой аурой своего жилища. Маленькие пустячки, безделушки совершенно изменили его атмосферу. Если до его отъезда жилище было комфортабельным, просторным и уютным, то теперь мещанские штрихи, роскошь сомнительного свойства заполонили его прежнее жилье. Флоранс поднялась ему навстречу. Ее новая стрижка придавала ей агрессивный вид. Она выбрала линию поведения и была готова ринуться в бой. Флоранс пригласила его сесть и бросилась в атаку:

– Я согласилась встретиться с Вами, потому что хотела выяснить, кто это чудовище, совершившее преступление? Признаюсь, что ему не откажешь в воображении, наоборот! Дьявольская хитрость! Сначала заставить Ивана рассказать всю свою жизнь в мельчайших подробностях, а затем убить его. Вскружить голову мальчику, пообещать ему воздушные замки в обмен на простую услугу. Скажите откровенно, что Вам пообещали? Треть или четверть имущества? Мы могли бы с Вами договориться. Хорошенько подумайте, мой мальчик. У вас незавидное положение. Вы сообщник очень изобретательного преступника!

Иван молчал, глядя на Флоранс, невольно вспоминая мгновения их интимной близости. Неужели она всегда была так агрессивна? Почему он так долго был уверен в ее нежности и женственности? Почему ни разу ему не захотелось расстаться с ней, несмотря на своих соблазнительных подруг? Дети? Неужели, этот прочный канат являлся единственной причиной их совместной жизни?

Флоранс исчерпала все свои аргументы, посмотрела в глаза мальчика и была смущена его взглядом, тяжелым оценивающим взглядом зрелого мужчины. Она смущенно подумала обо всем, что он мог знать о ней. Флоранс замолчала. Вместо нее заговорил Иван:

– Я вижу, что Вы уже выстроили свою линию Мажино. Не стоило. У меня нет желания вмешиваться в Вашу жизнь. Правда, после того, что со мной произошло, я хотел вернуться к старой жизни. Но теперь вижу, что был не прав. «Нельзя войти в одну и ту же реку дважды». Я вижу, что мы с вами никогда не найдем точек соприкосновения. Сегодня, наблюдая за Вами, я задал себе вопрос, заранее прошу прощения за этот вопрос, как я мог жить так долго с женщиной, совершенно мне незнакомой? Я не нашел ответа. К сожалению, ответа нет!

Флоренс потеряла всякий ориентир. Юный мальчик не довольствовался ролью, отведенной ему Флоранс. Она надеялась запугать и заставить его исчезнуть навсегда. Тон юноши и его голос, так похожий на голос мужа, смутили ее. Она не знала, что делать и что говорить. А если этот мальчик Иван? Каким будет ее решение?

На улице Иван столкнулся со своим двойником- сыном Жераром. Сходство было таким очевидным, что никто не стал бы задавать вопросов о родстве двух подростков. Они изучали друг друга с возрастающим удивлением. Им трудно было общаться: оба казались растерянными. Жерар не мог поверить, что мальчик, стоящий перед ним – его отец. В отличие от своей матери, он не заподозрил заговор, а проникался мыслью, что этот человек, вероятно, его брат. В конце концов, Жерар почти уверовал в то, что подросток - незаконный сын Ивана, которому тот рассказал много подробностей об их семье, совсем как Мазарин, дочь покойного президента Франсуа Миттерана. Жерар больше не сомневался в том, что их общий отец объявится через некоторое время. Встреча завершилась соглашением между двумя мальчиками. Жерар, угадавший претензии бывшего компаньона своего отца, не горел желанием иметь его в качестве отчима. С новым претендентом на роль отца семейства, юным и дружелюбным, к тому же братом, все могло быть проще. Всегда можно было договориться с дружком. А этого мальчика к тому же звали Иваном, как их отца. Подростки наметили общую линию поведения. Самое тяжелое – убедить Флоранс, что Иван ее муж и, что она также может помолодеть на тридцать лет, если пойдет той же дорогой, что и Иван. «И тогда их чета снова станет гармоничной и сможет жить с детьми, как с друзьями, наслаждаясь молодостью, здоровьем, их общим имуществом», - добавил Иван.

Переговоры, проведенные Жераром, удались. Главный козырь, предложенный Иваном, убедителен для многих мужчин и неотразим для всех женщин. Идея оставаться молодой всю жизнь, не прибегая к уловкам, не затрачивая усилий, не страдая, а просто проглотив волшебную пилюлю, дорога любой представительнице женского пола. Флоранс не была исключением. Она – такая же, как и другие, и эта фантастическая идея запала ей в душу. На этот раз доктор не казался таким вдохновленным. Он стал говорить о невозможности сделать более или менее реальный прогноз о возможных последствиях лекарства. Он предложил продолжить работу, чтобы получить более стабильные результаты. Доктор признался, что Иван мог умереть во время чудесного перерождения, и что он, доктор, не знал, как организм Ивана приспособится к новой оболочке, новому телу. Тем не менее, Флоранс настаивала. Течение ее жизни вновь изменилось. Она дала отставку поклоннику, претендующему на ее руку и состояние, и встретилась, наконец, с Иваном. Они были похожи на парочку, встречающуюся иногда в жизни: расцветшая, красивая женщина и застенчивый, воздыхатель – подросток. Иван оценил ситуацию и не замедлил ею воспользоваться. Он занялся любовью с женой с давно утраченной пылкостью. Новые гармоничные, хоть и странные отношения, воцарялись в семье. Казалось, что все, что их разделяло, растаяло в возрожденной чувственности. Дети немного забавлялись, глядя на папу- мальчика рядом с их мамой.

Супруги договорились, что Флоранс проведет время лечения в том же шале, что и Иван. Накануне расставания Ивану приснился сон, в котором загадочная Дама, не появлявшаяся долгое время, вновь пришла. На этот раз она была не одна. Она держала за руку девушку, подростка, похожую на Флоранс. Обе женщины были веселы и беззаботны. Прежде чем уйти, они помахали рукой Ивану и позвали его с собой, чтобы обрести, наконец, необъяснимое счастье вечной жизни…

Птицы

Пролетающая над материком стая диких уток, выбрала посадочную площадку в центре небольшого леса. Гомон пришлых птиц заглушил все другие шумы маленького, густо населенного мира. Пришельцы даже не старались вписаться в неведомую им среду. Им нужно было лишь немного передохнуть и набраться сил перед следующим рывком на юг. Одна из птиц заметно хромала, тяжелый клюв клонился на сторону. Ее сородичи, поклевав, что Бог послал, попив из лужи, засобирались в полет. Больная птица взмахнула пару раз крыльями, поднялась метра на два, а затем камнем упала вниз. Желание не оторваться от стаи заставило ее сделать еще одну попытку, закончившуюся полным провалом. Птица упала набок, смешно задрыгав перепончатыми лапками. Родная стая уменьшалась в размерах, поднимаясь все выше. Старая утка, подруга заболевшей птицы, спланировала к земле, чтобы попрощаться:

– Не грусти. Скоро ты выздоровеешь, а на обратном пути мы тебя заберем с собой.

Больная утка не ответила, только склонила набок клюв.

Стая улетела, а больная уточка провела весь оставшийся день в полузабытьи. Под вечер она очнулась, с трудом доковыляла до лужи. Она чувствовала себя так скверно, что распрощалась с белым светом и приготовилась к самому худшему. Ночь прошла ужасно. Ей мерещились всякие ужасы: дикие волки, шакалы. На утро утка удивилась тому, что осталась жива. «Да уж, голодный волк и тот откажется от такой добычи, как я. Больно неаппетитный у меня вид». Лесные птицы щебетали, кричали, каждая на свой лад. Несмотря на обилие разных птичьих говоров, все они понимали друг друга. Иногда какой-нибудь весельчак начинал изображать говор родственника. Получалось у него замечательно, а остальные потешались от души над тем, кого он так удачно копировал.

Все уже успели заметить пришлую утку, но никто не решился подойти поближе. Трясогузка, оказавшаяся самой смелой из птиц, приблизилась, подпрыгивая, будто танцуя диковинный танец.

– Послушайте, любезная, что это вы тут разлеглись на нашей поляне, как у себя дома?

Больная уточка раскрыла клюв, чтобы ответить, но из глотки вырывались сиплые звуки. Трясогузка продолжила наступление:

– Не думайте, что вы нас разжалобите вашим притворно больным видом, и, к тому же, вы - дикая утка и должны знать, что здесь, в лесу, сильный пожирает слабого. Вы выбрали плохое место для болезни, милочка. Здесь вам не птичья ферма, где станут делать уколы и давать витаминный корм. Здесь у нас наши законы. Лесные. И если Вас на глазах у птичьего народа сожрет хищник, мы ничем не сможем вам помочь. Вы понимаете, дорогуша?

Услышав вдруг ласковое слово «дорогуша», утка слабо кивнула. Трясогузка улетела, не дождавшись ответа. К удивлению птиц, и на следующее утро утка еще была жива, а к полудню она даже поднялась. Через неделю больная утка довольно бодро ковыляла по лесу и заводила новые знакомства. Трясогузка по праву первой знакомой задала ей кучу вопросов, на которые утка постаралась ответить. Рассказ ее был не так драматичен, как предполагала трясогузка. Вся ее утиная жизнь укладывалась в обычные каноны. Ничего необычного. Сначала утка вылупилась из яйца, совсем так же, как и другие птенцы из выводка, потом немного подросла, научилась летать. Трясогузка все ждала, когда же утка дойдет до момента, связанного с болезнью, но не дождалась. Утка говорила о всяких неинтересных подробностях: о селезне, неравнодушном к ней, о завистливой подруге, о старой крякве, отравлявшей жизнь, а вот о том, где она подцепила заразу, утка не сказала ни слова. Она и сама не знала. Наверное, простудилась, когда неосмотрительно искупалась в ледяной горной речке. А как приятно было греться на солнышке и чистить перышки после хрустальной воды! И вот результат. Заболела и чуть не померла. Теперь ей нужно быть осмотрительнее.

Всю зиму уточка провела в лесу, приспосабливаясь к новым условиям жизни. Она еще ни разу не проводила зиму в холодном климате. Привыкла к тому, что зимой она вместе со своими соплеменниками перелетает в теплые края. К удивлению и радости уточки ей помогли новые знакомые птицы. У уточки, появились друзья и просто знакомые. Кукушка и соловей при встречах с ней раскланивались. А вот трясогузка и бесхвостая воробьиха вели долгие задушевные разговоры. Уточка свила себе уютное гнездышко и почти перестала вспоминать своих сородичей. Зима оказалась мягкой. Всезнающая трясогузка рассказала о том, что услышала от многомудрой летучей мыши, случайно залетевшей в их лесок. Та говорила о невероятных вещах. И прежде всего она поведала о том, что скоро дикие птицы перестанут перемещаться с севера на юг и обратно в поисках вечной весны. Журавли, к примеру. Огромные стаи из пятисот –шестисот птиц перелетают из одного конца земли в другой. Красавки, самые элегантные из них, когда летят, любо-дорого на них смотреть. Но сколько опасностей их ждет в пути! Перелетные птицы перестанут метаться, надеясь прожить свой недолгий век в райских условиях. И все потому, что скоро на земле не останется края с холодным климатом. Везде будет тепло и даже жарко. Исчезнет снег. Трясогузка, конечно, отнеслась ко всем этим россказням с недоверием. И не такое слыхали! Однако прошло две зимы, и каждая следующая становилась теплее. Кукушка внесла свою лепту в удивительные истории, поведанные трясогузкой, она прибавила очень интересную деталь.

Летучая мышь, по словам кукушки, никакая ни птица, и даже не животное, как утверждают некоторые птицы. Летучая мышь – это оборотень. Люди, умеющие оборачиваться в разных животных, иногда не утруждают себя тем, чтобы принять облик того или иного зверя, птицы или даже большого насекомого. Иногда они просто становятся летучими мышами, очень похожими на маленьких человечков. Этим объясняется то, что эти твари активны по ночам, когда люди отдыхают и трудно выяснить, куда запропастился тот или иной представитель человеческого племени. Их исчезновение из общества людей ночью происходит незаметно. А днем летучие мыши – всего лишь лоскутья пыльной материи, лишенные всякой жизни. От этих тварей можно услышать очень много интересного. Кукушка вдруг оглянулась по сторонам, прежде чем продолжить свой рассказ. По ее словам, летучие мыши не только оборотни, но к тому же вампиры. У них длинные острые клыки и они не церемонятся со своей жертвой, тем более, что чаще всего их жертвами становятся люди. Таким образом они расправляются с теми, кто им не угодил, или просто получают удовольствие. «Это так удобно, – вздохнула кукушка, – наказать обидчика и все свалить на неразумную тварь». Утка очень удивилась тому, что рассказали ее новые знакомые. С наступлением весны дикая уточка присоединилась к своей стае, летевшей обратно после зимовки. Она стала одной из самых уважаемых уток в своем роду, потому что, проведя целую зиму вне родной стаи, приобрела очень ценный опыт, и молодые, неопытные утки, очень часто приходили к ней за советом.

В эту же зиму в лесу произошло событие, надолго оставшееся в памяти птичьего народа. Та же самая летучая мышь принесла в лес новость о напасти, которая надвигается на всех пернатых. Болезнь, страшная эпидемия, поглотившая уже тысячи птиц. В первую очередь катастрофа затронула домашнюю птицу. Птичьи дворы стали похожи на поле брани. Первое время дикие птицы злорадно ухмылялись, радуясь такому обороту событий. Затем наступил второй этап, когда от случайных контактов между птицами эпидемия перекинулась и на диких родственников. Тогда же летучая мышь, не оставлявшая ни одного события без своих комментариев, распустила слухи, взбаламутившие и без того встревоженных птиц.

– А вы знаете, – нашептывала она старой сове, мирно дремавшей на ветке, - вы знаете, кто вам принес в лес заразу? Это же так очевидно, только слепой не заметит, – при слове

24

«слепой» сова проснулась и стала внимательно прислушиваться к словам летучей мыши: Ваша уточка, которую Вы так привечали. А я сразу поняла, что она появилась здесь неслучайно. С чего бы это утке отделяться от своей стаи? Вы скажете, что она из вашего семейства диких уток. А я вам отвечу: «В семье не без урода». Ваша больная уточка- настоящий лазутчик. Она шпион, подосланный вам. Не забывайте: утки бывают не только дикие, но и домашние. Вот где вся правда! Они двуличны. Могут прикидываться то домашними, а то и дикими, по обстоятельствам. Скажите мне, видели вы когда-нибудь домашних орлов? Или сов? Или домашних летучих мышей? А? То– то и оно.

– Ну, почему вы так уверены в этом? Уточка никому не принесла вреда, да и поправилась уже и даже улетела.
– Поправилась, поправилась. А вы знаете, сколько птиц перебывало за это время в вашем лесу? И они больше не появлялись здесь. А вдруг они все перемерли? А?

Сова распахнула свои и без того громадные подслеповатые глаза, раскрыла клюв, чтобы ответить, и, не сумев найти вразумительного ответа, закрыла его.

****

На самом деле все происходило как раз наоборот. Дикие птицы, вернее их верхушка, парившая высоко в горах вдали, от основной массы птиц, занятых поиском пропитания, затеяла рискованную авантюру. Им захотелось утвердить свою власть и распространить свое влияние на всех пернатых, а затем, как знать, может, захватить власть над миром. История отношений между двумя лагерями одного птичьего народа очень смахивала на отношения между разными людскими народами. А иногда и одного народа, что-то не поделившего между собой. Только позднее, когда война была в разгаре, весь лагерь диких птиц узнал правду. И то благодаря заботам летучей мыши.

Отношения между домашней птицей и ее дикими сородичами давно перестали быть безоблачными. Новая война еще не была объявлена, однако все прежние обиды всплыли и перемалывались ежедневно. Домашняя птица без конца проклинала своих хищных родственников – ястребов, соколов, орлов, чей интерес к потомству кур, уток и других представителей птичьего двора оставался неизменным на протяжении многих столетий. Конечно, они могли бы вспомнить прежде всего о своих покровителях, «друзьях» –людях, заботившихся об их потомстве с одной единственной целью – проглотить их за обедом. Самый свирепый хищник на земле – человек, хотя бы потому, что он убивает, не только когда голоден, но и по многим, иногда необъяснимым, причинам. С этим согласился весь птичий народ.   Но что может сравниться с теплым, чистым курятником, где не нужно думать о том, где отыскать себе зернышко. Не нужно беспокоиться, куда –то лететь, чтобы не замерзнуть в холодную погоду. И вообще о чем– то беспокоиться.

Люди стали править всем миром, потому что они очень наблюдательны и охотно перенимают у всех, кто их окружает, то, что позволяет им улучшить свое существование, сделать его комфортным. Они сначала любовались, а потом и сами стали пытаться подражать полету птиц. Та же летучая мышь просветила сову и по этому вопросу. Она привела в качестве примера изобретение человека Леонардо да Винчи. Он придумал использовать птичьи крылья для того, чтобы человек, это неуклюжее создание, способное передвигаться только на двух конечностях на небольшое расстояние, полетел. Леонардо долго изучал строение крыла самых больших, могучих птиц. Чтобы поднять в небо такое тяжелое животное, как человек, нужны очень сильные крылья. Сова с любопытством выслушала рассказ летучей мыши, а затем сказала свое веское слово:

- Ну и что ты мне тут плетешь, про какие-то крылья? Всем известно, что люди уже давно летают на железных громаднейших птицах. И если, к несчастью, перелетные птицы сталкиваются с этими монстрами, то можешь не сомневаться, они погибают.
- Конечно, уважаемая. Самый первый человек, попробовавший полетать на крыльях, сделанных Леонардо, разбился. Но за ним шли другие. Они сделали то, чего никогда не смогли бы сделать птицы. Они придумали железную птицу. А знаете с кого люди скопировали свою самую большую и мощную железную птицу?
- Уж не с тебя ли? Ты столько всего знаешь о людях, что мне иногда кажется, что это неспроста, - сова попыталась заглянуть в маленькие глазки летучей мыши.
- Уважаемая, при всем моем почтении к вашему возрасту и репутации мудрой птицы, я удивлена. Разве вам неизвестно, что самый верный способ победить – это хорошо изучить

26

противника. Нет, уважаемая, не с меня. Свою большую птицу они скопировали с черного грифа, или черного кондора, как Вам больше нравится. Того, кто пытается сейчас вами всеми управлять; я краем уха слыхала об этом.

– Да, не зря о вас, летучих мышах, ходят разные слухи, - сова помялась, - говорят, что вы оборотни, можете превращаться то в человека, то обратно в летучую мышь. Тебя ведь нельзя назвать птицей. Так…….., ни то, ни се.

Летучая мышь посчитала более разумным не продолжать дискуссию, тем более, что она, как всегда дала пищу для размышлений сове, с которой советовались почти все серьезные птицы леса.

****

Очень давно, об этих временах рассказывали вороны – птицы известные своей хорошей памятью, и страстью изр–р–р–екать истины, птичий народ жил по единым птичьим законам. Все одинаково заботились о пропитании, жилье, потомстве. Сильные поедали слабых. Слабые роптали, но не слишком громко, боясь навлечь на себя гнев сильных и стать изгоями. Могучий и справедливый король – птица Симург–стоял над всеми птицами. Однажды он исчез. И никто не знал, куда он скрылся. Один старый-престарый ворон вдруг объявил о том, что ему одному известно, куда подевался Симург. Ворон отказался лететь за королем в одиночку, потому что путь очень опасен, да к тому же он боялся гнева монарха. Уйти из мира птиц – это был выбор Симурга, и кто знает, что побудило его сделать это. По словам ворона, Симург живет в одиночестве в горах Каф. Эти горы огибают землю и чтобы проникнуть в убежище Симурга – нужно преодолеть множество препятствий, а среди них есть воистину непреодолимые: огненные реки и воинственные многоглавые драконы. Положим, птицы не очень испугались драконов: все таки есть между ними нечто общее – крылья, а значит можно договориться. И огненные реки при желании возможно перелететь. Но вот только не всем под силу общаться с драконами, взмывать высоко в небо и не опалить крылышки. На поиски легендарного Симурга отправились тысячи птиц, и путешествие их продлилось многие годы. И только тридцать самых мудрых и сильных птиц долетели до гнезда Симурга в горах Каф. Там они обнаружили тысячи солнц, лун и звезд. И в отражение каждой из этих планет они увидели Симурга. Великий король перехитрил своих поданных. Среди всех отражений птицы не смогли

27

найти единственного подлинного Симурга. Он так и остался для них недостижимой вершиной, похожей на самую высокую, покрытую льдами вершину горы Каф. Каждая из тридцати птиц дошедшая до убежища Симурга, объявила себя королем.

В эту эпоху и началась первая междоусобная птичья война, ставшая причиной гибели многих пернатых и, самое страшное, навсегда разделившая птичий народ. Птицы, потерпевшие поражение, нашли себе сильных союзников –людей. Глупые домашние куры, утки, гуси и другие неразумные особи вообразили себе, что таким образом они станут жить припеваючи. Ради спокойной жизни они были готовы отказаться от самого главного своего достижения – от свободного полета. Вначале все были довольны. Домашняя птица не знала забот и была к тому же защищена от своих страшных хищных сородичей. А люди были довольны тем, что не нужно было охотиться и полагаться каждый раз на удачу. Та и другая сторона соглашалась с некоторыми неудобствами. Люди соглашались кормить и заботиться о птице. Птицы соглашались с неизбежными потерями в их рядах. Хищные птицы и те из птиц, свободолюбивая натура которых, одержала верх над стремлением к сытой жизни, остались в прежнем состоянии – неуверенности в завтрашнем дне и бесконечном поиске пропитания. Довольно длительный период времени домашняя птица была уверена в том, что ее выбор оказался самым правильным выбором. Но с течением времени, когда люди превратились в циников, убивающих невероятное количество птиц, не имея в этом потребности, участь домашней птицы стала незавидной. Будучи слабыми от природы, люди отличаются хитростью и коварством, позволяющим им властвовать над всем животным миром. Домашняя птица пришла к таким выводам поздно, слишком поздно. За время своего добровольного рабства они настолько отвыкли от самостоятельности, что утратили самые главные свойства, присущие птице: они разучились летать. Не то чтобы совершать длительные перелеты с одного континента на другой. А разучились просто перелетать с одного дерева на другое. Какое это унижение для птицы! Дикие птицы, над которыми посмеивались их «умные» сородичи – домашние птицы, – осознали в полной мере свое превосходство. Дикари свысока относились к своим прежним врагам. Они перестали признавать их птицами. Если какая-нибудь утка из семейства домашних уток вдруг случайно попадала в сообщество диких, ей приходилось очень несладко. Чаще всего она становилась легкой добычей какого-нибудь хищника. Бывали, конечно, случаи, когда домашняя птица выживала, и тогда она становилась еще большей гонительницей своего домашнего птичьего племени, чем сами дикие птицы. Такой отвратительный характер домашняя птица переняла у людей.

Первая птичья война длилась несколько столетий подряд. Ни тот, ни другой лагерь не смог одержать окончательной победы. Время от времени птицы объявляли перемирие. Выбирали птицу – старейшину, способного разрешить споры. Чаще всего старейшинами становились вороны и орлы. Как всегда, находились недовольные, кричавшие о несправедливости и фальсификациях на выборах старейшин. Но, вспомнив о том, что в конце концов, самая большая несправедливость – это война, успокаивались. Один только раз выбрали фламинго: понадеялись на его длинный клюв и задумчивую позу. Фламинго производил впечатление очень мудрого и спокойного старейшины. Он и в самом деле был таковым. Во время его правления о войне почти не вспоминали. Все занимались своими непосредственными делами. И только возникший большой спор о том, возможны ли браки между домашней и дикой птицей, привел к неожиданному обострению ситуации. Фламинго оказался не на высоте. Выяснилось, что его задумчивый вид происходит не от того, что он слишком много размышляет, а от того, что слишком долго процеживает в своем вместительном клюве пищу. Он не смог дать вразумительного ответа молодой паре: дикому селезню и домашней уточке с трепетом ожидавшим его решения. Родные молодых устроили кровопролитную битву, воспользовавшись таким удобным предлогом. После того, как птицы взбунтовались против спокойного, рассудительного фламинго, началась новая вакханалия, приведшая на этот раз к окончательному разрыву между родственниками. Обитатели птичьего двора и дикие птицы уже не помышляли о родственных браках. Они размышляли над тем, каким образом нанести как можно больший ущерб своим злейшим врагам. В ход пошли разные уловки. Оба стана вербовали лазутчиков и старались использовать полученную информацию. Домашняя птица стала интересоваться маршрутом перелетов диких птиц и передавала информацию по цепочке, чтобы куры и утки соблюдали особую осторожность в зонах повышенного риска. Дикие птицы с удвоенным усердием охотились за своими сородичами, получая от этого особое удовольствие.

****

Идея применить бактериологическое оружие созрела в головах свободных диких птиц. Самое оптимальное решение – создать вирус, от которого быстрее и вернее вымрут враги. Они давно заметили, что их домашние родственники болеют чаще, дольше и сдыхают от незначительных болячек. Этому имелось простейшее объяснение: привыкнув к удобной, комфортной жизни, не заботясь ни о чем, домашняя птица не только потеряла бойцовские качества, но и самый элементарный иммунитет. Куры болели и мерли, как мухи от простейшей простуды. Целый курятник мог вымереть только от того, что люди во время не сделали птицам прививки от всяких болезней. Домашняя птица болела такими болезнями, о которых дикая птица и не слышала. Вот этим обстоятельством и решили воспользоваться дикие птицы. Ослепленные гневом, они как будто забыли о том, что их ближайшие родственники не только могут сгодиться в пищу, но в случае крайней необходимости могут способствовать продолжению рода некоторых из них, да и просто с ними можно «почирикать» за жизнь. Правда, те из них, что послабее, воробьи, например, синички, попугайчики, колибри, в общем мелюзга, не имеющая особого веса в птичьих кругах, сохраняла нейтралитет. Они посчитали, что для них будет лучше не вмешиваться в разборки, а жить своей непростой, но такой разнообразной жизнью, имея возможность общаться и с теми, и с другими.

Начало двадцатого века было выбрано для того, чтобы окончательно разгромить врага. В это время люди были особенно заняты своими проблемами, как, впрочем, в начале каждого века, когда люди, словно желая завершить дела прошлого века и начать заново свое существование, совершают особенно много безумств. Дикие птицы очень надеялись, что им будет недосуг вмешиваться в птичью жизнь. Люди в который раз перестраивали свой хрупкий мир. Операцию по созданию страшного оружия назвали «испанкой». Название отражало ареал распространения болезни. Территория Испании как ключ к Европе, а также служебный вход в Африку. Все детали операции хранились в строжайшей тайне. Птицы, участвующие в проекте разработки страшного оружия, даже перестали петь по утрам. Вместо пения им разрешали только прочистить горлышко. Такие строгие меры были предприняты, чтобы избежать утечки информации. Руководил проектом старый гриф, давно рвавшийся к власти. Летучая мышь неспроста шепнула об этом на ушко сове в приватной беседе. У него были неоспоримые

30

достоинства, которые признавали за ним и друзья, и враги. Его невозможно было совратить или подкупить, учитывая его преклонный возраст и полное безразличие к земным радостям. К тому же он питался падалью и потому больше интересовался павшей, чем живой птицей. Гриф разработал генеральный план. Самое главное - сплотить хоть на короткое время свободолюбивых диких птиц, не склонных терпеть начальство, и произвести молниеносную операцию, чтобы раз и навсегда покончить с противником. Старый гриф очень серьезно отнесся к своим новым обязанностям. Он надеялся оставить свое имя в истории птичьего народа. Звучное имя – Зорак, которое с гордостью будут произносить благодарные потомки.

Наконец, его рутинное существование осветилось благородной целью. Он почувствовал в себе множество скрытых талантов! Сначала он произвел отбор. В команду, разрабатывающую основной проект, было выбрано несколько птиц. В основном это были хищники. Охотничий инстинкт помогал выбрать скорейший и эффективнейший метод уничтожения противника. Остановились на новых методиках. Тут не обошлось без вмешательства все той же коварной летучей мыши. У нее были свои, далеко идущие планы. Именно она предложила использовать новейший метод: заразить простым гриппом какую-нибудь добропорядочную мать семейства – клушу и таким образом, весь курятник станет чихать и кашлять. А там, глядишь, и начнут подыхать. Для того, чтобы куры и тому подобная вражеская родня не излечились от простейшего гриппа с помощью своих союзников – людей, было решено разработать новый вид жесткого гриппа- мутанта, убивающего без промаха. Все разработки страшного оружия происходили в глубокой тайне. Одновременно было найдено противоядие. Скромная травка, произрастающая высоко в горах. Небольшого количества этой травки было довольно, чтобы вылечиться от страшного гриппа. Одна маленькая щелочка, через которую утекла вся информация, осталась незамеченной.

Зорак, озабоченный своей исторической миссией, не сумел распознать в летучей мыши коварного лазутчика. Оружие было создано, и несколько добровольцев из диких уток отправились на птичьи дворы, чтобы заразить новым гриппом домашнюю птицу. Процесс шел полным ходом. Не обошлось без потерь и среди диких птиц. Почти все добровольцы погибли. Потери среди домашней птицы исчислялись тысячами. Люди также были вовлечены в войну.

31

Они безоговорочно стали на сторону своих домашних питомцев, служивших им к тому же источником пищи. Но они даже не могли предположить, чем обернется для них такая благотворительность. Грипп, задуманный как средство борьбы с неугодными родственниками, перекинулся на людей. Зорак и его команда не догадывались о том, чьих это крыльев дело. Черные маленькие то ли мыши, то ли птицы достигли желаемой цели. Им очень хотелось отыграться за все унижения, которым их подвергали обычные люди, если кого-нибудь из летучих вампиров разоблачали. Осиновый кол в сердце вампира – одно из незатейливых средств борьбы с упырями. Летучие мыши выпустили «джинна из бутылки». Они и сами не могли представить, чем обернется их злодейство. Эпидемия гриппа среди людей унесла миллионы жизней. Среди погибших оказалось много вампиров – летучих мышей.

Во время первой атаки «испанки» люди еще не выяснили, откуда пришла беда, и продолжали покровительствовать своим «друзьям» - домашней птице. Понадобилось много времени, чтобы они, наконец, осознали, что их верные и к тому же вкусные питомцы являются причиной страшной смертельной болезни. Люди поменяли тактику: домашняя птица превратилась из союзников, правда союзников несколько необычных, которыми утоляют голод, в противников. Заболевшие птицы безжалостно уничтожались их бывшими покровителями –людьми. Летучая мышь, пересказывая подробности избиения, ссылалась на то, что она слышала из первоисточника, то есть от самих людей. Целые отряды людей, одетых в специальную одежду, чтобы не заразиться страшной болезнью, получили задание: найти и обезвредить, что означает - попросту уничтожить **всю** домашнюю птицу.

Самые воинственные представители домашних птиц организовали ополчение. Домашние индейки стали сбиваться в стаи и нападать на людей. Хитроумные люди применяли разные уловки, чтобы усыпить бдительность домашней птицы, ставшей вдруг источником страшной опасности. Для того чтобы помириться с индейками, Президент самой великой страны помиловал сразу двух индеек, предназначенных для праздничного стола «Дня благодарения». Обычно такой чести удостаивалась лишь одна индейка. На этот раз были выбраны две: белоснежная аристократичная Маршмеллоу и простая, темного оперения и происхождения Колорайс. Им обеим была назначена приличная пожизненная пенсия и дана полная гарантия - умереть своей

32

смертью. Не обошли вниманием и самого давнего и преданного «друга» - петуха. Петух был выбран не случайно. Он когда-то был гордым фениксом. Потом, уже став домашним ручным петухом, он помогал людям сражаться с «темными». С людьми, ставшими колдунами и ведьмами и забирающими жизненную энергию у «светлых». Предрассветный крик петуха мог расстроить самые коварные происки «темных». Однако петух и сам не промах. Люди знают, в какого монстра может превратиться домашний петух, если с ним обращаться особым способом. Бои бойцовских петухов - одно из самых изощренных развлечений людей. Петух, если его разозлить, может стать убийцей. Люди объявили его птицей года и даже вручили паспорт со всеми полагающимися данными. Загвоздка заключалась в том, что не смогли угодить всем его женам и внести всех, кто претендовал на это звание, в документ. Пришлось ограничиться простой записью о том, что петух женат.
****

Недовольный ходом операции, Зорак созвал Совет, в который входили только хищные, серьезные птицы: беркут, ястреб, сип белоголовый и старый императорский орел. Заседание происходило в гористой местности, сплошь покрытой огромными валунами. Зорак взгромоздился на самый большой валун. Вытянув шею и стараясь не упустить из виду ни одного из соратников, раскинувшихся в живописных позах, Зорак просипел:

– Друзья мои, священная война против предателей нашего гордого народа, против домашней птицы, мне не хочется даже называть птицами этих тварей, идет не совсем так, как мы задумали. Я согласен с тем, что всегда есть место случаю и невозможно предвидеть все на свете. Если бы был жив старый ворон, он бы подтвердил мои слова. Вражда между двумя кланами также возникла из-за нелепой случайности. Вы еще молоды и, вероятно, не слышали этой старой истории, похожей на легенду. Я не могу сказать, правда это или вымысел. Просто очень, очень давно, Зевс, верховный бог Олимпа, послал на землю колдунью Пандору, чтобы наказать Прометея и, самое главное, людей, неподвластных ему, Зевсу. Вы спросите, при чем здесь птицы? Казалось бы, ни при чем. Но вы послушайте дальше! Когда Пандора открыла свой золотой ларчик, то из него вылетели три громадные черные птицы, разбросавшие по всему миру семена болезней, нищеты и страха. Люди злопамятны, они не могли простить птицам такой услуги. И Прометея тоже ведь мучил наш с вами родственник – орел. Он терзал его печень много веков подряд. А потом люди придумали самый верный способ насолить нам, птицам. Они разделили наш народ. Приручили самых глупых и доверчивых и посеяли рознь между нами. А в каких выродков с тех пор превратились домашние птицы, вы знаете лучше меня. Есть еще одна легенда про мудрого царя птиц Симурга, удалившегося в горы. А без царя птицы передрались. Но мне очень сложно поверить в то, что Симург добровольно отказался от власти и ушел отшельником в горы…

Ястреб, подскочил, взмахнул крыльями и неожиданно прервал оратора :

– К чему все эти сказки, Зорак? Тебе захотелось рассказать нам, неучам, о том, что было когда-то очень давно? Тебя могут интересовать все эти пустые, старые бредни. Ты же предпочитаешь живой крови и плоти – падаль! Я не хочу знать причин этой войны, с меня довольно того, что война доставляет мне радость. Я чувствую бурление в крови. Я, Джатай, потомок того самого ястреба, Джатая, спалившего себе крылья, потому что он хотел долететь до самого солнца, я могу тебя научить смелости, старый гриф!

Зорак, помня о своем статусе шефа, не стал возмущаться, оставив на крайний случай возможность сурового наказания. Он счел нужным напомнить:

– Ты забываешь, кто здесь главный! Не буду с тобой ссориться, Джатай. Не хочу превращать наше заседание в перепалку. И не буду отвечать на оскорбление. Кто чем питается, это вопрос вкуса, не более. Если ты, Джатай, думаешь, что я не смогу с тобой поквитаться, то очень заблуждаешься.

Зорак расправил могучие крылья, и все присутствующие смогли оценить их размах. Старый орел вмешался:

– Зорак, прости неразумного, он слишком молод и горяч. Мы собрались, чтобы поговорить о деле. Все происходит не так, как мы задумали. Жертвами эпидемии стали люди. Нельзя сказать, что это так плохо, если вспомнить, сколько они принесли нам несчастий, начиная с момента, когда они приручили самых глупых представителей нашего племени.

– Я и не говорю, что это плохо. Я хочу вам всем напомнить, что люди - очень серьезные враги. Это вам не петухи и утки. Они

34

смогут выиграть войну, и тогда нам не поздоровится, - Зорак втянул голову в пушистый воротник

Ястреб заклекотал от злорадства:

– Уважаемый Зорак боится, трепещет! Я так и знал. Кому мы доверили нашу судьбу?! Старому, трусливому грифу! Ему давно пора на покой! Впереди должны быть молодые сильные птицы. И дело тут не в размерах. Подумаешь великан!

Зорак повернул голову в сторону ястреба, размышляя над тем, какую тактику ему выбрать, чтобы усмирить строптивого юнца:

– Я согласен с тобой, Джатай. Тебя мы определим в самый передовой отряд. Ты можешь себе выбрать задачу по вкусу. Но прежде тебе придется заручиться поддержкой нашего Совета. Или ты предполагаешь стать самодержцем? Я не думаю, что уважаемый Совет, - Зорак обвел крылом все собрание, - позволит решать судьбу народа одному, пусть даже очень молодому, сильному и горячему ястребу.

Птицы зашумели, сип белоголовый, молчавший до сих пор, выразил возмущение по-своему: он взмыл высоко в небо и, сделав несколько кругов, приземлился на прежнее место. Слово взял беркут:

– Джатай мне друг и брат, но истина дороже. Мы не можем поручить операцию, задуманную грифом, кому-нибудь другому. Да к тому же не забывайте, что мы близки к цели. Еще немного, и враги будут полностью уничтожены болезнью, либо их вчерашними союзниками - людьми. То, что мы обсуждаем сегодня ход военных действий, –естественно. И только природная скромность нашего уважаемого Зорака не позволяет ему говорить, кричать о наших успехах!

После такой патетической речи ястреб, согласно своей темпераментной натуре, покинул собрание, почти мгновенно набрав высоту. Через минуту он казался черной точкой в чистом небе.
****

Джатай полетел к людям, в их грязный, задымленный город. Город, в котором почти совсем не осталось места птицам. Пролетая над похожими на высохшие реки дорогами, по которым движутся нескончаемым потоком уродливые железные колымаги, ястреб, позлорадствовал. «Скоро, очень скоро, для людишек также, как когда для нас, диких птиц, не останется здесь места, все заполонят их страшные неудобные и громадные гнезда и эти уродливые железные насекомые, ползущие по дну высохших рек». Ястреб не зря прилетел в город. Злопыхатели сообщили ему, что его родных братьев, ястребов заметили на службе у людей. И занимались они неприглядным делом: выступали в качестве охотников за птицами. Люди решили извести последних диких птиц, живущих в городах и ставших вдруг, не с того, ни с сего, как казалось людям, агрессивными. Для этого они воспользовались услугами самих птиц: ястреб. Подлетев к главной площади громадного города, Джатай выбрал самую удобную ветку для наблюдения. Ему не пришлось долго ожидать. Человек, появившийся на площади с мешком в руках, как будто нарочно остановился под деревом, где сидел Джатай. Он вынул из мешка, брата ястреба, у которого на голове был колпачок. Ручной ястреб сидел на руке человека, одетой в кожаную перчатку. Человек ловким движением снял колпачок с головы птицы и резко подбросил ее в воздух. Ястреб взлетел, сделал круг, привыкая к свету. Джатай все ждал, когда же ястреб поднимется выше к солнцу и улетит из страшного города. К удивлению и огорчению Джатая, ястреб не стал делать ничего подобного, наоборот, он сделал то, чего ждал от него человек. Он взмыл вверх, чтобы набрать скорость перед пикирующей атакой, а затем камнем упал вниз. Джатай увидел ворону в когтях у брата. Ястреб был безупречен. Охотничий инстинкт присущий их племени и на этот раз оказался главенствующим. Ворона не успела понять, что с ней произошло. Атака была молниеносной. Только свободный нрав, которым так гордился Джатай, казалось, совершенно неведом его кровному родственнику. Ястреб, сделав свое дело, прилетел и сел на руку к человеку, пославшему его на охоту. Тот отдал ему в качестве награды ворону, как будто не ястреб ее поймал, а он сам человек. Ястреб не возмутился, не стал нападать на человека. Он, как послушная ручная птичка съел отданный ему корм и так же легко позволил надеть себе на голову колпачок. Джатаю очень хотелось поговорить с ястребом, и он размышлял над тем, как же ему это сделать. Человек в это время вытащил еще один мешок, а из него другого ястреба. При виде второго ястреба, готового служить человеку с тем же рвением, что и первый, Джатай совершенно пал духом. «Что же это происходит с птичьим народом?! Я так гордился тем, что я ястреб, свободная птица высокого полета. Я так гордился тем, что я и мои братья питаются только живой плотью и что даже сам Зорак, старый гриф, не чета нам. И что я вижу?! Мой родной брат стал похож на какого-нибудь бескрылого петуха из курятника. Человек позволяет себе обращаться с ним, как с какой-нибудь домашней безобидной птичкой. Это ему зря не пройдет!!! Я

36

постараюсь отомстить и напомнить этим зазнайкам, людям, где их место в животном мире».

Второй ястреб был менее удачлив, чем первый. Не только потому, что он был худшим охотникам, просто вороны, напуганные первым ястребом, стали осторожнее. Несколько ворон улетели, а остальные притаились. Второй ястреб, сделав две бесполезных попытки, вернулся к хозяину. Человек спрятал его в мешок, не накормив ничем. Джатай тихонько сидевший на ветке стал свидетелем разговора двух ворон. Обычно их карканье раздражает. Громкое и бесцеремонное поведение ворон стало, в некотором смысле, причиной охоты на них людей. На этот раз вороны говорили между собой очень тихо. Так. чтобы услышать мог только тот, кому адресовано карканье. Пестрое оперенье Джатая позволяло ему слиться с листвой. Он сидел совсем близко от ворон и слышал все:

– Любимая подруга, ты помнишь, как жилось еще каких-нибудь десять лет тому назад. Теперь я понимаю, что это был золотой вороний век! А как же иначе, Каркала можно назвать то благословенное время! Сколько было всего на помойках! Всего такого, чего нельзя было найти в этих гнездах, где люди хранят провизию!!!

– Да, я, пожалуй, с тобой соглашусь. Только, удивляешь ты меня своей плохой памятью. Ты живешь среди людей столько лет, а все продолжаешь называть «гнездами» их дома, магазины и т.д. Я знаю даже, новое название магазина –шоп. Сейчас так все говорят. Я не хочу тебя учить. Но все, же подруга, ты же мудрая птица, чтобы там не говорили...

– Каркала, Каркала. Как ты можешь сейчас напоминать о людском языке. Ты же видишь, что люди превращаются в наших врагов. Самых злых и опасных. Если ты сейчас скажешь, что эти глупые, кровожадные ястребы хуже людей, то я совершенно в тебе разочаруюсь. Ты видела, видела собственными глазами, кто заставил ястребов охотиться на нас здесь, в городе, где ястребами и не пахнет, уже очень и очень давно. И как они жестоки, эти люди, и коварны. Они же могли взять свои железные ружья, и убить нас, беззащитных ворон, мы же мирные птицы. Легче всего поднять клюв или ружье, как у людей, на таких мирных птиц, как мы! Так нет же! Они используют для этого ястребов. Ты понимаешь, Каркала, что они хотят стравить нас, птиц, между собой! Они давно стравили диких и домашних птиц, а сейчас у них задача

37

посложнее. Они хотят загребать жар нашими крыльями и железными клювами хищных птиц. Ты, наверное, не помнишь, ты у нас молодая, Каркала. А вот я помню, что люди давно уже заставляют ястребов, да и соколов охотиться. Не только на других птиц, но и на разных мелких животных, которыми питаются наши хищные собратья.

– Как, как же, я слышала об этом от старого ворона. Он рассказывал о соколиной охоте. Но только он говорил о всадниках, о степи. Постой, я сейчас вспомню, как звали того ястреба, что взбунтовался. Не захотел больше быть слугой людям. Джуда…, Джеда… Да…. Его звали Джатай. Он охотился для людей. А потом однажды взлетел высоко высоко, чтобы его не видно было с земли, опалил себе о солнце крылья, упал и разбился насмерть.

– Ах, Каркала. Какая ты все-таки р–р–романтичная воррррона. Поживешь с мое, всякие глупые сказки из головы выбросишь.

Джатай кипел возмущением. Что за бредни рассказывают эти выжившие из ума, вороны! Как они смеют клеветать на его предка Джатая! Героя! Так хотелось одним ударом острого, как стальной клинок клюва забить этих сплетниц! Джатай сдержал свой охотничий инстинкт, решив, что не будет опускаться до ястребов-слуг и пачкать свой клюв. Он резко взмыл в небо, оставив ворон в полуобморочном состоянии.

Джатай сделал несколько кругов, чтобы остыть. На пятом круге, он заметил сверху на шпиле самой высокой башни странную фигуру, напомнившую ему кого-то. Несмотря на зоркое зрение, позволявшее ему видеть добычу- мелких грызунов с высоты полета, он не мог поверить своим глазам. То, что предстало его взору, никак не укладывалось в сознании. Он подлетел совсем близко, облетел странную фигуру со всех сторон, не переставая удивляться болезненному воображению людей. Фигура на шпиле башни представляла собой императорского орла, знакомого Джатая, входившего в Совет, возглавляемый Зораком. Странность заключалась в том, что у этого железного орла, было две головы, вместо одной, как у настоящего. При этом обе головы смотрели в разные стороны. Возможно, они не ладили друг с другом. Джатай еще некоторое время изумленно взирал на орла-уродца.

Джатай прилетел к себе в гнездо, когда солнце зашло за горизонт. Ему хотелось подумать обо всем, что он увидел и услышал в городе

38

людей. Рядом на высохшем дереве спала летучая мышь. «Как хорошо, что она спит, и не мешает мне размышлять». Не успел Джатай порадоваться безмолвию летучей мыши, как она встрепенулась, села на ветке и сладко потянулась. Заметила нахохлившегося Джатая:

– Мой друг, Джатай, Вы всегда так сурово глядите, что иногда я Вас боюсь, - она кокетливо закрыла матерчатыми крыльями ушастую головку.

– Не зря боишься. Меня надо бояться. Когда ты перестанешь это делать, противная мышь, тогда я тебя съем. Не побрезгую. Мне просто противно сжирать дрожащую тварь.

– Ах, Джатай, не пугайте меня. Вы ведь не все обо мне знаете. Есть некоторые факты из моей драматичной жизни, неизвестные Вам, мой друг. Позвольте мне называть вас так, - летучая мышь отлетела на приличное расстояние, чтобы иметь возможность маневра, в случае атаки. - Вы так грустны. Я не поверю, что виной всему только голод.

– И голод тоже. Это ты во время мне напомнила, мышь. Я слышал о тебе всякое и никогда не верил россказням. А за сегодняшний день, я как-будто постарел. Побывал в городе у людей, посмотрел на всякое разное, и уже ни в чем не уверен.

– Ах, как печально, мой друг, терять иллюзии в таком юном возрасте. Расскажите мне о том, что Вас беспокоит. Может быть, я смогу, что–то объяснить, учитывая мой опыт…

– Твой опыт?! Тогда скажи мне, что за странная фигура на башне. Она похожа на нашего орла, но только с двумя головами. Скажи, зачем он им понадобился?! И если уж нашли ему применение, то почему две головы?

– Я тоже была удивлена вначале, когда в первый раз увидела этого странного орла. Знаете, мой друг, я настолько любопытна, что стала интересоваться этим вопросом. Официальная версия людей примитивна, и я ей не поверила. Орел – самая сильная птица, символ власти и смелости, а две головы говорят о слиянии двух людских царств. Народов. Интересно, если бы дикие птицы и домашние птицы примирились, это я так просто, к примеру, говорю, я понимаю, что это невозможно, то какой бы они выбрали себе символ? С одной стороны голова орла, а с другой петуха, да… Только версия эта для дурачков. А на самом деле все не так просто. Вы заметили, мой друг, что у людей болезненная фантазия.

39

Они выдумывают всякие штуки, назначение которых иногда не понятно. Им нравится все, что создают их руки и головы. Вы заметили, они не ограничиваются неживыми предметами. Они пытаются вмешаться в природу. Совсем недавно я видела бедного несчастного тигра-льва. У него было полосатое туловище как у тигра и голова льва. Как он искал себе самку, бедный, не представляю. Да, я отвлеклась. Я говорила о двуглавом орле. Я знаю, что в Индии очень любили гонять голубей.

– Каких голубей? Я спросил тебе о двухголовом орле.
– Вы сейчас поймете, мой друг. Разных голубей. Самых обыкновенных сизарей. Но не только. Разведением голубей занимались раджи и магараджи. Это самые богатые и сильные люди. Как у нас, у птиц –орлы, кондоры, - мышь помедлила мгновение, – и, вы, ястребы. Эти люди устраивали состязания. Чьи голуби великолепнее, у кого из них самое богатое оперенье, кто взлетит выше других. И самые дорогие голуби, которых меняли на целые деревни- это двухголовые голуби.
– Я не видел никогда таких голубей
– Их нет! Их придумали люди!!! Они брали птенцов, отрезали у них по одному крылу и сшивали птиц вместе. Такие соединенные птенцы выживали очень редко. За ними нужен был особый уход. Но это еще не все. Потом эту двухголовую и четырехлапую птицу учили летать. И вот когда этот монстр вырастал и к тому же мог летать, он становился главной драгоценностью магараджи. Все остальные страшно завидовали обладателю такого сокровища.
– Зачем они это делали? Объясните, я сильный, умный ястреб, но я не понимаю. Не понимаю…
– Для того, чтобы сравниться с ним, – мышь небрежно показала на небо, – с Создателем. Чтобы доказать ему, что они могут то, что когда-то сделал Он.
– Я чувствовал, что с ними нужно воевать, а не с петухами и курами. Я был прав. Я должен рассказать обо всем этом старому Зораку.
– Совершенно с вами согласна, Джатай. Я вас поддержу.
– Я не нуждаюсь в поддержке, тем более твоей, – Джатай в который раз за день рассвирепел.

Мышь моментально оценила ситуацию и сорвалась с ветки, как сухой листочек. Джатай раздумывал над тем, как ему обратиться к

40

Зораку, после своего последнего столь яркого выступления на Совете. И самое главное –это не должно было выглядеть, как извинение. Джатай не собирался склонять свою шею перед кем бы то ни было. Наоборот, ему хотелось показать всем, какой он прозорливый, несмотря на свой молодой возраст. Вот только, как рассказать о том, что он увидел собственными глазами? Поведение его ближайших родственников –ястребов, находящихся в услужении у людей, невозможно объяснить с высоты полета свободной птицы. «Как раз я и проверю, насколько мудр наш Зорак. Сумеет он оценить мой порыв, и найти правильное решение, или воспользуется тем, что я рассказал, для того, чтобы устранить соперника?»
****

Зорак сидя на холме, выстраивал стратегию дальнейших военных действий. В который раз он убедился в том, что любой самый мудрый и опытный Совет, всего лишь послушный механизм в лапах у главы Совета. А иначе и быть не могло. Иначе ничего не сдвинулось бы с места. Каждый кричит о своем. А пуще всего всех заботит собственная выгода. Нельзя сказать, чтобы Зорак совершенно забыл о своих интересах. Его преимущество перед остальными членами Совета заключалось в том, что более всего старого Грифа интересовала власть. Когда он рассказывал на Совете легенды, о Симурге и о Прометее, Зевсе и Пандоре, посеявшей с помощью птиц все несчастья людей, то ближе всего и понятнее ему был гнев Зевса. И также как когда-то Зевс, наказавший титана Прометея, а заодно и людей, Зорак желал наказать домашних птиц, и людей, покровительствующих им. Последние события, о которых сообщили лазутчики, происходили почти так, как задумал Зорак. Эпидемия птичьего гриппа перекинулась из Азии в Европу. Если в начале акции, люди еще продолжали поедать в варенном и жареном виде своих питомцев– домашнюю птицу, то на следующем этапе по мере расширения территорий, затронутых болезнью, они перестанут это делать. И, по мнению Зорака, недалек был тот день, когда люди истребят всех домашних птиц, что принесет долгожданную и окончательную победу их диким сородичам.

– Уважаемый, Зорак. Позвольте обратиться к Вам. Понимаю, что я не имею на это права, но столько говорят о вашей мудрости, что я надеюсь быть выслушанной вами.

Зорак устало взглянул на обрывок черной материи, приземлившийся рядом с ним.

– Я слушаю тебя, мышь. Знаю, что давно замышляешь какие-то козни. Но мне недосуг заниматься всякими тварями вроде тебя. Сегодня, я выслушаю тебя. Все идет так, как я задумал.

– Да. Да. Именно так. Я сегодня как раз говорила об этом Джатаю, нашему юному другу. Я говорила ему, что не стоит беспокоить по пустякам великого Зорака и отвлекать его от очень важных, я бы сказала судьбоносных для нашего народа решений.

– Как ты сказала, мышь? Судьбоносных решений для нашего народа? Ты себя к какому народу причисляешь? К народу птиц? Моему и Джатая? Я правильно тебя понял, мышь?

Летучая мышь взмахнула крыльями, чтобы подтвердить свою принадлежность к птицам, не посмев ничего пропищать в ответ.

Зорак нахохлившись, счел нужным напоследок поучить неугомонную летучую мышь:

– Ну что же, я знаю, что ничего нельзя скрыть от любопытства толпы, и моя размолвка с Джатаем обсуждается птицами. Но это наше дело, мышь. И ты нам тут не помощник. Я посоветовал бы тебе держаться подальше и от Джатая, и вообще от нас, свободных птиц.

Черные крылышки затрепетали и летучая мышь улетела очень быстро, тем более, что заметила в круглых глазах грифа непривычный для него интерес к живой добыче.

«Джатай собирается навестить меня. Хочет ли он и дальше выступать против меня, и представляться спасителем птичьего народа? Неблагодарная роль. Только он слишком глуп и самоуверен, чтобы понять. В конце концов, его ждет судьба его прапрадеда. Он опалит себе крылья и погибнет, по собственному неразумению. А сейчас, необходимо его обезвредить. Найти хоть какое-нибудь применение, чтобы охладить пыл. Он так горяч и неуправляем, что трудно придумать ему занятие. Когда выбирали Совет, Джатай попал туда только лишь благодаря своему происхождению. Зря... Нужно поменять принцип отбора. Брать в Совет птиц, исходя из нынешних заслуг, а не вспоминать о том, что было очень давно. Ах Зорак, Зорак....Сам себе противоречишь. Рассказывал какие-то древние сказки своим советчикам, а теперь, когда Джатай взбунтовался, говоришь о нынешних заслугах. Вот это и говорит о моей мудрости, о том, что птицы не зря выбрали меня своим царем. Да... Царь он и есть царь, назови его как хочешь: глава, вождь, как угодно. Суть остается. Я могу казнить и миловать. А когда мы разделаемся с домашней птицей, то власть моя станет настоящей, полновесной властью над всеми пернатыми». Приятные мысли Зорака прервал появившийся высоко в небе знакомый силуэт непокорного ястреба. Джатай приземлился в некотором отдалении от Зорака. Старый гриф не сделал ни одного движения в сторону ястреба. Джатаю пришлось приблизиться и поклониться, как того требовал птичий этикет:

– Простите, что нарушил ваш покой. Но учтите, что я прошу меня извинить только за это. Я не собираюсь просить прощения за то, что сказал на Совете. Я и сейчас считаю, что прав. Надо вести войну не столько с нашими трусливыми родственниками, сколько с людьми. Я хочу рассказать вам то, что увидел собственными глазами. Мне очень тяжело говорить об этом, но я надеюсь, что вы сможете найти разумное объяснение. К тому же в первый раз, я вдруг почувствовал, что быть молодым не всегда так здорово. Я очень страдаю.

Зорак с удивлением смотрел на Джатая, всегда такого самоуверенного и скорого в суждениях:

– Я слушаю тебя, Джатай.

– Сегодня я был в городе, у людей. То, что я там увидел и услышал, я не забуду никогда. Мои братья, ястребы, в подчинении у людей! Они охотятся на ворон, по приказу людей! Но это еще не все. Я случайно услышал разговор двух ворон. Одна из них утверждала, что мой легендарный предок Джатай, тоже был в услужении у людей и спалил себе крылья, только потому, что взлетел слишком высоко, надеясь улететь от людей.

– Знаешь Джатай, ты в самом деле молод и горяч. То, что ты услышал от ворон, нисколько не умаляет заслуг твоего прадеда. Наоборот, ты поймешь это позже, я полагаю, его стремление освободиться из неволи заслуживает большего уважения, чем желание достичь невозможного. Но красивая сказка о том, что он хотел долететь до солнца пусть остается в памяти птичьего народа. Мы же с тобой, - тут Зорак подмигнул Джатаю, - не будем разочаровывать птичий народ, и повторять рассказ ворон, пусть даже очень похожий на правду и более героический, чем сказка.

Джатай переваривал сказанное.

43

– Из ваших слов выходит, что одно вы говорите птичьему народу, и совсем другое думаете? Я правильно Вас понял, Зорак? И никто не знает ваших настоящих целей. Для чего нужна эта война с глупыми несчастными родственниками?

– Ты как всегда все упрощаешь, Джатай. Все тебе нужно изобразить в двух цветах: черном и белом. Ты же прекрасно знаешь, что в природе не все так просто. Твое оперенье, к примеру, пестрое. Почему? Ты задавался этим вопросом? Потому что так легче охотиться! Легче затеряться в листве, или среди камней. Ты такой прямой и открытый, и все-таки пользуешься этим подарком небес?

– Таким меня создала природа, и я не могу ничего поменять. И не хочу.

– Правильно, Джатай, в твоем случае и не нужно ничего менять. Оставим все, как есть. Я буду властвовать над птичьим народом, так как мне представляется правильным, а ты будешь охотиться и не будешь вмешиваться в мое управление. В Совете, в других местах, где собираются птицы, ты будешь поддерживать меня!

– А если я не стану этого делать, что тогда?, - Джатай подпрыгнул от возмущения.

– Зачем же вынуждать меня к тому, чтобы я рассказал о том, что героический прадед Джатая был всего лишь прислугой у людишек.

– Я так и знал, что Вы отвратительный старый гриф ничем не отличаетесь от той же летучей мыши, способной на любые пакости. И это- наш правитель!!! Любой петух и тот честнее, чем Вы, Зорак!

– А кто говорит, что я честен? Смешно, Джатай. Ты подумай на досуге. Я предлагаю тебе свое крыло. Меня все больше беспокоят люди. Я думаю пора с ними договариваться. Иначе, эти безумцы не только уничтожат домашнюю птицу, но потом займутся нами, а уж в последнюю очередь сами все вымрут.

– Я не верю Вам, Зорак. Вы сейчас признались в том, что все, что вы говорите, не стоит доверия.

– Ах, Джатай. Мы одни. Я могу себе позволить говорить то, что думаю. Ты мне симпатичен, несмотря на твое ко мне отношение. Ты так молод!, - Зорак вздохнул, - Подумай!

Джатай распушил перья.

– И как же вы предполагаете договариваться с людьми?

– А вот это я предоставлю тебе, Джатай. Можешь поворковать или поклекотать. как тебе захочется, со своими родственниками - ястребами, живущими у людей. В конце концов, это тоже связи и неплохие. Можешь пообщаться с летучей мышью. Я заметил, что она проявляет к тебе интерес. И не забудь рассказать о своих контактах мне. Ты же умный и сильный, Джатай, совсем как твой прадед. Мы с тобой решим, как нам действовать дальше. – Зорак обхватил своим огромным крылом Джатая, - и совсем необязательно посвящать в это остальных птиц.

Джатай молчал. Он испытывал странные чувства. Ему было лестно, что правитель всех птиц, мудрый Зорак так откровенен с ним, молодым ястребом. В то же время ему стало ясно, что Зорак способен на любое предательство и любую подлость, если в этом он увидит свою выгоду. «Наверное, в этом и заключается мудрость. И возраст, и жизненный опыт учат именно способности приспосабливаться к любым условиям, и с выгодой для себя»:

– Я согласен, – Джатай взмахнул крыльями, и, не дожидаясь одобрения старого Зорака, сорвался с места.

После сложного разговора Зорак полетел трапезничать. Он еще утром заметил убитую косулю, которой лакомилось семейство волков. Объедков со стола волков вполне должно было хватить. Подлетая к месту трапезы гриф с неудовольствием заметил извечных своих сотрапезников –воронов. Ворон- уважаемая птица, что и говорить. Но Зорак, глядя на этих птиц, всегда вспоминал их неугомонных, болтливых родственников – ворон, живущих рядом с людьми. Как будто отвечая его мыслям, самый большой ворон закаркал:

– Зорак, как вы во время. Мы оставили вам самые вкусные кусочки. Мы всегда уважаем власть и помним, о том, кто заботится о нас денно и нощно.

Зорак не стал отвечать. Он молча заглатывал пищу, стараясь не подавиться. Ворон между тем, несмотря на отсутствие интереса со стороны грифа, продолжил светскую беседу.

– Вам может показаться занимательным, то, что я расскажу. Наша дальняя родственница Каркала, сообщила нам очень интересные факты. И по –моему, вам не мешало бы о них знать. Я не хочу просить за своих родственников, ворон. Но все-таки не будем забывать, что они также как и мы являются дикими птицами. Это не какие-нибудь куры, утки, гуси!!! Вороны наши двоюродные братья и сестры. И когда я слышу о таких возмутительных случаях, то просто не знаю, что и думать!

Зорак уже догадался, о чем пойдет речь, и захотел сравнить рассказ Джатая с тем, что изложила болтушка Каркала. Ворон так и не дождавшись ответа Зорака, не отчаялся, а продолжил:

– Так вот, цвет нашего птичьего народа, ястребы, родственники нашего уважаемого Джатая сейчас служат людям. Тем самым людям, что убивают не только наших врагов, домашнюю птицу, но и нас. Так, вот. Эти самые ястребы охотятся на ворон!!! Какой позор на наши птичьи головы! Если бы только голод заставлял их охотиться, я бы сказал, что это согласно всем звериным законом. Но это не так!!! Каркала кипела возмущением. Она и так бедняжка заикается немножко, как затянет кар-кар-кар, так от нее не скоррро толку добьешься. А тут и вовсе. Застопоррррило её.

Зорак услышал все, что ему хотелось, расправил крылья, потянулся, снисходительно бросил:

– Разберемся.

Тяжело взлетел и потихоньку набрал высоту.
****

Военные действия продолжались, то становясь яростными, то затихая. Эпидемия птичьего гриппа захватила всю планету, и люди лихорадочно пытались найти вакцину.   Прошел месяц, прежде чем Джатай улучил счастливую возможность поговорить за жизнь и не с кем-нибудь, а самой Каркалой, которая, как выяснилось, имела очень неплохие связи не только со своими кузенами и кузинами, но с другими представителями животного мира. Каркала долго отказывалась от встречи с диким ястребом. Она во всех подробностях рассказала летучей мыши, служившей посредницей в переговорах между двумя сторонами, о своей неожиданной встрече с Джатаем. И конечно красочно описала обстоятельства этой встречи: кровавую расправу ястребов –слуг над невинными, ничего не подозревающими воронами. Летучая мышь притворно выразила сочувствие, при этом

46

оценивающим взглядом окинула Каркалу, прикидывая сколько таких ворон зараз может съесть взрослый ястреб. Летучая мышь все-таки нашла ту самую струнку, за которую стоило только потянуть:

– Джатай так расстроился из-за своих родственников. Он так переживал, бедненький, и столько хорошего сказал о Вас!!!

– Обо мне?!

– Он так хвалил Вас. Вы такая воспитанная ворона! Говорили таким нежным голоском!, - летучая мышь умильно посмотрела на ворону

– Правда?! Какой он милый, –Каркала растаяла, – хорошо я согласна на встречу. Но только если рядом будет еще кто-то, ну, к примеру Вы, летучая мышь.

Летучая мышь сама очень стремилась поучаствовать в это встрече. Но Джатай заранее предупредил ее, что встреча должна проходить с глазу на глаз. И ни каких посторонних.

– Нет, Каркала, ястреб хочет встретиться с вами без свидетелей. Он готов дать вам любые гарантии.

– А если он меня съест, то зачем мне его «гарантии»?

– Ах, Каркала, как вы еще молоды! Почти так же как Джатай! Гарантии - это значит, он обещает Вас не съесть.

– Вы думаете ему можно верить?

Летучая мышь про себя потешалась над наивной Каркалой:

– Вы так очаровательны, мой друг!

Каркала закаркала во все воронье горло от удовольствия:

– Кар, кар, кар. Я согласна!!!

Встреча между Джатаем и Каркалой произошла на том же месте, что и страшные события некоторое время назад: в городе, на площади, где люди выпускали ястребов на охоту за воронами. В городе было холодно, выпал снег, люди все попрятались по гнездам. Каркала прогуливалась одна по площади и рядом с ней приземлился Джатай. Увидев так близко своего извечного врага, Каркала потеряла дар карканья. Она только грустно посмотрела на Джатая, а про себя подумала: «Какая я дурра! Как я могла поверить этому страшному ястребу! Сейчас он накинется на меня». Джатай все понял по убитому виду молодой вороны и постарался рассеять ее подозрения. Разговор не клеился первые пятнадцать минут. Когда Каркала поняла, что Джатай вероятнее всего сыт и не будет набрасываться на первую встречную ворону, она нашла в себе силы и стала отвечать на вопросы Джатая. В это время на площади показался человек, с собакой на поводке. Ястреб зоркими глазами сразу же заметил удивительный ошейник собаки. На ошейнике был тот же самый изуродованный двуглавый орел, что и на шпиле башни. Собака прямиком направилась к странной птичьей парочке. Птицы взлетели и устроились на ветвях высокой голубой ели. Собака подбежала к дереву, справила нужду, и вернулась к ожидавшему ее человеку. Тут Каркала оживилась и рассказала Джатаю все, что знала о собаке и ее владельце: невысоком человеке неприметной наружности, чем то отдаленно похожем на птицу, а точнее на утку.

Каркала уверяла, что этот человек имеет большую власть, совсем как Зорак у птиц и поэтому на его собаке такой странный ошейник. Это знак высшей власти. И если уж дикие птицы решили договариваться с людьми, то лучше кандидатуры не найти. Джатай подумал и согласился на предложение Каркалы. Тем более, что за время беседы он убедился в том, что при личной встрече Каркала оказалась разумной и даже милой птичкой. Он согласился с ее мнением о том, что встреча между главами двух народов может быть очень удачной, хотя бы потому, что человек, видимо тоже птичьего происхождения и кое-что знает о птичьих ценностях: например, что такое свободный полет. На вопрос Джатая, как же Каркала собирается обстряпать это дельце, ворона с гордостью ответила, что близко знакома с любимой канарейкой этого человека. Джатай улетел, так и не решившись коснуться Каркалы. Уж очень боялся напугать очаровательную ворону. Он только сказал с грустью в голосе: «Может мы с Вами когда–нибудь еще увидимся». Каркала погрузилась в задумчивость. Последние слова Джатая не выходили из головы.

Все, что происходило во время встречи Человека-птицы и Зорака осталось под покровом тайны. Летучая мышь, как ни суетилась, чтобы получить информацию и попользоваться ею, на этот раз признала свое поражение. Встреча состоялась. И это видели дикие птицы, случайно оказавшиеся рядом с охотничьим домиком в лесу. Они с удивлением наблюдали за тем, как огромный гриф, никогда не появлявшийся в этих краях, приземлился на ветке дерева рядом с домиком, из которого вышел Человек-птица. Он подошел к дереву, протянул руку в перчатке, гриф слетел на руку человека. Человек – птица с грифом скрылись в домике, где они пробыли около двух часов. После окончания встречи Зорак, улетел в родные края, а Человек-птица сел в громадное насекомое, с вращающимися над головой крыльями, и тоже улетел в свой страшный город.

Зорак созвал Совет и заявил, что война окончена. Дикие птицы победили. Зорак назвал особо отличившихся героев и среди первых, он отметил Джатая. Зорак сказал, что домашняя птица ослаблена и то количество, что осталось после побоища не сможет принести заметного вреда дикой птице. Людей надо оставить в покое, и не стараться им навредить. А они, в свою очередь, не будут зверствовать, и истреблять диких птиц. Несмотря на бравурный тон, Зорак выглядел еще более старым и более усталым, чем раньше. Он ничего не сказал о волнующих деталях. Нашли люди противоядие от птичьей болезни? Открыл Зорак людям спасение от напасти, рассказав, где растет волшебная травка? Будут ли люди и дальше откровенно стоять на стороне домашней птицы? Эти и все другие подробности исторической встречи остались лишь в памяти двух ее участников: Зорака и Человека-птицы.

Лиза Герардини

Женщина с картины невозмутимо взирала на окружающий мир, улыбаясь немного отрешенно. Поток людей не оскудевал. Иногда возникало впечатление, что в Лувре, величайшем музее мира самой главной драгоценностью является это небольшое произведение. Бурные споры происходили у картины. Эксперты, изучившие вдоль и поперек каждый миллиметр прекрасной дамы и фона, чудесно сотканного из светотени, никак не могли успокоиться и договориться хотя бы о том, кто мог послужить моделью для одного из самых почитаемых в мире произведений живописи. Великий Леонардо да Винчи начал писать картину еще в 1503 году. Это было доподлинно известно, и с этим соглашались все, что уже немало. Потому что остальные составляющие оставались такими же неуловимыми и загадочными, как и улыбка Мадонны Лизы, или, как ее стали ласково называть итальянцы еще в далеком шестнадцатом веке, Моны Лизы.

Два эксперта, внешностью напоминающие противоположные отталкивающиеся друг от друга заряды, выбрали минуту, когда профаны, не разбирающиеся в искусстве и осаждавшие картину по той причине, что неприлично побывать в Лувре и не поздороваться с Джокондой, отправились на обеденный перерыв.

— Дорогой друг, не кажется ли Вам, что последнее заявление Уильяма Торбса о том, что "Джоконда" - это портрет самого флорентийца Франческо дель Джиокондо, заказавшего картину Леонардо, а не его жены Лизы Герардини, просто смешно и не выдерживает никакой критики. Удивительно, он еще имеет наглость ссылаться на аутентичный текст, якобы найденный им, – мужчина темпераментно произнесший тираду, нервно сжал руки.

Невысокий, сухощавый, с подвижным лицом, ясными темно карими глазами, напоминающими маслины, он был одет в бархатный черный пиджак. Облик его странным образом гармонировал с картиной. Казалось, что он сошел с нее. Стоял где-то в уголке, почти сливаясь с фоном, и вдруг решился и спустился вниз, за рамки картины.

– Разговоры о том, что это божественное женственное нежное лицо является лицом мужчины, кажутся мне настолько лишенными всякого смысла, что я не мог удержаться и пришел, чтобы еще раз воочию увидеть и оценить ее совершенство. Я, Винченцо Перуджио, я понимаю кое-что в живописи, – мужчина в бархатном пиджаке скромно опустил глаза, сделал вдох и продолжил свою тираду, – и я не могу спокойно выслушивать заявления маньяков, которым обязательно нужно сказать свое слово. Пусть даже это будет бред сумасшедшего.

– Коллега, ну зачем же так горячиться, в конце концов, каждый имеет право на собственное мнение. Вы можете соглашаться или нет, это ваше право, но вы не можете запретить Ульяму Торбсу высказать свой взгляд на эту тему, тем более такую захватывающую. Этого требует простая вежливость .

Высокий дородный мужчина снисходительно глядел на Винченцо, тихим голосом и размеренными плавными жестами подчеркивая свое несогласие с итальянцем.

– Я вижу, что мы с Вами разойдемся в этом вопросе. Хотя бы потому, что Уильям Торбс является вашим соотечественником, не так ли уважаемый Самюэль?

Самюэль Кент сдержанно улыбнулся.

– Ну и что? Неужели Вы думаете, что я настолько ослеплен любовью к соплеменникам, что не в состоянии отличить здравую мысль от глупости?

– Хоть в этом мы с Вами сошлись, – Винченцо вздохнул, - я не могу сказать всего, что знаю, но поверьте, - голос итальянца

50

стал тише, жесты спокойнее, - поверьте, что на портрете изображена женщина, и я знаю это наверняка.

Самюэль недоверчиво взглянул на итальянца:

– А вот тут вы ошибаетесь, коллега. Так же «наверняка» можно утверждать, что это портрет самого Леонардо, только облеченного в женскую оболочку. И зачем я рассказываю Вам общеизвестные факты! Это же очевидно!, – Самюэль пытался говорить спокойно, однако скрытый темперамент прорывался в интонациях голоса. - Впрочем, в этом нет ничего удивительного. Вы же знаете, что любой из нас состоит из противоречий. Тем более, такая личность как Леонардо, в котором сочеталось столько разных ипостасей. Его артистизм, бесконечное стремление к совершенству, разве это не говорит о наличии женского начала в нем? А в гениальном человеке все черты особенно выпуклы. Его мужское начало строило мосты и делало пушки и бомбы для герцога Сфорца. Он создал летательный аппарат. А вы знаете, что в чертежах и описаниях он указывал неправильные пропорции?! Нарочно, чтобы никто не мог без него воспользоваться его трудами. Он был непрост! Своеобразная защита авторского права уже в то время. Куда нам до его изобретательности! – англичанин помолчал, предоставив собеседнику возможность переварить сказанное, – а женское начало совершенствовалось в искусстве изображения мельчайших оттенков движения души, схожих с дуновением ветерка. Ему удалось и то, и другое. И потом посмотрите! Вглядитесь! Его черты совершенны очевидны! Вспомните его автопортрет в зрелом возрасте. Лицо Леонардо, искаженное старостью, все равно напоминает лик Джоконды, - англичанин разгорячился и производил тягостное впечатление, – вы со мной не согласны? Винченцо?

Винченцо побледнел еще больше. Он колебался. Желание рассказать что-то известное только ему одному ясно читалось на его подвижном лице. Он подошел вплотную к англичанину и страстно зашептал:

– Я видел все собственными глазами. Я играл на виоле, когда Леонардо писал Лизу, я и мои товарищи-музыканты, развлекали их музыкой – итальянец оглянулся по сторонам, - Она была прекрасна, Лиза Герардини, не красива, нет. Это разные вещи: женщина может быть красивой и при этом вызывать отвращение. Лиза была прекрасна. Bellissima... Но знаете...., – итальянец замолк, чего-то испугавшись, и еще раз внимательно посмотрел на портрет Лизы.

Самюэль с опаской перевел взгляд с безумного итальянца на портрет мадонны Лизы. Ему вдруг показалась, что Лиза перестала улыбаться и строго, пристально смотрит на Винченцо, призывая к порядку. «Никогда не предполагал, что безумие также заразно, как грипп», - Самюэль взял себя в руки и вернулся к прежней, размеренной манере общения.

– А может, вы влюбились в Лизу и мечтали заколоть своего счастливого соперника Леонардо, - издевка прозвучала в вопросе англичанина.

– Откуда, черт возьми, вам известно, что там происходило? – переведя взгляд с портрета на Самюэля и обратно, он прибавил:

– Послушайте, а не вы ли навещали Леонардо? Помните? В тот самый страшный день, когда я, потеряв голову, стал шантажировать Лизу, пообещав рассказать все мужу, если она не будет ко мне благосклонна. Она побледнела и выдала себя, понимаете? Я же не был ни в чем уверен! Не знал, что происходит между ними. А как я был взбешен, когда увидел ее испуганный взгляд! А Вы.... Вы тоже там были, признайтесь?

Англичанин покачал головой:

– Вы с ума сошли! Мы же с Вами в XX веке. Вы запамятовали, любезный Винченцо, сейчас 1911 год. Я физически не мог быть там, в XVI веке. Откровенно говоря, и ваше утверждение о том, что вы, якобы, присутствовали, меня озадачило. Как вы могли быть там, объясните? –Самюэль пристально смотрел на итальянца, прожигая его взглядом насквозь.

– Ну, зачем все сводить к суровой реальности. Уж поверьте мне на слово, в жизни есть всякое такое, что невозможно объяснить законами физики. Леонардо хорошо знал это! Не будем углубляться в неизвестные нам материи. Ведь вы, Самюэль, и я, не обладаем гением Леонардо. Что уж тут скрывать. Обидно, конечно, признавать такое! Ему были подвластны разные области знаний. Это не наше время, когда каждый копошится в своей узкой специальности, боится сделать шаг в сторону. Поэтому и мыслит, как зашоренная лошадь.

Самюэль задумался:

– Нет, это был не я. Это был английский арматор, приехавший, чтобы сделать Леонардо предложение от имени английского двора. Достаточно известный факт, как и то, что в конце концов Леонардо принял предложение Франциска I. Мне, англичанину сложно говорить о том, что да Винчи сделал выбор в пользу легкомысленных французов.

Винченцо ухмыльнулся, удерживаясь от комментариев.

– Я предлагаю продолжить наш спор через неделю. Признаюсь, что мне не хватает кое-каких сведений, и я надеюсь получить их в ближайшее время. Если, конечно, Вас, уважаемый Самюэль, действительно интересует эта картина. Сегодня интересоваться Джокондой выглядит, по меньшей мере банально, если не сказать пошло. Это могут позволить себе наивные американцы, но не Вы! О ней столько говорили и писали, что у любого здравомыслящего человека, а Вы несомненно относитесь к ним, только упоминание о Джоконде вызывает приступ мигрени.

Англичанин энергично пожал изнеженную руку Винченцо Перуджио и со словами: «Жду Вас через неделю на этом же месте» быстро вышел из зала.

Итальянец дождался момента, когда в зале они остались вдвоем: он и Лиза Герардини, высоко подпрыгнул и без труда проник в картину, скрывшись за горами на заднем плане. Лиза только удивленно моргнула, прежняя улыбка уступила место недоумению.

Музейный день не спеша, подошел к концу. Последние посетители галопом пробегали по залам, ненадолго останавливаясь перед Лизой, обретшей прежнее спокойствие и улыбку, и никто из них не заметил появившегося размытого силуэта, затерявшегося между гор на заднем плане. Настала ночь. В зале, где висела картина, установилась тишина, столь любезная сердцу хранителей музеев. Лиза Герардини, убедившись в том, что вокруг не осталось ни единой живой души, поднялась и ушла, оставив после себя на картине неуловимое прозрачное движение воздуха. Дойдя до ближайшей тени, отбрасываемой холмом, Лиза наткнулась на неподвижного, слившегося с пейзажем Винченцо. Тот вздохнул и печально, как побитая собака, побрел за хозяйкой. По дороге он не переставал охать, жаловаться на судьбу. Лиза не отвечала на его упреки. Она знала назубок ежедневные стенания темпераментного итальянца.

Как ни странно, вместо того, чтобы вызвать раздражение, монотонное ворчание Винченцо, вернуло Лизу в атмосферу мастерской, а точнее в ее тогдашнее душевное состояние эйфории и безмерной радости. Вернутся в то время, Лиза не могла. Ах, если бы мастер написал то, что в самом деле происходило: себя, ее, музыкантов. Тогда она могла наслаждаться счастьем вечность. Возле нее находился бы ее любимый обожаемый Леонардо. Присутствие Винченцо, его ревнивый взгляд и бессилие, только обостряли радость бытия. А теперь она могла лишь иногда, когда была уверена в том, что никто не обнаружит ее отсутствие на картине, совершать небольшую прогулку вокруг озера и дышать прозрачным чистым воздухом, так искусно написанным да Винчи. Да и слушать несносного Винченцо Перуджио, не оставлявшего ее в покое уже который век. Он продал душу дьяволу, чтобы оставаться все время в оболочке музыканта, меняя лишь имена.

Даже сейчас, по прошествии стольких веков, Лиза не могла спокойно вспоминать ту самую счастливую и самую трагичную весну в ее жизни.
****

Она долго не давала согласия мужу на то, чтобы такой известный и всеми почитаемый художник, как Леонардо да Винчи, стал писать ее портрет. Ей казалось, что она некрасива и было страшно увидеть свой несовершенный облик, увековеченный мастером. Лиза не объясняла мужу причины своего нежелания позировать. Для него его молоденькая жена была самой совершенной женщиной на свете, и он только посмеялся бы над ее страхами. Франческо дель Джиокондо всегда добивался того, что хотел. Он уговорил Леонардо, пообещав хорошо заплатить за картину. А потом, употребив власть, заставил жену согласиться позировать художнику.

Каждый день Лиза приходила в мастерскую да Винчи. Большая светлая зала, наполовину заставленная готовыми картинами, неоконченными работами, странными макетами невиданных машин. Целый мир, созданный одним человеком. Вначале для нее это казалось тяжелой повинностью: оставаться неподвижной некоторое время. Художник не требовал от нее какой-то особенной позы. Он просил только об одном: сидеть так, как ей нравится, и думать о приятном. Такая простая задача оказалась Лизе не по силам. Она чувствовала, что тело ее деревенеет, мышцы напряжены и на лице проступает выражение мученичества. Леонардо пытался развлечь ее разговорами: тогда она оживлялась. Игра мысли и эмоций происходила с такой быстротой, что художнику не удавалось схватить одно выражение. Лицо становилось слишком подвижным. У Леонардо была своя четкая теория о том, как надо писать портреты. Он рассказал об этом Лизе на одном из сеансов. «Разве ты не видишь, что именно прекрасное лицо, останавливает прохожего, а не богатые украшения. Все, чем тешиться тщеславие сильных мира сего, пустое». Он напомнил ей, что и любовницу всесильного герцога Людовика Сфорца, Сесилию Галлерани он изобразил без излишеств. Единственное украшение, которое Леонардо оставил Сесилии – это бусы. Симпатичный зверек, горностай в руках у прелестной Сесилии напоминал о герцоге. Впрочем, намек был настолько изящным, что самым рьяным блюстителям нравственности не в чем было упрекнуть Леонардо, а заодно и Сесилию. Горностай являлся олицетворением чистоты, но также удачно вписался в герб могущественного Сфорца. А в руках женщины горностай превратился в образ любовника.

– Послушай, Лиза, очнись, наконец. Ты не увидишь его больше. Можешь думать и мечтать о нем. Все это бесполезно! Разве ты забыла, что он пальцем не пошевелил, чтобы удержать тебя. А его душа, разве он продал свою бесценную душу ради тебя? Скажи? Он обрек тебя на вечный ад: сидеть день-деньской и глупо улыбаться, мечтая о нем, –Винченцо грубо вмешался в Лизины думы. – Я хотел тебя спросить, для меня это очень важно. Сейчас, когда ты улыбаешься на картине, ты думаешь о нем? Я же знаю, что он своим искусством добился того, что ты остаешься живой, при этом ты не стала вампиршей. Хе–хе, не обижайся! Ну, к примеру, энергетической вампиршей. У тебя такие возможности! Вокруг столько человеческого материала, –Винченцо отвлекся от несчастной любви, и мысли его приняли совершенно другое направление, глаза заблестели, –О, мадонна, какие ты упускаешь возможности, рядом с тобой все время толпятся люди, совершенно беззащитные...
– Винченцо, больше не говори мне, что ты продал душу дьяволу только потому. что любил..., любишь меня. Нет, уважаемый, ты бы и без меня это сделал. Нашел бы предлог!
– Ну да, ну да, - заторопился музыкант, – не будем препираться. Я спрашиваю тебя о другом и не в первый раз! Ты всегда отмалчиваешься, но на этот раз я от тебя не отстану. Скажи,

55

ты в самом деле думаешь только о нем, когда улыбаешься, или иногда отвлекаешься, и тебя веселят недоумки, приезжающие со всех концов света, чтобы посмотреть на твою усмешку. Ответь, я задал тебе вопрос!

Лиза повернулась в сторону музыканта, надменно кивнула, не произнеся ни звука.

- Ты не хочешь говорить со мной. Естественно, я же не мастер! За столько веков, я не заслужил ни одного доброго слова. Я твой вечный спутник, ты хоть понимаешь это? Не молчи! – Винченцо схватил Лизу за плечи, опомнился и бессильно опустил руки.

Женщина устало улыбнулась:
- Зачем ты задаешь глупые вопросы, на которые знаешь ответ не хуже меня. Ты что, забыл, как все было на самом деле. Первый мой портрет Леонардо написал за каких-нибудь десять сеансов. До того, как мастер пригласил музыкантов. Это же ты пытался его украсть! И много позже охотился за этим портретом уже после смерти моего мужа. Леонардо не взял тогда денег, взамен он попросил разрешения у Франческо написать другой мой портрет. Ты что, все забыл? Напряги свою память, я понимаю, что за только столетий можно что-то забыть! Ты никогда не блистал ни памятью, ни живостью ума.
- Могла бы, наконец, найти во мне хоть какие-то достоинства. Я единственный твой верный почитатель, над которым не властно время. А ты продолжаешь третировать меня, как когда–то в мастерской Леонардо. О, мадонна! Как я страдал тогда! Не понимаю, почему я не убил этого самовлюбленного павлина! Мастера!!! Он только и делал, что распускал хвост и красовался перед тобой!

Лиза с интересом слушала Винченцо, не переставая удивляться тому, что жар неистового итальянца не угас. Она продолжила:
- У тебя есть одно самое главное достоинство, –она печально улыбнулась, – верность. К сожалению, мне твоя верность ни к чему, – Лиза остановила взгляд на несчастном итальянце, – первый портрет парадный: там я такая, какой видел меня муж и все современники. Ты помнишь мой наряд? Шелка, бархатный корсаж сапфирового цвета. И в первый раз Леонардо настоял на том, чтобы украшений было немного. Только массивная золотая цепь, а на ней блохоловка, в форме

56

тюльпана, украшенная бриллиантами. У меня другое лицо, нет и намека на улыбку. Надменная дама.

– Я все прекрасно помню! Можешь не сомневаться! –Винченцо помолчал, переживая события, происходившие четыре века назад.

– Меня интересует лишь одно! Как твоему обожаемому Леонардо удалось настолько изменить твою внешность не только на этом куске дерева, но и в жизни. Я же помню, какой ты была вначале сеансов, когда он уже писал второй портрет. И какой стала потом! Ты стала почти такой же, как сейчас. Ответь, в чем причина? Почему ты стала похожа на Леонардо? Глядя на тебя, через пять месяцев после того, как он стал писать второй портрет, у меня появилось чувство, что ты его родная сестра. И что твоя настоящая внешность просто скрывалась под маской, слетевшей с тебя в один миг. Я ничего не понимал. Удивительно, но и сегодня те, кто приходят посмотреть на тебя и кто видел автопортрет Леонардо, говорят об этом. Я тебя развлеку немного. По крайней мере, не буду жаловаться на твою холодность. Сэмюель Кент, англичанин, ты видела его сегодня рядом со мной и слышала, наверное, наш спор. Кстати, я полагаю, что он тот самый английский арматор, приходивший к Леонардо. Не знаю... Он утверждает, что Леонардо просто написал себя в женском облике. Хе-хе... О нем ходили разные слухи. Говорили, что он больше любит мужчин, чем женщин. Но я то знаю, что он писал тебя, Лизу Герардини, только ставшую его женским двойником. Леонардо был колдуном? Признайся! Всего лишь колдун, которого не сожгли на костре? Уж слишком ловок был! - музыкант замолчал, открывая для себя истину. – Тогда почему он ни разу не навестил тебе за все это время? А ты не подумала, что для него ты – просто хорошая натурщица. Он лепил тебя как восковую фигуру. Под действием его чар, ты становилась похожей на него! Потому что Леонардо не любил никого кроме себя и своего искусства! Когда под рукой не стало тебя, он продолжил эксперимент с портретом! Ты прекрасно знаешь, чем он закончился. Твоя душа переселилась в это ненадежное убежище!

Лиза не отвечала, тень пробежала по ее безмятежному лицу. Винченцо попал в цель. Ее мучили мысли о том, что Леонардо знается с нечистой силой. Как иначе объяснить невероятное разнообразие его увлечений и успех во всем, за что он брался. Увидев свой первый готовый портрет, Лиза долго разглядывала его, находя, что мастер польстил ей, изобразив более утонченной, чем в реальности. Но чем больше она смотрела на портрет, тем меньше ей нравилась эта холодная высокомерная дама. Она попросила своего мужа повесить портрет в дальней зале, куда она редко забредала. Франческо не мог понять, как может не нравиться столь искусно написанной портрет. Он долго уговаривал Лизу, обращая ее внимание на безупречно выписанные детали. Женщина, всегда уступавшая мужу, на сей раз была непреклонна. Портрет остался на прежнем месте. Лиза очень обрадовалась, когда муж сообщил ей о желании Леонардо написать ее второй портрет. Она не призналась самой себе, что втайне мечтала о встречах с мастером. Он стал необходим ей. Лиза согласна была позировать, застыв в неподвижной позе, в окружении целой толпы народа сколь угодно долго, лишь бы видеться и говорить с Леонардо. Да Винчи позвал музыкантов в надежде увидеть Лизу умиротворенной. Он просил их играть кружевную изящную музыку. В самом деле, его идея понравилась женщине. Лиза стала естественнее, ее природная грация сказалась в свободной позе, которую она выбрала. Леонардо успокоился и сосредоточенно писал модель, открывая в ней каждый день все новые прелести.

Только один раз они остались вдвоем. Когда Лиза пришла раньше назначенного часа и застала Леонардо одного в мастерской. Тугая нить, протянувшаяся между ними почти с самого начала знакомства, свернулась пружиной, столкнув их в объятии. Вся ее выдержка, религиозность и верность супружескому долгу, исчезли, уступив место страсти, уготованной ей судьбой. После той единственной любовной встречи, сеансы продолжились так же, как и прежде. Казалось, души Да Винчи и его модели соединились и стали менять внешнюю физическую оболочку обоих. В Леонардо отчетливее обозначилась женственность. Лизе как будто открылась тайна бытия, прежде неведомая ей. Это знание и счастливая уверенность в том, что самый великий человек ее времени любит ее, светились во взгляде и в непередаваемой словами улыбке. Стоило ей взглянуть на обожаемого мастера, и губы сами собой раздвигались в загадочной улыбке Моны Лизы.

Через полгода после начала второй серии сеансов муж Лизы поинтересовался тем, когда же закончится работа. Лиза замешкалась. Она совершенно потеряла представление о времени. Вся жизнь ее разделилась на четкие периоды: до встречи с Леонардо и после. Все, что происходило до, не имело особого значения. Точно также и дама, изображенная на первом портрете, имела лишь косвенное отношение к Лизе. Их связывали одно имя и одинаковое прошлое.

Франческо дель Джиокондо, дворянин – буржуа, банкир обремененный многочисленными делами, не замечал перемен в любимой жене. Лиза оставалась послушной, как прежде, только в последнее время она не поднимала на него глаз, и все чаще на губах у нее блуждала незнакомая, полубезумная улыбка. А тут, как назло, попросил аудиенции, какой–то музыкантишка. Он уверял, что должен рассказать что–то очень важное. Франческо не принял его, но почувствовал смутную тревогу и решил нанести визит в мастерскую Леонардо. Он не предупредил жену, предполагая сделать ей сюрприз, а заодно посмотреть, как продвигается работа, и почему у Леонардо появился такой каприз: написать второй портрет его Лизы.

В мастерской играла тихая приятная музыка. Лиза сидела на возвышении в свободной позе. Франческо поразил ее наряд. Он никогда не видел на ней этого простого платья, из гардероба бедной горожанки. Ни одного украшения. Его Лиза, имевшая столько бриллиантов, жемчугов, самоцветов, что ими можно было украсить половину Флоренции, позировала Леонардо без единого украшения. Прекрасные руки, пальцы, шея девственно наги. Франческо некоторое время молча наблюдал за тем, что происходило в мастерской. Ни Леонардо, ни его модель, увлеченные друг другом, не заметили прихода нежданного гостя. Музыканты перестали играть, и тогда с лица Лизы Герардини сошла улыбка. Она вдруг увидела мужа, с любопытством наблюдавшего мизансцену, выстроенную Да Винчи.

– Дорогой Леонардо, я пришел, чтобы посмотреть, как продвигается ваша работа. Мне показалось, что в последнее время Лиза похудела и побледнела. Сеансы утомляют ее. Я полагаю, что Вы могли бы закончить портрет, тем более, что пишите его полгода. Вполне достаточный срок для небольшого по размерам произведения. Я, конечно, не большой знаток в этом деле, но, по-моему, вы пишите этот портрет слишком долго

Леонардо не ответил, лишь пожал плечами.

– Я хочу посмотреть картину, Вы позволите? - Франческо решительно шагнул к мольберту и с удивлением уставился на картину.

Он увидел то, о чем впоследствии будут спорить многие поколения экспертов. Дама на портере казалась родной сестрой Леонардо, или, скорее, его женской копией. Подняв глаза на Лизу, Франческо с удивлением обнаружил, что в чертах лица его жены, Лизы Герардини, еще пол года назад не имевшей ничего общего во внешности с мастером Да Винчи, появилось неуловимое сходство с ним. Это выглядело тем более странно, что Леонардо был гораздо старше Лизы. Женщина поднялась, чувствуя себя неловко под пристальным взглядом мужа.

– Похоже, я прав. У Лизы очень изможденный вид. Я думаю, что нужно прекратить сеансы. Признаюсь, ваш первый портрет мне понравился много больше, чем то, что я увидел сегодня. Здесь она совсем не похожа на себя. Но я сдержу данное Вам обещание, и не буду требовать у вас продать мне второй портрет. Он ваш.

Да Винчи молчал.

Франческо кивнул художнику, предложил Лизе руку. Не поднимая глаз, не имея сил проститься с Леонардо, она покорно вышла с мужем из мастерской. Они никогда более не встречались.

Франческо дель Джокондо любил свою жену и не стал мучить ее расспросами. Он больше не упоминал имени Леонардо да Винчи. Первый портрет, нравившийся ему, постигла незавидная участь. Его сняли со стены и убрали в чулан. О портрете вспомнили еще один раз, когда неугомонный Винченцо Перуджио, продолжавший терзаться неутолимой страстью, набрался наглости и пришел просить Франческо продать ему первый портрет Лизы. Оригинал, живая Лиза Герардини, не скрывала своей антипатии к музыканту. Все попытки молодого человека подстеречь ее, терпели фиаско. Ему не оставалось ничего другого, как попробовать заполучить изображение любимой и таким образом любоваться ее небесным обликом. Муж Лизы, проницательный старый банкир, прочел, как в открытой книге, все мысли и чувства молодого музыканта и отправил его восвояси. В душе он посмеялся над неудачливым влюбленным. Полученный резкий отказ не смутил Винченцо, и он захотел украсть портрет обожаемой женщины. Для этой цели он сдружился с одной из Лизиных камеристок. Задуманная Винченцо искусная интрига не удалась. Камеристка, которую Винченцо обольстил, почувствовала, что ее пользуются, как инструментом, лишь для того, чтобы заполучить портрет. Женщина приревновала неловкого во всех отношениях Винченцо к хозяйке и рассказала о намерениях музыканта своему господину Франческо дель Джиокондо. Вот когда Винченцо пришлось несладко! Он вынужден был покинуть Италию на долгое время. Джиокондо, пользуясь своими связями, сделал невозможным его пребывание на родине.

После расставания с Леонардо, Лиза погрузилась в сон наяву. Она продолжала жить, выполнять все обязанности жены богатого горожанина, но при этом душа ее вела нескончаемые беседы с Леонардо. Со временем внешность ее, столь резко изменившаяся во время встречи с мастером, вновь поменялась. Уголки губ, приподнятые в чудесной улыбке, опустились. Лицо приняло трагическое выражение, подчеркнутое появившимися скорбными морщинами, идущими от крыльев носа. Лиза прожила, вернее просуществовала, еще достаточно долго. Физическая смерть Лизы наступила в тот же день, вернее в ту же ночь, когда умер мастер.

Ее второй портрет ожидала удивительная судьба. Леонардо не расставался с ним до конца своей жизни. Если Лиза разговаривала с воображаемым собеседником, то у Леонардо было преимущество: Лиза глядела на него с портрета. Он продолжал работать над картиной. Добавляя штрихи, создававшие полную иллюзию жизни. Ресницы, выписанные так, что не возникало сомнений, что через миг женщина взмахнет ими. Вена, пульсирующая на изящной шее. И самое удивительное: ее взгляд, и улыбка, предназначенная только тому, кто смотрит на нее. Леонардо не представлял, как он сможет расстаться с Лизой и позволить ей улыбаться кому-то другому. Одно смущало в портрете женщины, Лиза на картине стала еще более похожа на Леонардо. Однако музыканты, присутствовавшие во время написания второго портрета, и в особенности Винченцо Перуджио, испытавший все муки ада, глядя на счастливых любовников, могли подтвердить чудесное изменение внешности Лизы. И не было ни малейших сомнений в том, что Лиза и в самом деле стала бы похожа на ту женщину, которую написал Леонардо. При одном условии: длительном общении с Леонардо. Последний раз да Винчи работал над картиной за несколько часов до смерти. Он долго смотрел на Лизу, говорил с ней. Легкими движениями кисти добавлял незаметные, лишь ему одному видимые штрихи. Оглядев картину в последний раз, он решил про себя, что она завершена, ему нечего более добавить к совершенному женскому облику. Он попрощался с ней, зная точно, что этой ночью уйдет в мир теней. В тот самый миг, когда он выходил из комнаты, ему почудился вздох и движение воздуха, прикоснувшегося к щеке. Обернувшись, он поймал на себе взгляд Лизы. Губы, раздвинутые в улыбке, сомкнулись, она захотела что-то сказать любимому. Душа ее в тот вечер, оставив земную оболочку, вселилась в законченный совершенный облик, наиболее ей подходящий. Лиза на картине ожила. Леонардо перекрестился, испугавшись того, что сотворил, и с криком убежал в свою спальню. Он долго молился; просил Всевышнего простить его за то, что всю жизнь соперничал с ним, стремясь создать совершенные творения. Ночью он тихо ушел. Он не решился войти в комнату, где висел живой портрет его идеальной женщины.

В утешение Лизе осталась удивительная возможность наблюдать происходящее вокруг нее. Чаще всего она мечтала о Леонардо, и тогда все вокруг говорили о ее удивительной, загадочной улыбке. Иногда, правда, очень редко, в ней просыпалось любопытство, свойственное Да Винчи, и в этом случае эксперты в один голос утверждали, что это портрет да Винчи. Они приводили массу доказательств того, что Леонардо написал автопортрет: себя, подростка, в женском облике. Портрет, за которым при жизни Леонардо охотился не только Винченцо Перуджио, но и королевские дома Европы, достался Франциску I после смерти мастера.

Удивительное приключение Лиза пережила, когда Людовик XIV, решил найти достойную оправу портрету, из-за которого он, знаток и ценитель всего прекрасного, забывал о любимых женщинах во плоти. Он посвящал свое драгоценное время Лизе Герардини. Он долго смотрел на нее, надеясь, что она улыбается своему королю. Как-то его посетила забавная мысль. Людовику захотелось поместить Лизу в зеркальную залу. Окружить себя целой толпой прелестных Лиз, оспаривающих одна у другой право на благосклонность монарха. Зеркала, способ изготовления которых итальянцы держали в строжайшей тайне, показались королю подходящей оправой для мадонны Лизы. Король издал эдикт о производстве зеркал во Франции. Французские мастера справились с задачей. История умалчивает, сколько рабочих умерло, вдыхая ядовитые пары свинца - основы для изготовления средневековых зеркал. Одну из парадных зал Версаля одели в зеркала. Придворных дам, предполагавших, что в новой зале будут проходить балы, постигло разочарование. Людовик объявил, что там будет царить одна-единственная прекрасная дама – Мадонна Лиза. В зеркальную залу мог входить только Людовик. Как когда-то Леонардо, он желал один наслаждаться улыбкой, вернее улыбками прелестных Лиз.

Винченцо Перуджио, неизменно появлявшийся именно там, где находилась Лиза, был представлен королю Людовику в качестве непревзойденного устроителя празднеств, прибывшего из Италии нарочно, чтобы иметь возможность предложить свои услуги самому блестящему монарху Европы. После серии балов, охот, фейерверков, устроенных с изобретательностью, свидетельствующих о ловкости служителя тьмы, Винченцо удостоился похвалы французского короля. В качестве награды он попросил разрешения лицезреть зеркальную залу и портрет Мадонны Лизы, о которых ходило столько слухов. Естественно, Винченцо мог не утруждать себя службой королю, для того, чтобы иметь возможность пообщаться с Лизой. Но он всегда помнил о том, как она возмущалась, если он прибегал к своим неограниченным возможностям слуги дьявола.

Король был польщен, хотя виду не подал. Он пожелал сам сопровождать любопытного итальянца. Войдя в залу, оба застыли от удивления. Все зеркала залы повторяли одну и ту же застывшую в гримасе улыбку усталой женщины, и только настоящий портрет был пуст: Лизы на нем не было. В рамке остался прозрачный воздух, чахлая растительность. Вдали, на заднем плане смазанный силуэт женщины. Винченцо мгновенно понял, что Лизе стало скучно смотреть на свои бесчисленные неудачные копии, и она решила прогуляться. Женщина, услышав шаги, поспешно вернулась и заняла свое место. Винченцо искренне пожалел короля, застывшего в болезненной неподвижности. Ему пришлось уверять Людовика, что одно из зеркал сделано неудачно и поэтому оно неверно отражает реальность. Король слушал внимательно, изо всех сил стараясь поверить простому объяснению, и все же не веря ему. После этого случая залу закрыли, а картину поместили в один из личных покоев Людовика. Винченцо удалили из Франции; Людовику неприятно было вспоминать тот злополучный визит в зеркальную залу и свидетеля его забытья. Музыканту пришлось навещать Лизу, материализуясь из воздуха в те редкие часы, когда она оставалась без свидетелей. Он надоедал ей, вспоминал о мастере. Увлекшись собственными фантазиями, он обвинял ее в том, что Лиза благосклонно принимает знаки внимания своего нового поклонника :

– Я же вижу, с каким удовольствием ты смотришь на этого бахвала Людовика. Ну, скажи! Тебе льстит его внимание. Я помню, как ты на него посмотрела, когда его, бедняжку, чуть не хватил удар в зеркальной зале. Я ждал, что ты погладишь его по напудренному парику. Удовольствия мало! Мои локоны намного приятнее!

Лиза засмеялась:

– Винченцо ты никогда не изменишься! Останешься глупым ревнивцем, ничего не понимающим в женщинах.

Музыкант насупился:

– Твоя камеристка была обо мне совсем другого мнения.

– Не понимаю, почему ты не удовлетворился моим первым портретом. Любопытно, где он находится?

– Тебе в самом деле любопытно? Там же, где он был в последний раз. В палаццо твоего мужа. В чулане. Никому за все эти бесчисленные годы не пришло в голову порыться в старом хламе. И что в нем может быть интересного? Надменная дама с длинным носом. Хорошо написано, но не более того! А здесь ты живая! Как же, как же, ты скажешь портрет кисти Леонардо! - музыкант жестикулировал все выразительнее.

Лиза молчала, обиженная неприятной ремаркой о длинном носе. Она твердо решила, что не будет более разговаривать с наглецом, так упорно стремящимся обидеть ее обожаемого Леонардо. Она понимала, что сдержать данное себе слово будет не просто. Лиза не могла себе позволить говорить с людьми, пристально рассматривающими портрет. Она очень гордилась Леонардо и собой. Но мысль о том, чтобы поговорить с кем-нибудь из людей, приводила ее в ужас. Она достаточно уставала от невообразимого числа паломников, осаждавших ее. И была очень рада тому, что никто из них не догадывался о том, что она живая. Единственным ее собеседником оставался Винченцо. Иногда, когда у нее было не очень хорошее настроение, одолевала хандра, усталость от сидения в одной и той же позе, ей не хотелось улыбаться. Только плакать, жаловаться на судьбу и жестокого возлюбленного, уготовившего ей бессмертие со всеми вытекающими последствиями. Если в этот момент Винченцо попадался ей на глаза и одолевал своими бесконечными жалобами, вот тогда ему приходилось не сладко! Ей казалось, что они, подобно двум каторжникам на галерах, скованы одной цепью. Ничто, даже всемогущая смерть не сможет их разлучить и избавить друг от друга.

У Винченцо такой приговор вызывал совсем другие чувства, противоположные Лизиным. Он страдал от того, что любой самый последний негодяй и сластолюбец может прийти в музей и смотреть, сколько его душе заблагорассудится, на Мадонну Лизу и воображать при этом все что угодно. Конечно, не так часто Винченцо бесился. Вот разве, что в случае с Людовиком XIV. Но ведь всем известно, что король был женолюб. Музыкант утешался мыслью, что Лизу совратить невозможно по многим причинам. А самая главная из них, постоянная боль музыканта – ее неизлечимая привязанность к давно умершему художнику.

После всемирной выставки, прошедшей в Париже в начале XX века, Винченцо всерьез озаботился. Как–то он в очередной раз спрятался за размазанной на заднем плане картины растительностью, надеясь, что его мучительница сменит гнев на милость. К портрету подошли двое подозрительных субъекта. Говорили они тихо по-итальянски, и Винченцо, прислушавшись, пришел в ужас от того, что услышал. Эти двое решили воспользоваться суматохой, царящей в городе и в музее, и украсть портрет Лизы, а затем продать его в частную коллекцию. Один из субъектов назвал имя заказчика, одного из безумных меценатов, мечтавшего, наслаждаться обществом Лизы в одиночестве. В тот раз Винченцо Перуджио сумел предотвратить кражу, сообщив о планах злоумышленников префекту полиции города Парижа. Злодеев задержали, но вынуждены были отпустить за неимением улик. Еще много всего пережил Винченцо Перуджио прежде, чем последняя капля переполнила чашу многовекового терпения музыканта. Он ни разу, но разве что один или два разочка воспользовался огромными возможностями, появившимися у него очень давно, когда он совершил удачную сделку с дьяволом. Он не насылал порчу, не отправлял никого куда подальше, а все потому, что Лиза поклялась светлой памятью Леонардо, что она не раскроет рта и не посмотрит на Винченцо, если такая дикая мысль посетит его. Винченцо старался не раздражать Лизу, и даже такой невинный фокус, как «трансформация из одного вида материи в другой», он проделывал, только в случае крайней необходимости.

Но всему, как известно, приходит конец, а в случае с Винченцо конец пришел его необъятному терпению, и он решился на поступок, естественно вытекающий из его патологической привязанности к Лизе. Как всё гениальное, план Винченцо был прост до неприличия. Он решил завладеть портретом, увезти в Италию и никогда более не расставаться с любимой женщиной. Осуществить задуманное оказалось очень просто. Винченцо даже не представлял, насколько легкомысленны люди в XX веке. Впрочем, порывшись в памяти, ставшей в последнее время похожей на чулан, где хранился Лизин портрет, он признался себе, что во все времена люди очень беспечны и горько сокрушаются о содеянном, утраченном, но при этом остаются прежними. Конечно, он не принял в расчет свои неординарные способности, полученные в обмен на такую мелочь, как бессмертная душа. Еще одно обстоятельство подтолкнуло его к действиям. В назначенный Самюэлем Кентом день, Винченцо, держа слово, как и подобает уважающему себя служителю тьмы, прогуливался перед портретом Лизы. Самюэль пришел в точно назначенное время и привел с собой того самого эксперта Уильяма Торбса, мнение которого показалось забавным и Самюэлю, и Винченцо. Кент представил Торбса, оказавшегося маленьким человечком, пребывающем в постоянном движении. Он подошел совсем близко к картине и, потирая руки, сказал:

— Ну конечно, посмотрите, это же мужчина! Я могу заключить с вами пари. Самюэль говорил, что у вас, Винченцо, есть какие-то неопровержимые доказательства того, что Мона Лиза была женщиной. А у меня есть рисунок, - Торбс сверкнул глазами, - редчайший рисунок. Я не принес его с собой потому, что я дорожу им. Но если вы навестите меня, я покажу его вам. Это набросок Леонардо с Франческо дель Джиокондо, и вы поймете что правда за мной.

Торбс широко улыбался, представляя, какой эффект произведет, обнаруженный им совсем недавно рисунок кисти Леонардо. Винченцо пробурчал что-то невнятное, переводя угрюмый взгляд с одного англичанина на другого. Оба выглядели жизнерадостными сангвиниками, рядом с желчным холериком Винченцо. Кент вступил в разговор, пытаясь расшевелить Перуджио:

— Винченцо, я так надеялся, что вы поразите мое воображение чем-нибудь чудесным, волшебным. «Он и не подозревает, насколько близок к истине», – Винченцо искоса поглядел на Лизу, пытаясь угадать, слушает она их или нет.

— Извините, я сегодня не в духе. В конце концов, я не эксперт, как вы, а всего лишь посредственный художник. Я копировал картину много раз, и мне стало казаться, что я знаком с моделью. Так бывает, когда долго смотришь или работаешь с картиной. Начинает казаться, что тот, кто изображен на ней, известен тебе лучше, чем самый близкий друг.

Кент кивнул.

– Я согласен с Вами, у меня тоже такое бывало, – Он сделал паузу. – У меня для вас прекрасная новость. Наука идет вперед, и теперь появилась возможность просветить лучами Вильгельма Рентгена портрет Моны Лизы, чтобы выяснить, каким образом Леонардо писал его. Увидеть, какое лицо он нарисовал в самом начале. Я уже договорился с лабораторией в Вюрцбурге о том, что они позволят нам провести этот эксперимент.

Винченцо побледнел. Он никак не мог предположить, что с портретом, вызывающим столько восторгов, можно производить сомнительные эксперименты. Глядя в глаза Самюэлю Кенту, он спросил:

– А вы уже получили разрешение у дирекции Лувра?

Самодовольный англичанин усмехнулся.

– Неужели Вы всерьез думаете, что они могут отказать такому известному эксперту, как я? – Самюэль расправил плечи и гордо поднял голову, – я уже назначил дату эксперимента. Ровно через неделю.

Торбс одобрительно похлопал соотечественника по плечу. Винченцо заторопился, он принял решение и теперь спешил осуществить задуманное.

Всю следующую неделю Винченцо пребывал в состоянии лихорадочного возбуждения. Он почти не разговаривал с Лизой. Нашел, наконец, надежное убежище, где он собирался хранить портрет. Его даже стали одолевать мечты, чего с ним не случалось уже пару столетий. Он представил, что уговорит Лизу покинуть скучный и надоевший за столько времени пейзаж и сойти в реальный мир. Она всегда отказывалась от такого предложения. Отговаривалась тем, что уже жила в несовершенном мире и испытала все, что полагалось пройти каждой земной женщине, и теперь может воспользоваться преимуществами своего положения: наблюдать, оценивать и не вмешиваться в реальную жизнь, а значит, не чувствовать ответственности.

В ту же ночь Винченцо Перуджио вынес портрет из музея, положив его в холщовый мешок. Заснувшие на посту охранники так и не проснулись, когда он проходил мимо. Убедившись в том, насколько легко ему удалось вынести из Лувра драгоценную картину, Винченцо поздравил себя с тем, что решился на кражу. Он даже не считал это кражей. Он просто взял то, что ему полагалось по праву. Путешествие прошло без всяких приключений. Однажды в гостинице Винченцо пережил шок. Он вытащил портрет и попытался поговорить с Лизой. Она никак не реагировала. Лиза вела себя, как и подобает вести себя персонажу картины. Она не откликалась и только лишь улыбалась той самой улыбкой, сводившей с ума разъяренного музыканта. Винченцо долго смотрел на нее, пытаясь разглядеть какие-то оттенки чувств. Ничего подобного. Прибыв в пункт назначения, он поспешил добраться до заблаговременно снятого особняка. Повесив портрет в самой большой комнате, Винченцо занавесил тяжелыми шторами старинные стрельчатые окна и, подпрыгнув, привычно вошел в картину. Лиза сидела не двигаясь. Он подошел к ней и потянул за рукав, провоцируя ее. Лиза не двинулась, не поменяла позы. Она улыбалась и делала вид, что ничего не происходит. Попытки музыканта разозлить ее ни к чему не привели. Устав от однообразного пейзажа Винченцо решил вернуться к ней после небольшого отдыха. И последующие его старания не имели успеха. Лиза не отзывалась. Она стала классическим портретом, создающим иллюзию жизни, и все-таки недвижным и лишенным души. Винченцо перепробовал разнообразные средства для того, чтобы заставить упрямицу говорить с ним. Он угрожал ей разными напастями, не забыв упомянуть предложение английских экспертов: просветить картину рентгеновскими лучами. А Лиза все не отвечала.

Через два года страданий и борьбы с Лизой, ставшей настоящим портретом, музыкант отчаялся. Винченцо пришел к неутешительному для себя выводу: у него при всех его сверхъестественных способностях не получилось подчинить себе Лизу Герардини. Тогда он решился на отчаянный шаг: вернуть картину на прежнее место. Возвращение картины происходило гораздо сложнее, чем ее кража. Винченцо в какой-то момент почувствовал себя свободным. Ему показалось, что он избавился от многовековой ноши. Завершить столь длительную авантюру неугомонному итальянцу захотелось особенным образом. Необычное приключение требовало каденции совсем, как любое музыкальное произведение, (А Винченцо мыслил зачастую музыкальными категориями), требовало мощных завершающих аккордов. Он устроил пресс-конференцию и объявил всему миру, что это он, Винченцо Перуджио, украл знаменитую картину Леонардо да Винчи Мону Лизу, держал ее у себя в течение двух лет и готов возвратить ее миру.

Пресса не обошла вниманием столь сенсационное заявление, и уже на следующий день все крупные пресс-агентства мира охотились за итальянцем, надеясь получить эксклюзивное интервью. Самое главное сказал он сам. Но в подобных ситуациях прессу привлекают подробности. За неизвестный факт об известном человеке, событии, находящемся в центре внимания в данный конкретный момент, средства массовой информации готовы заплатить кучу денег, а иногда и не только денег. Они готовы жертвовать временем, здоровьем, самой жизнью, чтобы первыми рассказать о том, что неизвестно другим. Винченцо не сказал им ничего нового. Он отмахивался от них, как от назойливых мух. Чтобы удостовериться в том, что картина подлинная, было приглашено множество экспертов и среди них оказались приятели, сыгравшие видную роль в судьбе картины. Уильям Торбс и Самюэль Кент, ставшие неразлучными друзьями, навестили Винченцо в назначенный им час.

- Кто бы мог подумать, дорогой Винченцо, что Вы окажетесь настолько безрассудны! –Самюэль Кент с опаской следил за хаотическим движением итальянца по комнате. – Мне показалось ваше поведение несколько странным, когда мы спорили с вами о том, кто послужил моделью Леонардо, помните? Теперь я начинаю понимать, что Вы просто были одержимы картиной. Я собираюсь сказать об этом на судебном процессе!

Торбс сочувственно покачал головой:

- Я согласен с Вами, коллега, я думаю, что даже нет необходимости проводить психологическую экспертизу, и так все ясно. – Он с жалостью посмотрел на Винченцо, застывшего перед картиной.

Винченцо, как будто не слышал того, что говорили англичане. Его все еще интересовало: следит за ними Лиза или нет. Совершив очередной круг по комнате, он подходил к портрету и внимательно вглядывался в него. Наконец, он повернул голову в сторону экспертов:

- Вы только что сказали, что я сумасшедший! Правильно я Вас понял?

Эксперты переглянулись, не зная как реагировать на последние слова Винченцо. Сказать то, что было очевидным и не могло вызывать сомнений ни у одного мало-мальски разумного человека или согласиться с тем, что Винченцо- вор, и украл картину с целью

69

продать ее подороже. Как будто прочитав их мысли, Винченцо продолжил:

– Или вор-неудачник, которому даже не удалось сбыть картину. Потому, что она слишком известна, и никто из меценатов не захотел рисковать своей репутацией? Ну, смелее, говорите! Я разочарую Вас. Ни первое, ни второе предположение не верно. И никто в мире не догадается о том, что произошло на самом деле с проклятым портретом. Но ваша идея о том, что я сумасшедший мне понравилась! На суде я выберу себе именно этот вариант защиты. Тем более, что двое таких знающих и уважаемых людей, как вы, смогут подтвердить, что наблюдали некоторое затмение моего разума еще два года назад, когда картина висела в Лувре.

Англичане, совершенно сбитые с толку и крайне озадаченные, распрощались и ушли. Финал этой странной истории произошел сразу же после того, как картину вернули во Францию. Мадонна Лиза, побыла еще некоторое время на родине, в Италии. По просьбе итальянских меценатов, картину выставляли в лучших музеях Италии. И только, когда поток людей, стекавшийся со всех уголков страны, стал чуть скромнее, Лиза Герардини вновь отправилась во Францию.

Суд над Винченцо происходил при закрытых дверях. Пресса не имела доступа к слушаниям и питалась только отголосками процесса. Естественно, такая питательная среда очень благоприятна для разного рода невероятных слухов. Один из них впоследствии получил подтверждение. А именно, что Винченцо признали душевнобольным и обязали пройти курс лечения в клинике. Картину торжественно вернули на прежнее место, предварительно позаботившись о ее охране. Количество охранников было утроено. Один из них рассказывал впоследствии неправдоподобную историю. В нее никто не поверил. Одна из причин: парень часто бывал навеселе. Однако его рассказ вполне соответствует тому, что нам уже известно о Винченцо Перуджио и портрете Моны Лизы. Почти сразу после возвращения портрета в Лувр тот самый охранник, воодушевленный наказами начальства, стоял неподалеку от висевшего портрета. Далеко за полночь из воздуха соткался мужчина, по описаниям охранника очень похожий на Винченцо. Подошел к картине, долго оживленно говорил по-итальянски, обращаясь к Лизе. Охранник не вмешивался, потому что то, что он видел, не могло происходить на самом деле. Затем странный человек подпрыгнул и захотел влезть в картину. Но у него ничего не получилось, что, впрочем, не удивило охранника. Картина была написана на дереве, а дерево, как известно твердый материал. К счастью, картина не пострадала. Человек заохал, погрозил пальцем картине и растворился в воздухе. Охранник долго не решался рассказать об этом невероятном происшествии. И все же склонность к горячительным напиткам поспособствовала тому, что тайное стало явным. Он поделился с женой, а та, в свою очередь, рассказала историю всем друзьям и знакомым.

Винченцо, а это был он, сделал последнюю безуспешную попытку помириться с Лизой.

После неудачного опыта Винченцо пришел к неутешительному для себя выводу: он потерял Лизу навсегда. Портрет стал обычной неодушевленной картиной. Лизина бессмертная душа соскучилась в оболочке портрета, устала от навязчивого музыканта и отправилась дальше в поисках подходящего убежища.

Маска

Маска, лежавшая в витрине лавки старого еврея Мельхиора рядом с множеством страшных масок, изображавших в основном обитателей ада, просила об одолжении. Яркая венецианская карнавальная маска с миндалевидными отверстиями для глаз, красивым маленьким пурпурным ртом, дугообразными бровями, умоляла забрать ее, освободить от ужасных соседей, кривых размалеванных, страшных уродцев. Маска за время своей долгой жизни стала настоящим философом. Знала многое из жизни людей и масок. Встречалась с разными масками. С теми, что защищали лицо от физических травм и конечно с теми, что позволяли скрываться и оставаться загадкой.

Три века назад маска принадлежала знатной венецианской даме, носившей маску в дни карнавала. Дама обожала карнавалы. Маска очень любила свою хозяйку, ей доставляло удовольствие прикасаться к нежной коже, пропитываться ароматом ее духов, и самое главное участвовать в безумной игре. Дама, надевая маску, становилась свободной, фривольной, распущенной. Она провоцировала мужчин; их глаза, сверкавшие сквозь прорези мужских масок, светились огнем желания. Но самые драматические мгновения происходили без присутствия маски. Дама снимала маску,

71

забрасывала ее в дальний угол, и все остальное происходило без ее участия. Всего несколько раз дама осталась в маске в минуту близости с мужчиной. Маска догадалась, что дама была знакома с кавалером и не желала быть узнанной. Маска помнила, как участилось дыхание, закрылись глаза, и выступила испарина над верхней губой у дамы. Много воды утекло с тех пор. Дама давно умерла и забыта, осталось только маска, вспоминавшая о даме. Некоторое время она лежала в пыли на чердаке, среди забытых вещей, ставших ненужными новым владельцам.

Однажды заброшенный чердак проснулся. Темноволосая кудрявая девочка забралась на чердак. Она обнаружила там сокровища, о которых даже не мечтала. Старинные платья, веера, мантильи. Все, что будоражит воображение и позволяет жить в сказке. Девочку не смутили разрушения, нанесенные временем. Материя, изъеденная молью, кружева, превращающиеся в прах, при прикосновении. Девочка надевала длинное платье со шлейфом, обмахивалась веером и представляла себя на балу, на карнавале, в окружении блестящих дам и кавалеров. Сначала ей хотелось позвать на чердак своих подружек, но потом она оставила эту мысль. Ей так хотелось сохранить в тайне свой новый мир! Маска попалась ей на глаза не сразу. Девочка успела перемерить все платья, обойти все заплетенные паутиной углы, прежде чем в самом дальнем, она увидела пристально смотрящее на нее лицо. Она отступила на шаг, приготовилась защищаться в случае нападения. Противник молчал и не двигался, и тогда девочка решительно подошла и осторожно взяла в руки маску, дождавшуюся своего часа. Маске необыкновенно повезло, она не зря пролежала в забвении около трех веков. Попади она в руки сорванцу мальчишке или девочке, лишенной воображения ее тут же разорвали на куски, просто из озорства, чтобы посмотреть, из каких частей сделана странная игрушка. Маска, в отличие от других предметов, найденных девочкой, почти не изменилась. Только лак, покрывавший ее, потрескался в нескольких местах, оставляя впечатление неглубоких морщин.

Девочку заинтересовала маска, незаметно улыбающаяся уголками губ. Маске очень хотелось стать любимой игрушкой девочки; она ужасно скучала долгие годы одиночества и забвения. Ей это удалось. Маска стала самой близкой подружкой девочки, забросившей все остальные игры, своих настоящих подружек из плоти и крови. Девочка придумала увлекательную игру: она надевала маску и воображала себе новую жизнь. Маска принимала участие в играх наравне с девочкой. Она шептала ей на ухо слова ее новой роли, диктовала как нужно себя вести себя. Диапазон ролей оказался ограниченным. Маска и длинные прихотливо украшенные платья позволяли изображать только знатных дам. Однажды маска подвела ее к старинному зеркалу, спрятанному в глубине за сундуками и ширмой, куда девочка не отважилась заглянуть. В зеркале из венецианского стекла, оставшимся незамутненным, словно прозрачная гладь горного озера, несмотря на солидный возраст, появились два изображения –девочки подростка и рядом дамы в бальном платье. Обе они были в масках. Вернее на них была надета одна и та же маска. Девочка не испугалась второго изображения. После знакомства с маской она мало чему удивлялась. И все же она обернулась, надеясь увидеть за спиной даму, отражавшуюся в зеркале. За спиной – никого. Вместо дамы ей ответила маска.

– Она не вернется так скоро. Я хорошо ее знаю. Она пришла из любопытства. Её интересовало, кто сейчас носит ее маску. Мы же с ней были подруги, совсем, как с тобой, теперь, – маска опустила уголки рта, превратившись в грустную маску Пьеро.

– Расскажи мне о ней, она показалась мне такой красивой, даже в маске! И грустной! А какая она без маски?

Маска не отвечала. Она обиделась. Маска была уверена, что ушедшая в мир иной дама была такой очаровательной только благодаря ей, маске. Как преображалась дама, стоило ей надеть на лицо маску! Куда девалась напыщенная важная скучная матрона, изрекавшая прописные истины, вызывая зубную боль и колики в животе у всех, кто имел несчастье общаться с ней. А вот стоило ей надеть маску, карнавальный наряд, стоило ей увериться в том, что никто не заподозрит в ней всеми уважаемую дону Лизу, тогда в ней просыпалось остроумие, она становилась грациозной, легкой, волнующей. Маска помнила блеск ее глаз и влажные губы. Ей очень хотелось рассказать обо всем ее новой подружке, но она не стала этого делать. Благоразумная маска предпочитала не навязывать своего мнения девочке. Пусть разберется во всем сама. Девочка росла также быстро, как когда-то старилась дама.

Через четыре года после знакомства с маской девочка превратилась в воздушную сильфиду. Внимания, которым она была обделена в детстве, теперь хватало с избытком. Временами ей казалось, что его слишком много. Появились поклонники, некоторые чрезвычайно настойчивые. Внешняя очаровательная оболочка не изменила застенчивой и скрытной натуры девочки. Она по-прежнему

73

доверяла только маске. Когда ее особенно одолевали поклонники, она забиралась, как прежде на чердак и вела беседы с любимой подружкой. Маска вспоминала ушедшую даму. Она была уверена, что дама появиться вновь. Захочет посмотреть на то, как взрослеет девочка, новая владелица ее маски. На все вопросы девочки маска отвечала, как ей казалось, откровенно. Но в последнее время ее ответы перестали вдохновлять девочку, наоборот, ей стало казаться, что маска ничего не понимает в ее жизни, что все, что происходит с ней, не могло происходить ни с кем другим. Девочка все реже поднималась на чердак, и маска приготовилась к долгому ожиданию. Карнавалы, где маска могла бы блистать канули в лету. Всего два раза, маска выходила в свет вместе с девочкой. Девочка надевала ее на детские праздники, где все происходило совсем не так, как на средневековых карнавалах. Однажды случилось то, к чему маска была давно готова. Девочка прибежала среди ночи. Схватила маску, прижала к себе и стала шепотом рассказывать ей самые последние события. Все, что случилось с ней впервые. Она рассказала о самом неотразимом кавалере, о том, как он любил ее, как она поверила ему, как они были счастливы. «Кто бы мог подумать!» жаловалась девочка, – «Столько прекрасных слов он сказал о моей красоте! Он так хотел, чтобы мы с ним не расставались никогда! Он столько раз повторял слово «навсегда». А сегодня утром он заявил мне, что идет на войну, он должен выполнить свой долг, что он мужчина и что я должна его понять! Он обещал вернуться!»

Маска поморщилась, рот искривила презрительная усмешка. Рассказать девочке о том, что у мужчин всегда находятся отговорки после того, как женщина ответила взаимностью. О том, как они теряют интерес и устремляются на поиски новой добычи. Она не поверит! Не сейчас! Позже много позже, после того, как она пройдет путь дамы, ее первой хозяйки.

Девочка совсем не была похожа на даму. Та, в обыденной жизни изображала скучнейшую хозяйку дома, и только надев маску и окунувшись в карнавал, она оживала. Две разные дамы преспокойно уживались в одной. У нее была не одна, а две маски. Одна из них ее лицо, на котором время и ношение второй маски оставили неизгладимые следы. Время не пожалело ее нежной кожи, избороздило морщинами гладкий лоб, резцом нанесло горестные складки у рта, выбелило волосы. Вторая маска подарила ей прищур глаз, капризно поджатые губы и гримасы: удивления, радости, счастья. Маска, оставаясь неподвижной, как и полагается маске, смогла повлиять на ее обладательницу. Оскал застывшей любезной улыбки дама приобрела исключительно благодаря настояниям маски, убедившей свою хозяйку, что улыбка, даже неестественная, даже скрытая маской, повлияет на тембр голоса, привлечет к ней собеседника.

Девочка не умела прятаться под маску. Молчаливая и сдержанная, она замыкалась в себе, плакала по ночам и не могла сдержать слез средь бела дня, если ее уж очень обижали. Прошло достаточно много времени, прежде, чем она пережила первое свое разочарование и почти успокоилась. Она стала менее доверчивой, без прежней наивности слушала речи мужчин. И все-таки ей не удалось избежать еще одного разочарования. Захлебываясь слезами, она рассказывала маске о том, каким он, Он оказался лжецом. Маска решилась на то, чего она никогда не сделала бы для своей первой хозяйки. По мнению маски, дама, в свое время, прекрасно освоилась в лживом мире и ей не нужны были чудеса, для того, чтобы выжить и выполнить то, что ей назначено было судьбой. Девочка оказалась другой, маска пришла к выводу, что девочка не может и не хочет надевать маску, чтобы защитить себя. И тогда маска предложила девочке свои услуги. За три века ожидания новой владелицы она смогла научиться невероятным чудесам. «Милая, я предлагаю тебе нечто необычное. Я помогу тебе увидеть истинное лицо людей, окружающих тебя. Один из вечеров побудь в маске и посмотри, как изменяться твои друзья. Твое настроение и эмоции не отразятся на незащищенном лице. Постарайся лишь владеть голосом, я тебе помогу и в этом, а об остальном не заботься. Ты можешь произносить любые слова, твой собеседник обязательно выдаст себя. Не видя твоей реакции, он станет самим собой, и тогда ты поймешь, стоит ли он твоей любви, либо нет». Девочка задумалась. Столь необычное предложение маски помогло бы ей идти вперед, не боясь обмана и разочарований. Она согласилась.

Маска и не предполагала, как она повеселится, сколько нового она узнает из жизни новых поколений людей, заключив простой с виду договор. Случай не заставил себя ждать. Девочку пригласили на вечеринку в большой красивый дом, к ее новым друзьям. В приглашении указывалось, что гости могут прийти в обычных костюмах, однако желающие могут надеть карнавальные костюмы. Девочка не ожидала такой удачи. Она спокойно могла надеть маску и посмотреть на друзей под новым углом зрения. Первой к кому она подошла, оказалась ее давняя подружка, с которой они учились вместе в колледже. Подруга казалась очень оживленной, глазами она искала в толпе кого-то. Заметив подошедшую к ней девушку в маске, она окинула ее внимательным взглядом, пытаясь угадать, кто скрывается под маской. Девочке очень не хотелось быть узнанной, и она молчала:

– Мы знакомы? Маска, признавайтесь, мы встречались с Вами! Вы мне кого-то напоминаете, я только не могу припомнить кого! Ах, да! Вы похожи на одну тихоню из нашего колледжа. Мы ее называем между собой «Святоша!», - подруга засмеялась, - хотя вряд ли Вы - Элиза, та ни за что не надела бы маску. Она всегда такая правильная и никогда не спрячется под маской.

– Как вы ее называете? «Святоша»?, - маска изменила голос девочки, - Интересно! Разве я похожа на Святошу? Я пришла сюда повеселиться, также как и вы! Правда, я здесь мало кого знаю, попала сюда случайно и мне интересно послушать, то, что вы знаете об этих людях. Похоже вы знакомы со многими из них?

– Конечно, - оживилась подружка – вот посмотрите на того парня, видите высокий светловолосый, вон тот, что прыгает рядом с цыганкой? Видите?

Девочка повернулась в сторону человека, о котором говорила ее подружка и увидела парня, накануне признавшегося ей в любви «до гроба». Она даже засмеялась, когда он сказал эти самые слова «до гроба», чем рассердила его. Сейчас девочка наблюдала, как он лихо отплясывал быстрый джайв, крутя во все стороны партнершу, одетую цыганкой.

– Вы только на него посмотрите! Похож он на несчастного влюбленного? Как по вашему? А ведь вчера только он признавался Святоше в любви! Да, да! Я знаю это из достоверных источников?

– И кто же вам об этом рассказал?

– Он! Конечно, он! Из нее слова не выудишь, она такая скрытная. А он поспорил с дружком, что сумеет уломать даже Святошу. Об этом пари знают все. Только она не знает! Она, бедняжка, ни сном, ни духом.

– А почему бы вам не сказать ей об этом?

– Кому? Мне? А зачем! Если бы она хотела, то сама рассказала! А если она такая гордая и святая, пусть сама и разбирается.

– Вы ненавидите ее? За что?

– Я?!!! За что мне ее ненавидеть! Мы можно сказать подруги. Просто каждая идет своим путем! Она - сверкающей дорогой правды и добродетели, а я своей извилистой тропой. Мне хочется всего попробовать. Понимаешь? Я хочу веселиться сегодня, пока я молода и хороша собой. Вот когда я стану старой и никому не нужной, тогда я вспомню о святости и стану всех учить правильной жизни! А что разве я не права? А ты, мне не хочется говорить тебе Вы, ты ведь так же молода, как я, ты не думаешь, что я права? Пошли, потанцуем и выпьем чего-нибудь, а то от наших разговоров, меня тошнит.

Подруга потащила ее за собой. Вручила бокал с джином, попутно рассказывая обо всех, кто попадался на пути. Всех наградила меткими характеристиками. Ей удалось в нескольких словах определить характер персонажей. Каждого из них она одела в маску: весельчака, медведя, красавицы, жадины, карьериста. Девочка заметила эту странность и сказала об этом подруге.

– А как тебя называют твои друзья? Ты ведь всех одарила прозвищами! А у тебя оно есть?

– А зачем тебе? Какая ты, однако, хитрая! Я ведь не знаю даже, как тебя зовут, не вижу твоего лица. Разболталась. Хочется иногда поговорить по душам, сказать все, что думаешь о людях. Лучше всего рассказать обо всем незнакомому человеку, он же не сможет потом воспользоваться твоей откровенностью. Это я недавно поняла, после того, как моя самая близкая подруга всадила мне нож в спину, увела моего парня.

Девочка знала об этой грустной истории, случившейся совсем недавно. Теперь она поняла, кого выискивала в толпе подруга.

– А что ты будешь делать, если увидишь их вместе сейчас?

– Я ради этого и пришла. Сделаю все, чтобы он вновь увлекся мной, а потом, когда он окончательно влипнет, брошу его! Я мечтаю об этом! Увидеть ее лицо, когда она поймет, что он вернулся ко мне!

– И зачем тебе все это? Зачем столько усилий ?

Девочка увидела на лице подруги проступающую маску злюки-капризно сжатый рот, опущенные ресницы и складку между бровями. Внезапно подруга оживилась, словно получила импульс из другого конца полутемного зала, вскинула голову и устремилась вперед, совершенно забыв о девочке в маске. Девочка наблюдала еще некоторое время, за тем, что происходило в противоположном конце зала. Она увидела, как подруга взяла за руку юношу, одетого монахом, прижалась к нему всем телом и стала продвигаться вперед туда, где красивый брюнет уверенно вел в танце упитанную мулатку, извивавшуюся змеей.

Мужчина в маске, изображавшей Мефистофеля, подбежал к девочке, обнял за талию и зашептал?

– Донна, как долго я тебя искал. Последний раз мы встречались с тобой на карнавале в Бразилии, помнишь? Мы танцевали самбу и вспоминали о прежних временах, о Венеции, о том, как весело мы проводили время! Ты чудесно выглядишь моя дорогая Лиза!

Девочка попыталась вырваться, захотела объяснить своему незнакомому спутнику, что он обознался, но вместо этого маска, приклеившееся к ее лицу стала говорить за нее. Она вспоминала обо всем, чего не могла знать девочка и к чему она не имела никакого отношения. Ей захотелось закричать, убежать, спрятаться от настойчивого Мефистофеля. А маска ломала ее, делая податливее, уступчивее. Проходя мимо слабо освещенного зеркала, девочка увидела в нем себя в маске, зажатую между двумя персонажами: мужчиной в маске Мефистофеля и женщиной в бальном платье и в такой же маске, как у нее. Оба держали ее за талию. С каждым мгновением изображения дамы и кавалера в маске Мефистофеля становились реальнее, а девочка таяла, словно свеча. Раздавшийся за ее спиной игривый смех подружки, разбудил девочку, стянувшую, наконец, маску, приклеившуюся к лицу. Только тогда она почувствовала, как объятия разомкнулись, и она осталась одна; картинка в зеркале помутнела, и оказалось, что это вовсе не зеркало, а картина, написанная в стиле импрессионистов. После вечеринки, принесшей ей много сюрпризов, девочка дала себе слово не прибегать больше к помощи маски, пусть даже очень мудрой. Долго не могла забыть возникших из небытия даму и ее кавалера, чуть не задушивших ее. Выбросить маску на помойку она не решилась, не представляя, что она может преподнести тому, кто найдет ее и решится надеть. Она оставила ее там же, где когда-то нашла, на старом пыльном чердаке.

Девочка вспомнила о маске еще один раз. В тот день, когда решилась отдать свою руку и сердцу самому искреннему из всех, кто любил ее. Девочка поднялась на чердак, отыскала заброшенную, забытую маску. Надела ее, подошла к старинному зеркалу, заранее зная, что увидит в нем. Ее ожидания оправдались. Почти сразу же рядом с ней возникла донна Лиза, хозяйка маски. Девочке не нужно было задавать вопроса, донна знала, о чем хочет спросить ее девочка. Она покачала головой, подошла к зеркалу и написала на пыльной поверхности пальцем в перчатке « Тебе не нужна маска. Она тебе не поможет. Ты всегда будешь верить людям, и ходить с обнаженным лицом. В этом твое счастье и горе».

Девочка, ставшая донной Элизой, отдала маску старому еврею Мельхиору, большому знатоку антиквариата. Мельхиор нашел самое подходящее место для маски. Она поместил ее среди таких же карнавальных масок, как и она. По стечению обстоятельств маска оказалась единственной женской маской в окружении хищных мужских масок.

Машутка

Эвакуатор подъехал к новенькой, блестящей синим перламутром кокетливой машине и невозмутимо стал взваливать ее себе на платформу. Машина артачилась, не соглашаясь добровольно на унизительную процедуру. Жестокосердный Эвакуатор не в первый раз увозивший на своей спине добычу, не внял ее тихим мольбам и потащил в стойбище правонарушителей. Хозяйка ласково назвала свою новенькую машину «Машутка», соединив в прозвище два имени: Машина и Малютка. Бедная Машутка не имела никакого опыта. Она наивно полагала, что все ее сородичи, мчавшиеся рядом с ней по дорогам города, также как и она бесхитростны и открыты для общения. Машутка смотрела по сторонам красивыми хрустальными фарами- глазками и не переставала радоваться окружающему миру. Первое столкновение с жестокой реальностью в лице страшного эвакуатора повергло ее в ужас. Она тихонько заплакала, включив сирену сигнализации. Звук сирены, пронзительный, невыносимый у закаленных боями, прошедших огонь и воду матерых машин, у Машутки звучал музыкально и совсем нестрашно. Эвакуатор усмехнулся про себя, представив, как она запоет через год. Он не проронил ни звука, точно следуя инструкции не вступать ни в какие отношения с нарушителями, зная, во что может вылиться самый невинный обмен любезностями. На штрафной стоянке, куда ее притащил беспощадный эвакуатор, находилось стойбище машин.

Многие спали. Те, кто бодрствовал, со злорадством отметили появление новой постоялицы стоянки. Громадный четырехприводный джип, рядом с которым поставили Машутку, свысока оглядел ее блестящие бока и только фыркнул. Бедная Машутка не знала, что и подумать о подобном приеме. Хозяйка машины так расхваливала ее всем подругам, знакомым, что у машины сложилось завышенное представление о своей неотразимости и технических качествах. Она была уверена, что столь совершенной машины, как она, не сыскать во всем белом свете. И только обнаружив громадное стадо сородичей, разных возрастов, экстерьера, мощности и состояния, она осознала свою наивность и полное незнание жизни.

Машутке захотелось заснуть, чтобы не думать о случившемся, но не тут то было! Новый сосед - черный навороченный джип стал расспрашивать о жизни. Машутка производила впечатление наивной неопытной девочки, что соответствовало действительности и вполне устраивало крутого мачо. Ему хотелось блеснуть своими подвигами и не хватало именно такой восторженной и доверчивой слушательницы.

– Вы, такая лапочка и, наверное, правильная девочка, судя по вашему экстерьеру. – джип мигнул грязными фарами, - как Вы попали в компанию нарушителей? Просто удивительно! Не могу себе представить, чтобы вы мчались на скорости двести километров, наплевав на красные от ярости глаза светофоров. Каким ветром занесло Вас сюда? Попутным? Я, как представитель сильного экстра класса очень рад этому обстоятельству. А Вы?

Машутка замерла от неожиданности и откровенного напора громадного джипа.

– Я? Не знаю, что и сказать... Вообще то я ничего не сделала. Я только стояла и смотрела, что происходит вокруг и вдруг на меня напал, страшный…, очень страшный, - Машутка поморгала прозрачными глазками-фарами, –такой ужасный эва… эва.. . Он назвал себя, но я не могу вспомнить его имя, такое же некрасивое, как и он сам!

– Эвакуатор, - снисходительно пробасил джип. И совсем он нестрашный. Мерзкий. Согласен. Мелочный, злобный. Это от того, наверное, что он такой уродливый и никакого полета фантазии. Ни одна дамочка вроде вас не мигнет в его сторону. А как вас зовут?

80

– Моя хозяйка называет меня Машуткой.

– Какое удивительное имя. Я слышу его в первый раз. Вам оно идет. Что-то гламурно- веселенькое. А меня зовут просто Галопер. Я люблю скакать по прериям. Меня манит пустыня, заросшая кактусами, где можно порезвиться, а не толкаться боками в ужасных пробках.

Машутка не ответила. Её внимание отвлек знакомый эвакуатор, привезший на стоянку еще одного бедолагу: белый лимузин с помятым правым крылом и разбитым вдребезги лобовым стеклом. Он стенал, жалуясь на жизнь и на тяжелую судьбу. «Кто бы мог подумать, - громко причитал он, - что я, потомственный аристократ, могу попасть в такую обстановку! У этих плебеев из эконом класса недостаточно воображения, чтобы представить, как меня холили и лелеяли. Они и не слышали о том, что такое ручная сборка. И вместо того, чтобы уступать мне дорогу, эти нахалы лезут, как тараканы, или как их еще зовут «жуки»! Житья от них нет, от этих жуков! Я мечтаю о тихом уютном гараже где–нибудь в Туманном Альбионе. Там механики –и те джентльмены. Не то, что здесь!»

Наступила ночь. Все спавшие и дремавшие машины проснулись, и началась ночная жизнь. Сторож стоянки включил несколько ярчайших прожекторов, и бледный молочный свет залил временное прибежище разнокалиберных собратьев. Машутка привыкла ночью спать в подземном, комфортном гараже, и очень удивилась, когда услышала, а потом и увидела оживленную тусовку машин. Единственным фактором, сдерживающим общение, являлась вынужденная неподвижность. Подъехать к приглянувшемуся авто не было никакой возможности. Галопер, тем временем, продолжил воспитание своей новой подопечной:

– Вот Вы, наверное, думаете, что все, кто сюда попал просто невезучие машины и во всем виноват страшный эвакуатор. А ведь это не так! В кошмарном сне не увидите здешних типажей. Вон, посмотрите туда, видите, в том углу рычит дикий зверь, аж сюда его рык доходит. Цвета непонятного от грязи. Это известный в нашем обществе Хам.

– Как вы сказали, Хам?

– Ну да, погоняло у него такое. И не зря. Он действительно «хам». Почему я Вам о нем рассказываю? Чтобы вы держались от него подальше. Он – наемный киллер! Знаете, что такое Киллер

– Тоже имя такое?

81

– Вы совсем глупенькая, Машутка. Киллер– это значит громила, убийца. Это значит, что он кого угодно с колес может сбросить. Понимаете? Бока намять. Капот попортить. Багажник всмятку разбить! И делает он это не потому, что кто-то его обидел, или темперамент у него бешенный: работа у него такая. Он получает за это хорошие «бабки»! Видите, как он одет, во все новое, шикарное, хоть и заляпан весь грязью. Таких шин, как у него Вы не найдете в нашем городе. Ему можно «заказать» кого угодно, лишь бы платили хорошо.

– Неужели это правда? – Машутка скосила глазки на Галопера и вдруг обнаружила, что внешний вид ее нового знакомого на ее вкус также далек от совершенства: передние клыки хищно скалятся, а тонированные стекла не позволяют заглянуть в «душу» – салон нового знакомого. – А Вы, случайно не коллеги? – робко спросила она. Галопер довольно заржал, польщенный таким лестным сравнением. Машутка попыталась отодвинуться от джипа, но только больно ударилась блестящим бочком о микроавтобус, до такой степени потрепанный и страшный, что она тут же вернулась на исходную позицию.

Галопер заметил перемену в поведении Машутки и решил переждать, зная, что женские капризы – очень тонкая материя и не стоит быть брутальным с такой милой девочкой. Машутка, переполненная новыми грустными впечатлениями, погрузилась в размышления. Разноцветная, радостная картина жизни заметно померкла. Она вспомнила о том, как бережно обращалась с ней хозяйка. Её и хозяйкой назвать нельзя,– настоящая подруга. Правда, из другой породы, из человеческой. Каждый день они проезжали по главному проспекту города, и все вокруг любовались ею и её замечательной хозяйкой, такой же хорошенькой, как и Машутка. «Неужели мы никогда больше не увидимся? Как это ужасно! Не хочу оставаться в обществе этих невеж и преступников! Почему я такая несчастная?! Почему именно я, послушная, разумная и красивая попала в такую передрягу?». Машутка задала себе подобный вопрос в первый раз, однако, можно предположить, что она будет задавать себе этот вопрос, на который очень трудно найти ответ, всю свою машинную жизнь, впадая в транс и портя себе мотор ненужными переживаниями.

– Ах, как я устал! Я уже мечтаю о машинной свалке! Это же надо дойти до жизни такой, чтобы мечтать о свалке. Вах, Вах, Вах! Как я замучился! Столько людей за день перевозить! Когда я в Германии возил грузы, у меня была норма груза. И никто бы не посмел загрузить в мой салон больше нормы. А сейчас?! А здесь?! Я же не резиновый! Да если бы и резиновый был! Бедный я, несчастный!

Машутка уже не удивилась, услышав хриплый уставший голос соседа, бесцеремонно толкнувшего ее. Ее лишь озадачило сходство переживаний. Огромная разница между ней: очаровательной, молоденькой и этой старой развалюхой, микроавтобусом, на который без слез не взглянешь, а результат на сегодня один и тот же - штрафная площадка.

– Вот как ты запел, милейший, - не удержался Галопер. Небось, в Германии, когда тебя на свалку свезли, ты прихорашивался, чтобы выбрали тебя, а не другого твоего сородича. Наверное, хотелось посмотреть чужие страны, пусть даже не такие благополучные.

– Не знал я, что в рабство попаду! Я такой вежливый был, культурный. Только bitte и danke schön! [2]А сейчас сами слышали. Qabaqda durmayın! Orta boşdur! Cəld olun! [3]

– Да, твоему репертуару не позавидуешь.

Микроавтобус громко зарыдал. Плач его очень походил на ослиный крик, но Машутка никогда не встречала осла и не слышала его крика; она подумала, что у старика очень противный голос и что ему и в самом деле пора на свалку, а вернее на переплавку. Может, что-нибудь приличное и получится из груды старого железа.

В дальнем углу стоянки возник спор, грозящий вылиться в разборку. Громкий металлический голос перекрывал глухой ропот, напоминающий шум моря в ветреную погоду. Множество машин вокруг самой большой, серебристой, похожей на огромную рыбину, создавали гул, выражая, таким образом, свое несогласие с находящимся в центре авто. Повелительный голос принадлежал огромной машине, привыкшей к тому, что все вокруг следуют ее руководящим указаниям. Некоторые особо осведомленные собратья, утверждали, что «Мерин», так зовут авто, не сам принимает решения, и даже не его хозяин, крутящий баранку, а умнейший компьютер, который решительно, без колебаний, одинаково хорошо управляет и

---

[2] Пожалуйста, спасибо (нем.)
[3] Не стойте впереди! Середина пустая! Пошевеливайтесь (аз.)

Мерином и его хозяином. Компьютер–навигатор осуществляет «навигацию». Что такое «навигация» знали только самые продвинутые автомобили и обещали раскрыть страшную тайну в случае, если Мерин не уймется и не перестанет досаждать всем своими заумными наставлениями.

— В другое время я даже не стал бы разговаривать с вами! Приходится, чтобы не слишком соскучиться. Заржаветь можно от тоски. Вот ты, Хам расскажи, за что тебя упрятали в эту тюрягу? Мы же недавно встречались в очень милом профилактории. Я даже помню, что у тебя амортизаторы ни к черту. Клапана стучат. Ты все бахвалишься своим высоким происхождением, а зря! Ни в какое сравнение с моими предками! Порода чувствуется всегда. Посмотри на меня, разуй фары! Куда тебе, весь заляпан грязью!

— РРРР. Да как ты смеешь, животное! Кляча старая, Мерин хромой. Думаешь, я не помню, что твое правое колесо восьмерку пишет! Это у тебя порода?! Я тебя одним левым крылом задавлю, очухаться не успеешь. Посмотрим еще кто кого!

Машутка переводила фары с одного спорщика на другого. Ей очень хотелось, чтобы все жили в мире, совсем как она и ее милая подруга -хозяйка. Внезапно, она подумала, что та вполне могла забыть о Машутке и вообще, променять ее на новую более совершенную модель. И что тогда делать? Неужели придется ржаветь в этом ужасном месте, где никому нет до нее дела, ну разве что надоедливому Галоперу? И слушать, слушать бесконечные жалобы и стенания неудачников, вместо того, чтобы мчаться с ветерком по скоростной дороге.

Галопер, совсем как застоявшийся мустанг, рванулся в бой, а вернее вступил в громкую перебранку авторитетов.

— Не понимаю, что вы делите, уважаемые? Вроде давным-давно договорились о сферах влияния. Все в курсе, кто где король. И что вам неймется! Возьмем, к примеру, меня. Никто не будет спорить с тем, что я смелый, авторитетный и знаю себе цену. Но я же не встану на дороге у Хама или Мерина. Зачем? Мне и своих шестерок хватает, чтобы покуражиться. И потом, вспомним о наших хозяевах. Почему ни один из вас не вспомнил о них? Ведь это они заставляют нас быть наглыми, злыми, иногда просто бешеными. Хам ведь не сразу стал киллером. Ты помнишь

84

себя юным, Хам, когда ты только открыл фары! Какой ты был хороший! Я помню, мы же ровесники. А ты Мерин! Настоящий джентльмен! Да, да. Красавец, умница! Что там говорить! Смотреть на него было одно удовольствие. А сейчас не тот! Извини, дорогой, совсем не тот!

Все машины вдруг завопили разом. У большинства закипела в радиаторе вода и, долго сдерживаемый пар, вырвался наружу. Машины ругали своих хозяев почем зря. Каждый находил какой-нибудь особенно страшный недостаток у своего хозяина, и, смакуя, рассказывал об этом рядом стоящему товарищу. Автомобили, успевшие поменять нескольких хозяев, и те, кто попадал в аварию, описывая свою трагическую жизнь, не могли удержаться от слез, струйками стекавшими по лобовому стеклу. В этом хаосе всего несколько машин, а среди них оказалась и Машутка, молчали. Они со страхом и удивлением прислушивались к кошмарным рассказам других. За всеми этими событиями Машутка и не заметила, как наступило утро.

Пришел сторож. Машины благоразумно молчали, и сторожу и в голову не могло придти, что ночью здесь назревал настоящий бунт. К полудню один за другим стали появляться хозяева автомашин. Машутка, повзрослевшая и поумневшая за одну ночь, точно угадала хозяина горемыки–микроавтобуса. Таким она себе его представила после рассказа автобуса: золотозубый крепыш, пропахший потом и крепким табаком. Он крепко стукнул своего напарника по боковому стеклу, совсем как осла на горной тропе, вскочил в седло и рванул с места, завизжав изношенными тормозами.

Потом появился владелец Галопера. Высокий человек с атташе кейсом, блестя стеклами очков без оправы, внимательно осмотрелся, оценивая обстановку, и только потом оглядел своего мустанга, взнуздал его и был таков. Все произошло настолько быстро, что Галопер успел лишь моргнуть фарами своей новой знакомой.

Когда на стоянке объявился качок, затянутый в кожу и обвитый цепями, Машутка поняла, что это наставник Хама. Он прошелся по рядам машин, как будто намечая будущие жертвы. Хам внимательно следил за его действиями, зная по опыту, что возможно в скором будущем он встретится на дороге с одним из этих автомобилей.

За лимузином пришла странная компания, вероятно гулявшая всю ночь. Они шумно загрузились в недовольно чихнувший автомобиль и укатили, распевая веселую песенку.

85

Господин в темном костюме и галстуке, с выпирающим брюшком, придирчиво обошел Мерина, пнул ногой одно из колес, с трудом поместился за рулем и важно, не смотря по сторонам, отчалил.

Появление своей хозяйки Машутка проморгала. Она уже отчаялась увидеть свою ненаглядную подругу и только лила горькие слезы, выпуская их фонтанчиком на стекло. Хозяйка подошла к ней, оттерла душистым носовым платком прозрачные слезки, погладила ее по блестящему крылу, осторожно открыла дверцу, чтобы не поцарапать Машутку и ее случайного соседа, и аккуратно вырулила со стоянки. Все случилось именно так, как мечтала Машутка, закричавшая от избытка чувств тоненьким голоском. Что еще нужно для счастья - только свежий ветерок, свободная умытая дорога и ласковая подруга…

Грезы

Аппарат включился в точно назначенное время, в час ночи. Послышалось тихое жужжание. В комнате, погруженной в темноту, ярко вспыхнули разноцветные пятна и затанцевали хаотический, бессмысленный танец на стенах и потолке. Вслед за вспышками светами полились звуки музыки вперемежку с шумом дождя, криками птиц, ржанием лошадей, завыванием ветра. Безумная круговерть звуков и света продолжалась не более двадцати минут. Затем все стихло. Человек, лежавший посреди комнаты на громадной кровати, оккупировавшей большую часть просторной комнаты, застонал, что-то пробурчал и затих. Он раскинулся на постели и блаженно улыбался.

Машина безмолвствовала, она отдыхала вместе с человеком. Набравшись сил, вновь заработала. Вместо округлых цветовых пятен появились полоски света, в которых цвет переходил из одного оттенка в другой, как в ярких дамских шарфиках. Интенсивность цвета менялась. В конце полоски он из бледного намека на колер становился буйным воинствующим цветом. Световые полосы сменяли друг друга с той же быстротой, что и пятна. Сопровождение стало другим. Музыка и звуки природы сменялись визгом тормозов, шумом отбойного молотка, визгливыми голосами клаксонов. Среди какофонии шумов современного города диссонансом возник и завис высокий женский голос. Ноты падали одна за другой, не исчезая в шуме, а пронзая наложенные друг на друга звуки. Человек вновь забеспокоился, стал переворачиваться с боку на бок и заплакал навзрыд, так, как плачут только в детстве, всхлипывая и подвывая. Все в миг прекратилось так же, как и в первый раз. Человек перестал плакать и застыл, подложив кулачок под голову и свернувшись калачиком.

За громадным зрячим, не занавешенным окном стало светать. Небо из темно-фиолетового становилось серым. Совсем под утро машина включилась в последний раз. Рассеянному естественному свету городского утра аккомпанировал ритм тамтама, перемежающийся гортанными звуками, более напоминающими клекот орла, чем человеческий голос. Ритм убыстрялся вместе со светлеющим небосводом. В момент, когда человек открыл глаза и оглядел удивленным взглядом комнату, машина выключилась.

Иона потянулся, сделал несколько ленивых движений и обернулся к машине, стоявшей в изголовье кровати. Протянул руку, нежно погладил серебристый бок.

– Ты моя хорошая, верная моя подруга, Кася, Касиопеюшка моя. Как бы я без тебя жил? Сплошной кошмар, подруга. Только войны, конфликты, стихийные бедствия, глобализация. Террор! Террор, сплошной террор, а не жизнь. А ты у меня умница. Какую мне подарила лошадку. Она становится все прекраснее. Боже мой! Я был так счастлив, когда мчался, нет, летел на ней. Она умница, красавица, я даже придумал ей имя. Кася, слышишь меня? По-моему, вполне подходящее имя для белоснежной кобылы – Снежана. Тебе нравится?

Кассиопея оставалась безжизненным куском металла. Иона совсем проснулся

– Ах да, извини меня, я забыл, что ты отключена. Потянулся к пульту, но передумал.

Встал, сделал несколько движений, чтобы размяться. Взглянул на часы и заторопился. Опаздывать было нельзя. Сегодня на утреннем совещании у шефа Иона хотел уговорить начальство на серию статей о новых, совершенно необыкновенных шоу. Он раздумывал над тем, какое имя придумать для спектакля, под впечатлением которого он находился уже несколько дней. Опытный журналист и фотограф Иона в последнее время стал разочаровываться в своем деле. Все для него становилось рутиной. Репортажи с места событий, невероятные приключения, опасные непредсказуемые интриги волновали его все

87

меньше. Постоянное давление опасности на психику перестало приносить удовольствие, как это было в начале карьеры. Избегнутая опасность не казалось более успешно сданным экзаменом и не являлась сертификатом на мужественность. Иона устал от своей работы, от себя. Отказался от последнего предложения шефа - поехать в Афганистан и рассказать о том, какая там обстановка: не бродит ли где поблизости Усама Бен Ладен? Или вдруг Ионе удастся взять интервью у той зеленоглазой афганки? Ее фото красовалось на обложке одного из самых престижных парижских журналов. Картинка обошла весь мир и пополнила ряды солдат-контрактников, у которых родилась надежда встретиться вот с такой, красивой и неиспорченной западной цивилизацией, женщиной.

У Ионы появилась новая игрушка, гораздо более интересная, чем все старые, хорошо испытанные средства для того, чтобы опустошить перегруженное сознание и получить иллюзию того, что ты свободен от всего, что окружало тебя до этой минуты. Он купил себе подругу, мечту. Подругу звали Кассиопея. Робот последнего поколения, способный управлять снами. Иона совершенно погрузился в фантастический мир своих сновидений и даже подумывал о том, чтобы уйти из редакции и некоторое время пожить в раю снов с верной Кассиопеей. Подруга была удобна в обращении, ни разу не вышла из строя и безо всяких капризов. Она послушно выполняла все заказы Ионы. Любимая его греза о белой кобыле, на которой он мчался по небесному мерцающему пути, с каждым разом становилась все совершеннее. Ощущение полета, полноты жизни и искрящаяся радость, переполнявшая его, не могли надоесть, и Иона искренне ценил и любил подругу, доставляющую ему столько удовольствий. Перед тем, как окончательно принять решение, Иона задумал написать несколько статей. Прогуливаясь по злачным местам, он случайно зашел в художественную галерею, в которой не был очень давно. Попал он в нее просто потому, что она оказалась у него на пути между двумя пивнушками. То, что он увидел в галерее, побудило его прийти на утреннее рабочее совещание в редакции.
****

Редакционный совет собирался по четвергам. Обстановка самая что ни на есть творческая: дым столбом, на большем столе хаос из бумаг, вокруг на разномастных стульях живописные коллеги Ионы. Редактор отсутствовал и его заменял заместитель – маленький изможденный человек с громадным морщинистым лбом. Он беспрестанно хмурился, выслушивая журналистов, и становилось заметным, какой это большой труд управлять группой свободолюбивых творческих личностей. Захария, так звали зам.редактора пытался время о времени вернуть обсуждение в нужное русло. Иона попросил слова, и Захария тут же откликнулся:

– Наконец, дорогой Иона, мы дождались! Неужели ты восстал ото сна? - не удержался от шпильки Захария.

– Если Вы собираетесь говорить мне гадости, то мне лучше сразу встать и уйти!

– А что я такого сказал? Наоборот, я подчеркнул, что ты наш дорогой, и мы рады, что ты вернулся к нам, после своих ночных загулов, так сказать..., Захария хихикнул и замолк, наткнувшись на суровый взгляд Ионы.

Иона перехватил инициативу, не желая ссориться:

– Ну да, ну да. Короче, что я хочу сказать. Я вчера наткнулся на нечто новое в нашем старом разваливающемся мире. Если мне удастся рассказать то, что я почувствовал, то я помирюсь со своей профессией журналиста. И перестану думать о том, что мой труд похож на труд кухарки: съел и забыл.

Захария собрал морщинами лоб:

– Какие у тебя тяжелые парадоксальные мысли, похожи на твои последние фото. Я хорошо помню один из последних снимков. Не мог избавиться от наваждения. Помнишь тот снимок? Открытая дверь на балкон, а на пороге в нелепой позе мертвый солдат. Струйка крови на паркете в солнечном пятне.

– Хороший, профессиональный снимок, – вмешалась в разговор женщина, курящая одну сигарету за другой. Густая шапка блестящих кудрявых каштановых волос почти скрывала ее глаза. – Почему он Вас так шокировал, я не понимаю. И вообще, я заметила, что Иону последнее время недооценивают.

– Кто недооценивает? Я? – зам редактора задохнулся от возмущения. – Я всегда предлагаю ему самые перспективные темы. Сейчас, например. Что больше всего волнует людей? Конечно террор! Каждый волнуется прежде всего за себя? Не правда? Скажите, что вас лично волнуют судьбы человечества?! Скажите, я поверю, старый доверчивый Захария поверит во все, что ему расскажут журналисты! А я предложил Ионе поехать в Афганистан! Там на каждом шагу тайны, спрятанные под слоем песка.

89

– А где же там террор? Вы что-то путаете, Захария. В Афганистане –наркотики, а в Ираке – террор. Зачем завязывать все на сиюминутный сюжет? Я предлагаю Буркина-Фасо!

– Вам Амина я могу предложить съездить туда. А почему бы и нет? – Захария ехидно улыбнулся.

– Спросите меня, по какой причине я предложила именно Буркина-Фасо, вам не интересно?

– Интересно, очень, но не сейчас.

– Я знаю, – Иона поднял глаза на Амину, – я знаю, о чем ты говоришь. Я видел эти снимки, только вчера. Стая безумных людей, которых гонят из города совсем, как стаю бешеных собак. Они потеряли разум. Естественная реакция организма на страшную, кошмарную жизнь. Какой-то саммит проходил в Уагадугу, в столице, власти и решили навести порядок. Вывести из города всех больных, беспризорных, увечных. Чтобы не портить настроения гостям. Я читал что-то похожее у Чехова, кажется, «Палата №6». Веселенькая вещь, что и говорить

– Только это не вымысел, это правда, на этот раз. Да, именно так все и было, – протянула задумчиво Амина, – могу себе представить... Только вчера, по пути в редакцию я наткнулась на беззубого старика, который с таким наслаждением, я бы сказала самозабвенно, поглощал гамбургер, что я невольно остановилась, посреди шумной улицы. Только когда меня пару раз толкнули, я очнулась и пошла дальше. Странные мысли пришли мне в голову. Я подумала: вот этот нищий беззубый старик почти счастлив, пока он ест. А потом... потом он опять станет глубоко несчастным, голодным и может даже замерзнет. Или его заберут куда подальше, чтобы он не напоминал счастливым гражданам о несчастьях, которые могут обрушиться на любого из нас.

– Теперь вы понимаете, почему мне так надоело заниматься нашим современным миром!, – поднял голос Иона. – Потому что я не удивлюсь сегодня никакому новому кошмару. Может, я даже глазом не моргну. Я зачерствел! Я боюсь стать одним из безумцев, которых уже предостаточно не только в Буркина-Фасо, а у нас, в благополучной Европе. Я хочу предложить людям отвлечься от кошмаров.

– Ты собираешься заняться рекламой роботов, программирующих сны? Я правильно тебя понял? – Захария, не мигая, смотрел на Иону, – ты считаешь, что именно таким образом можно облагодетельствовать людей?

– Нет, – замялся Иона, – не совсем. Все не так просто, как вы хотите представить. Дайте мне сказать, наконец. Сегодня я попал в галерею, где увидел нечто необыкновенное.

– Знаем, мы это необыкновенное, какая-нибудь инсталляция из консервных ржавых банок, – вмешалась Амина.

Иона поморщился, как от зубной боли, но все же продолжил:

– Нет, совсем другое. Экспозиция была посвящена танцу. Современному танцу. Там были костюмы, афиши XX и даже XIX веков, но меня поразило не это. Они устроили там что-то вроде сеанса игры. Вроде компьютерной игры, понимаете?

– И что же в этом удивительного?, Банально, если не сказать пошло, – темнокожий парень, не проронивший ни слова во время рассказа об Африке, выливал скопившееся раздражение.

– Я же не сказал, что это компьютерная игра, я сказал вроде того. Вроде! Понимаете? Когда я зашел в этот полутемный зал, я остолбенел. В центре зала парила балерина в прозрачных одеждах. Она делала невероятные вещи. Словом, восторг! Но самое главное. Она была как живая, не на экране, а в зале. Впечатление было совершенно удивительным. И еще я не сказал, что она была управляема. В углу зала стоял небольшой пульт, а на нем устройство, напоминающее компьютерную мышь. Этой штукой можно было заставить балерину делать все, что тебе захочется. Те движения, которые тебя больше всего порадуют. А если ждешь от нее инициативы, пожалуйста, она сама будет двигаться, на автопилоте. Понимаете?

– Как не понять! Это же такое удовольствие, – у Захарии разгладились морщины на лбу.

– Только один прокол. В самом начале, когда я ее только увидел, мне очень захотелось подойти к ней поближе, но ничего не получилось.

– Что это значит? – с интересом спросил темнокожий парень.

– Это значит, что как только я подошел к ней на расстояние вытянутой руки, она отдалилась от меня точно на такое же расстояние. Словом, она была неуловима, понимаете? Ты

91

думаешь, что вот сейчас получишь то, что желаешь, ан, нет! Сильфида делает одно воздушное па и отдаляется от тебя.

– Интересно, Иона, что ты в этот момент почувствовал, когда понял, что тебе ее не поймать, – Амина заинтересованно смотрела на Иону.

Он задумался, пытаясь вспомнить свои переживания. Ощущения были сродни тем, что он испытывал в обычном сне, когда кажется, что еще чуть-чуть и ты поймаешь, догонишь, выплывешь... И этого чуть-чуть всегда не достает. Иона так полюбил свою Кассиопею именно потому, что в снах, подаренных машиной, чаще всего, удавалось достигнуть того, чего желал. А танцовщицу можно было сравнить с грезой .Такая послушная, гибкая неземная и такая неуловимая. Ему пришло в голову, что именно эта удивительная смесь послушания и неуловимости привела его в экстаз. Он вспомнил свою эйфорию от виртуального общения с танцовщицей.

– Да, – протянул Захария, – если это и в самом деле так здорово, как ты, Иона расписываешь, то теперь понятно почему ты не хочешь ехать в Афганистан. Ты в своем амплуа, опять сны, только здесь немного другой аспект, я бы сказал – грезы наяву.

– Прекрасное название для статьи, – воодушевился Иона, – стольких людей можно сделать счастливыми! И без всякого вреда для здоровья! Замечательно!

– Хорошо, уговорил, валяй! Посмотрим, что из этого выйдет.

Совет, поговорив немного о редакционных заботах, разошелся.
****
Для лучшего проникновения в тему, Иона решил посетить необыкновенную выставку еще раз. Зайдя в полутемный зал, он внимательно огляделся вокруг. На этот раз ему не повезло, он был не один. Несколько человек застыли в глубине зала. Высокий мужчина в строгом костюме стоял у пульта. Балерина, как и в первый раз, порхала в центре зала. Внезапно она стала таять, и растворилась совсем. Из мерцающего света сгустилась и обрела форму новая танцовщица. Она ничуть не походила на исчезнувшую нимфу. Ярко накрашенная, упитанная восточная танцовщица стояла посреди зала. Она была одета, а вернее - раздета для танца живота, и увешана большим количеством звенящих украшений. Ее гибкий стан обвивала громадная змея, переливаясь всеми цветами радуги.

92

Женщина покачивала бедрами, змея в такт ее движениям раскачивала плоской головой.

Мужчина у пульта нажал на кнопку, и змея обвила шею танцовщицы. У женщины, находящейся в зале, вырвался стон. Танцовщица улыбалась, делала плавные волнообразные движения руками. Змея разомкнула страшную петлю и поползла по волнующейся руке. Иона заворожено смотрел на женщину. Движения ее убыстрялись, попадая в такт с ускоряющейся музыкой. Змея высунула раздвоенный длинный язычок и зашипела. Улыбка женщины стала еще шире, глаза наполнились истомой. Она скользнула рукой по змее и что-то прошептала. Змея, как будто услышав то, о чем просила женщина, обвила живой спиралью все тело извивающейся танцовщицы. Голова змеи застыла вровень с нежной шеей женщины. Люди в зале напоминали манекенов и намного больше походили на экспонаты выставки, чем полные жизни персонажи, разыгрывающие античную трагедию в центре зала. Змея шипела все громче, женщина извивалась все быстрее.

Иона догадался, какой финал приготовил для них человек в углу зала, манипулирующий кнопками и все же попытался, как он всегда делал в экстремальных ситуациях, нарушить ход событий. Сделав несколько быстрых шагов в сторону танцовщицы, он протянул руку, зная уже по опыту, что женщина отпрянет. Так и случилось. Танцовщица вместе с застывшей змеей отошла в глубь зала в сторону человека у пульта. Иона не мог объяснить себе мотивы своего поведения. Почему ему так важно не допустить смертельного поцелуя женщины со змеей? Однако он упорно двигался вперед, и когда танцовщица подошла на определенное расстояние к человеку, вызвавшему ее из небытия и управлявшему ее смертельным танцем, греза исчезла, растворившись в воздухе. Мужчина у пульта подбежал к Ионе и взял его за грудки:

– Что Вы себе позволяете? Кто дал Вам право? Это была моя танцовщица! Моя! Она целиком и полностью зависела от моей воли! Я купил себе два часа счастья! Я мог распоряжаться ею по своему усмотрению! А вы кто? Вы не знакомы с условиями аттракциона? Я отвалил кучу денег, чтобы получить удовольствие. Я пригласил сюда своих друзей, чтобы показать им, что такое настоящий кейф! Я наслаждался этим танцем в Каире, я восхищался лучшими восточными танцовщицами. И я захотел показать, как, вероятно, мог закончиться танец в древности, когда он только возник. Вы испортили мне всю радость. Вы ответите мне за это! – Импозантный мужчина брызгал слюной, размахивал руками.

– Послушайте, почему вы так разбушевались, я такой же посетитель галереи, как и вы. У меня точно такие же права, как у любого, кто пришел сюда. Не понимаю, почему вы называете это аттракционом! Это художественная галерея. И я уже был здесь и кое-что видел.

– Генри, – в спор вмешалась единственная не призрачная женщина, находившаяся в зале, – господин видимо был на бесплатном пробном показе. В течение недели все желающие могли видеть шоу, не заплатив ни гроша.

– Знаю, знаю, – раздраженно проворчал Генри, не напоминай мне! Я знаю, что принадлежу к тем, кто за все должен платить немалую цену.

Женщина опустила глаза и прибавила

– Не всегда. Иногда тебе достается в подарок то, что другой не может купить ни за какие деньги.

Женщина с вызовом смотрела на разъяренного Генри.

– Я полагаю, ты хотел преподать нам урок, в частности мне? Ты хотел показать, что женщина всего лишь игрушка в руках господина. И если он пожелает, если это доставит ему наслаждение, то она должна умереть с улыбкой на губах. Я правильно истолковала твое желание привести меня сюда во чтобы то ни стало? Я как чувствовала! Мне так не хотелось идти! Но ведь ты всегда добиваешься своего, у тебя бульдожья хватка, Генри.

– Когда-то тебя это привлекало во мне. И потом, зачем делать из себя жертву, ты достаточно сильна и независима. И самое ужасное в том, что провидение, рок всегда на твоей стороне. Звучит пошло, но как иначе объяснить то, что произошло не далее, как сегодня. И так всегда, всегда, – ожесточенно произнес Генри.

Остальные зрители этого неудавшегося спектакля исчезли незаметно, почти так же, как виртуальные персонажи шоу.

Иона, виновник перепалки, о котором все забыли на какое-то время, внимательно слушал возбужденную пару. Он не решил для себя, чьи доводы ему ближе, хотя несколько минут назад он самым решительным образом прервал смертельный танец восточной танцовщицы. Он невольно вспомнил свой недавний восторг,

94

воздушную послушную нимфу и проникся жалостью к раздраженному Генри.

– А вы, господин, довольны результатом? Вы не только лишили меня удовольствия, но сделали все возможное, чтобы поссорить меня с женой, – Генри исчерпав все аргументы в споре с женщиной, срывал злость на Ионе.
– Вы меня переоцениваете. Я никак не мог повлиять на ваши личные отношения. Я поступил как всякий нормальный мужчина. Мне захотелось спасти женщину, пусть даже виртуальную, – Иона улыбался, стараясь разрядить обстановку.
– Ах, какой благородный рыцарь! Какой душевной человек! Я сейчас разрыдаюсь!

Женщина подошла к Генри

– Пошли, ты можешь мучить меня, но не стоит пить кровь у этого господина, у которого в отличие от тебя, вполне нормальная реакция.

Генри продолжал ворчать, и, тем не менее, двигался по направлению к двери вслед за кипевшей возмущением супругой. На пороге женщина обернулась и чуть заметно кивнула Ионе.

Иона в задумчивости смотрел на мерцающий туман, заполнивший середину зала, ожидая, что из него выплывет новый персонаж, но так и не дождался. Бесплатные показы, вероятно, закончились, и теперь, чтобы иметь возможность пообщаться с приглянувшимся образом, нужно было платить.

****

Выйдя на пустынную улицу, Иона зашел в ближайший бар. Устроившись на высоком табурете с кружкой пива, он обдумывал свою обещанную статью. Его альтруистское желание всех желающих сделать счастливыми, наделив их управляемой мечтой, потерпело крах. Как любая, более или менее интересная игрушка и эта стоила денег, и судя по реакции Генри, немалых. «Статью одну, не больше, написать, конечно, можно. Тем более, что подвернулась история с Генри. Еще тот типаж. Бедняжка его жена. Интересно, где она находилась, пока он проводил свои сравнительные исследования танцев в Каире. Сидела в гостинице? Нет, пожалуй, я не буду их вмешивать в рассказ о спектакле. Удовлетворюсь простым описанием фактов, вернее призраков. А сам вернусь к старой испытанной Кассиопее. Сегодня закажу себе сон с той самой балериной. Попрошу Кассиопею, чтобы девушка не только парила в

95

воздухе, но произнесла хотя бы одно слово. Мне очень захотелось услышать ее голос. Кажется, если я услышу, как она говорит, я смогу найти хоть отдаленно похожую на нее земную женщину», – поймав себя на последней мысли, Иона сделал недовольную гримасу. С земными женщинами у него всегда было столько проблем, что он совершенно от них отказался в последний период своей жизни, успешно заменив их одной верной подругой Кассиопеей.

Свое желание: увидеть и услышать понравившуюся балерину Иона осуществил той же ночью. Он подробно объяснил Кассиопее, какую ему хочется увидеть во сне женщину, и услышал в ответ привычный механический голос подруги:

– Слушаюсь, господин.

Ионе показалось, что на этот раз голос робота звучал живее, чем обычно. Вероятно, ему только почудилась новая интонация в голосе Кассиопеи. Она от рождения не была болтлива. Владела ограниченным лексиконом, впрочем, вполне достаточным, чтобы поддержать светскую беседу. И что очень устраивало Иону, она никоим образом не выражала своего отношения к желаниям Ионы.

Иона погрузился в сон, совсем как изнуренный жарой пловец погружается в прохладные глубины океана. Во сне он сидел в удобном кресле в затемненной зале, и перед ним порхала та самая желанная танцовщица. Она сбросила прозрачные одежды по взмаху руки Ионы и медленно приближалась к креслу. Иона не просто чувствовал, он знал определенно, по всем своим прежним снам, подаренным машиной, что женщина не сможет ускользнуть от него; что на этот раз, он сможет прикоснуться к ней и даже услышит ее голос. Танцовщица подошла к Ионе совсем близко. Он встал и с легкостью обхватил ладонями осиную талию. Вместо нежной плоти, он вдруг почувствовал, что сжимает руками полированную поверхность дерева. Иона изумленно посмотрел на танцовщицу и увидел, как женщина превращается в громадную скрипку, черную как сажа. Ладони Ионы разжались, он со страхом отпрянул от невиданной скрипки.

Инструмент закрутился на месте волчком. Струны задрожали и запели неведомую земному слуху, мелодию. Покружившись на месте, скрипка взмыла в воздух, увлекая за собой в потоке бурлящего воздуха сопротивляющегося Иону. Измученного, совершенно разбитого, его швырнуло оземь, и Иона проснулся. Он чувствовал себя не просто несчастным, у него появилось четкое осознание своего ничтожества и бессилия. Некоторое время он привыкал к рассеянному свету в комнате, где в углу, как всегда поблескивала холодным металлом Кассиопея. Иона со страхом посмотрел на робота, этой ночью так ярко заявившему о своей индивидуальности. Машина не просто не выполнила его приказания, она взбунтовалась.

Кася наказала Иону. Вместо восхитительного эротического сна, заказанного Ионой, он получил посредственный триллер с американским назидательным концом. Иона недоумевал. Он и раньше заказывал эротические сны. И всегда все происходило так, как это возможно лишь во сне. Правда, он никогда не останавливался подробно на точных параметрах партнерши. Иона полагался на вкус Кассиопеи, и до этого случая ни разу не пожалел об этом. Постигшее его разочарование заставило Иону по-новому взглянуть на Кассиопею. Робот был отключен, как обычно. Иона включил машину. Произошел сбой, машина не включалась. Ионы вздохнул с облегчением. «Видимо, она испортилась, моя Кася, поэтому и приключилось такое безобразие ».

Приняв душ и выпив большую чашку крепкого кофе, Иона настроился на работу. Сидя перед компьютером, он вдруг услышал щелчок, свидетельствующий о том, что робот включился. Еще через мгновение раздался невыразительный голос Кассиопеи:
- Слушаюсь, господин.
- Я тебя не включал. Почему ты безобразничаешь? Как ты могла так испортить мне желанный сон. Я сдам тебя в твою фирму, понимаешь? Срок гарантии еще не истек. И посмотрим, как там будут с тобой обращаться. Я думаю, они разберут тебя на запчасти! Вот чего ты добилась своим тупым упрямством! Я не понимаю, чем тебе не угодила эта танцовщица? Какая тебя муха укусила? Положим, на мух тебе плевать, ты же железная! Тогда объясни, если в состоянии хоть что-нибудь объяснять!.
- Слушаюсь, господин, – в голосе Каси явственно слышалась грусть.
- Не понимаю, чем ты недовольна?, – Иона кружил вокруг Кассиопеи.
- Я всем довольна. Я слушаюсь господина
- Я надеюсь, что такое больше не повторится. Касинька, я могу тебе доверять? – Иона положил руку на корпус машины и прислушивался к мерному жужжанию работающего робота.
- Не повторится, – эхом отозвалась Кассиопея.
****

97

У Ионы была назначена встреча с Аминой. Он часто обсуждал с ней свои статьи и фотографии по той простой причине, что не чувствовал в ней конкурента; Амина занималась обзорами литературы, рецензиями и бурно текущая реальность доходила до нее лишь в опосредованном виде. И к тому же, Иона всегда был уверен в ее объективности. Амина немного опоздала, как полагается всякой уважающей себя женщине. Она вошла уверенной легкой походкой, огляделась, близоруко щурясь через затемненные очки, и у стойки бара заметила энергично кивавшего ей Иону.

Устроившись поудобнее на высоком стуле, она своей живописной цыганской внешностью, множеством звенящих браслетов, ярко-оранжевым, украшенным бисером свитером, завладела вниманием окружающей нейтральной и пресной публики. Разговоры вокруг них почти прекратились. Манеры Амины выдавали ее экспансивность, как и одежда. В разговоре она жестикулировала и время от времени вскрикивала, если что-либо уж очень поражало ее воображение. Сегодня она настроилась на Иону. Амина умела и любила слушать интересных собеседников, а Иона казался ей одним из них.

– Расскажи мне, что такое ты хочешь получить и узнать о жизни, чего ты еще не знаешь после стольких лет блужданий по миру? Твоя идея найти безопасный источник, я бы сказала эликсир счастья, и забыть горести, очень привлекательна, но иногда она мне кажется безумной, – Амина зазвенела браслетами, отпила глоток неразбавленного виски и продолжила. – Самая удивительная категория, неподдающаяся никакому анализу, а, следовательно, не имеющая никаких закономерностей – это категория счастья.

Иона поднял глаза вверх, задумавшись над тем, что сказала Амина. Он не задавал себе подобного вопроса, ни когда купил робота последнего поколения, программирующего сны, ни когда принял решение написать статью о новых невероятных шоу.

– А все остальные понятия, такие, как любовь, измена, дружба имеют строгие рамки, подчиняются законам?, – Иона покрутил в руках бокал, его захлестнули мысли, прежде посещавшие его, но так и оставшиеся неоформленными, не облеченными в словесную оболочку, он говорил громко, совсем, как Амина,

– Я обозвала счастье категорией, чтобы говорить с тобой на одном языке, тебе же всегда хочется упорядочить, классифицировать любое событие. Я же помню твои статьи. О

98

чем бы ты ни писал, ты обязательно будешь ссылаться на какой-нибудь аналогичный случай в истории. Мне кажется, ты боишься, что мысль твоя будет выглядеть слишком легковесной, без ссылки на авторитет, – Амина подперла кулачком щеку и неотрывно смотрела на Иону

– Не тебе об этом говорить. Твои материалы так и пестрят цитатами и именами. Не будем пререкаться, – Иона вздохнул. – Я попробую объяснить свои представления, не ссылаясь на авторитеты, как ты сейчас заявила. Постараюсь быть кратким и понятным

– Конечно, чтобы я что-то поняла, надо объяснять попроще, – Амина не удержалась от реплики

– Возьми, к примеру, два, нет, даже три понятия: время, свобода, деньги. Ты когда-нибудь думала о том, что на графике координат у категории времени нет отрицательной функции, только положительная. Чтобы ни говорили и не придумывали про машину времени, все это бредни: время движется только вперед и никогда, слышишь, никогда не возвращается назад. То есть время всегда со знаком плюс. Смешно, правда? Положительная функция вроде хорошо, ну, как положительный человек, – Иона покачал головой, вздохнул, – а в случае со временем не так, чтобы очень. Хочется иногда вернуться и сделать иначе, исправить что ли.

Амина засмеялась:

– Также как и с положительными людьми. Иногда они бывают ужас какими нудными. Со временем мы разобрались. Что и говорить, изящно у тебе получилось. А два других понятия, всегда привлекавшие людей: свобода и деньги? Какое ты к ним применишь правило, выстроишь график, интересно. Удивительно как мужчины любят находить причины и следствия. Им кажется, что если они все объяснят, уложат в схему, то некоторым образом смогут управлять ситуацией.

– А что разве не так? По крайней мере, нет такого сумбура и метаний, как у вас, у женщин. Никогда не знаешь, что может выкинуть любая из вас, даже самая благоразумная. Мы отвлеклись, – Иона, заметив вытянувшуюся шею сидевшего рядом за столиком мужчины, понизил голос. – Свобода и деньги. Тут мы имеем дело с изменяющейся пропорцией. Совершенно очевидная прямая пропорциональная

99

зависимость на глазах у изумленной публики превращается в обратно пропорциональную.

– Это как? – в глазах у Амины читался неподдельный интерес

– А так. Сначала все ясно: чем больше денег, тем больше свободы. Правильно? Прямая пропорциональная зависимость. И вдруг – бац! На определенном уровне, все наоборот – еще больше денег и все меньше свободы! Вот так! Думаешь, что обманул богов! Не тут-то было, обманулся сам, опять попал в сети грез! Видишь, я не могу избавиться от своей навязчивой идеи.

– Если продолжить твои размышления, то, вероятно, эта зависимость на очень высоком уровне денежной массы опять станет прямой?

– Может быть, может быть...

– А что касается счастья, ты только подтвердил мое представление о счастье, как о чем–то, не поддающемся определению. Счастье, как отпечатки пальцев, неповторимо. Пусть умники твердят, что есть составляющие ингредиенты рецепта для приготовления счастья: немного любви, много здоровья и денег и, пожалуй, все, рецепт готов. Это не так. Я знаю по себе, –Амина залпом допила бокал и закашлялась.

– Знаешь по себе? – Иона остановил свой взгляд на Амине, будто впервые увидев ее. – Ты не расскажешь случаем о своем представлении счастья? Интересно, что думает такая независимая, эмансипированная особа, как ты, Амина

– Тебе в самом деле интересно? – Амина повернула голову, сняла очки

– А почему ты вдруг засомневалась? – Иона с удивлением обнаружил, что у Амины какие-то беззащитные глаза, совершенно не соответствующие ее облику успешной деловой женщины.

– Уже давно мне казалось, что тебя ничто не интересует, кроме твоих ощущений и, вообще, твоей уникальной, неповторимой личности. Твои статьи и снимки очень профессиональны, спору нет. Но в последнее время у меня появилось чувство, что ты любуешься своим умением. Твои снимки, к примеру. Мне хотелось тебе сказать, но как-то не решалась. Слишком большой профессионализм заслоняет реальность, – Амина запнулась, пытаясь яснее высказаться, – правду, что ли. Когда ты умело выбираешь ракурс, чтобы снять истощенного голодного ребенка, то иногда те, кто смотрит на фото, прежде всего видят классного фотографа, а потом уже голодного ребенка, и то, не все. Ты понимаешь, что я имею в виду? — она доброжелательно смотрела на Иону.

Иона вспылил. Ему хотелось наговорить в ответ много всего такого, что он замечал уже давно, и не высказывал в отношении Амины. Не из-за чрезмерной деликатности, а из-за лени, не хотелось вступать в полемику, и в целом было плевать, какие там у нее недостатки. Амина почувствовала, напряглась:

— Извини, если я наговорила лишнего. Это по дружбе. Я надеюсь, не слишком обидела тебя.

Иона через силу улыбнулся:

— А себе ты представляешься совершенно идеальной. Ты точно знаешь, где та неуловимая грань между профессионализмом и дилетантством, необходимая и в жизни, и в профессии? Да? Ты такая вся из себя разумная? Поэтому занимаешься черт знает чем! Критикой несчастных, попавших тебе на крючок графоманских опусов. Не помню, чья это цитата, но она совершенно созвучна с моими представлениями о критике. Человека, занимающегося разбором чужого труда, можно сравнить с евнухом. Он точно знает, что и как, но, увы, знание его сугубо теоретическое. В практике, как ты понимаешь, он не силен. Может быть, я, как и все, кто что-то делает или пытается сделать, не совершенен. Но ты, ты...

Амина вскочила с места. Щеки ее пылали, глаза сверкали. Она походила на фурию:

— Ты сказал, что хотел. Я поняла тебя! Стерильна! Не способна ни на что! Посмотрим, Иона!, — Амина случайно задела и опрокинула бокал, залив скатерть и свою юбку, и, звеня браслетами громче обычного, стремительно выбежала из бара.

Иона еще некоторое время сидел в оцепенении. Голоса вокруг него зазвучали с новой силой. Нельзя сказать, что Амина открыла для него Америку, заявив, что круг его интересов сузился до предела, а точнее, ограничился лишь его собственной драгоценной особой. Он прекрасно знал и не раз убеждался, что самой волнующей темой могут быть лишь события, имеющие непосредственное отношение к нему самому. Наверное, Амина и в самом деле не хотела его обидеть. Ну зачем она переходит на личности? С женщинами всегда одно и тоже. Нет у них абстрактного мышления. Слишком приземлены. И потом. Он, Иона, не собирался оправдываться или извиняться. Такой вот он замечательный профессионал и себялюбец! Вероятно, в течение ближайшего месяца, а может и двух, он устроит себе пиршество для души: будет спать большую часть времени и грезить. Попробует чередовать заказанные сны с настоящими. Одну ночь сон заказной для удовольствия, без чрезмерных импровизаций, другую ночь он решил оставить на волю провидения. Ему показалось интересным понаблюдать, насколько реальные сны будут отличаться от его грез.

****

Вернувшись домой, Иона первым делом позвонил в редакцию Захарии. Отчаявшись получить ответ, Иона вдруг услышал в трубке знакомый, чуть хрипловатый голос зам редактора

– Слушаю.
– Это Иона, я не буду писать статью, я хочу взять отпуск и прошу Вас, Захария, не отказывать мне! Отпустите меня.
– Послушайте, Иона, вы удивляете меня, но я не хочу терять такого работника, и мне не остается ничего другого, как согласиться. Считайте, что вы в отпуске, и он у вас закончится, когда вы соизволите объявиться, –Захария в сердцах бросил трубку.

Иона отключил телефон, не желая отвлекаться на внешний мир. Поговорил с Кассиопеей, желая еще раз убедиться в том, что она не будет капризничать, а точно выполнит его заказ. Голос Кассиопеи утратил появившиеся оттенки человеческих эмоций. Иона успокоился. Он уверился в том, что все будет именно так, как он захочет. Перед сном Иона залез в горячую ванну, в которую насыпал ароматической соли. Совершенно подготовившись для встречи со своей сильфидой, он растянулся на огромной кровати, и включил Кассиопею.

Девушка возникла из мерцающего тумана, точно такая же, какую он видел в галерее. Она делала движения, немыслимые для живой женщины. Она изгибалась, как резиновая, во все стороны, с чарующей улыбкой на устах. Она взмывала ввысь и приземлялась с каждом разом все ближе к Ионе. Очередной взлет –и вот она приземляется в объятьях Ионы. Он крепко сжимает воздушное, невесомое тело, наклоняется, чтобы поцеловать нежные губки, и вдруг с ужасом обнаруживает, что его прелестница всего-навсего каучуковая разновидность Кассиопеи. Те же безжизненные глаза и грубые черты. Женщина раскрывает рот, и Иона обречено слышит знакомый и неприятный голос робота:

– Слушаюсь господин.

Иона разлепил веки. За окном чернильная темнота и луч прожектора, установленного прямо посреди небольшой площади. Раньше на месте прожектора был цветник, и стояло большое развесистое дерево, оживляя сугубо городской пейзаж. Последний градоначальник выступал против архитектурных излишеств, в том числе и против ненужных, по его мнению, украшений в виде цветников и деревьев. Все должно быть рационально. Цветник заасфальтировали. Дерево срубили, а на его месте водрузили прожектор, как можно более подходящий урбанистскому стилю площади. Иона первое время скучал по дереву. А потом привык: голая площадь с уродливым столбом прожектора не отвлекала его от работы, а позднее, когда и работа перестала его интересовать, от волнующих грез.

Кассиопея деловито жужжала и вдруг совершенно ясно произнесла:

– Зря проснулся.

Иона изумленно воззрился на Кассиопею. Он не верил своим ушам. Какой-то робот, пусть даже последнего поколения, будет давать ему советы? Учить жить? Как дошел он до жизни такой? Он, Иона, всегда сторонившийся всякого рода советчиков, которых он терпеть не мог. Он и сам почти никогда не давал советов. Считал это пустым делом.

– Не слышишь, господин? Зря проснулся. Я тебя немного знаю, тебе бы понравилось!

Иона рывком поднялся, подскочил к машине и грубо выдернул шнур из розетки. Заглянул в подсобку. Вытащил оттуда большой картонный ящик и запихнул в него недвижное тело Кассиопеи. С нетерпением дождался утра. Вызвать такси, чтобы отвезти взбунтовавшегося робота в фирму, где он в свое время ее купил, оказалось проще, чем он себе воображал.

Ионе повезло: таксист оказался молчуном. За время пути Иона с горечью вспомнил, какие радужные надежды переполняли его, когда он только купил робота. Кто мог знать, что машина окажется с дефектом? С ним всегда случаются казусы. Всегда. Также и с женщинами. То, что у других получается играючи, у него всегда заканчивается крахом. Последнее подтверждение тому –Амина. Слабак! Вот где собака зарыта! Он слаб, он всегда уступит. Это чувствуют все, даже проклятая машина! Иона в сердцах пнул безответную груду железа.

В фирме маленький человек в толстых очках оценивающим взглядом окинул Иону. Долгое время работы в фирме превратили посредственного программиста в отличнейшего психолога. Общаясь с клиентами каждый день, человечек произвел их классификацию и с первого взгляда мог определить, к какому подвиду относится тот или иной клиент. Нужно ли при встрече с ним мгновенно выполнять поручение клиента, исправлять дефекты, писать для него новую замысловатую программу, либо можно отмахнуться от него, как от назойливой мухи. Можно позволить себе зевнуть, похлопать бедолагу по плечу, рассказать непристойный анекдот, отправить его восвояси и посоветовать прийти завтра. Этот подвид клиентов можно кормить «завтраками», т.е. обещать сделать все завтра, в течение года. И ничего. А потом, когда срок гарантии истечет, можно на этого клиента вообще не обращать внимания, как на неодушевленный предмет. Это сойдет с рук. Иона после визуальной оценки занял место во второй категории клиентов. Человечек зевнул, похлопал Иону по плечу и дружелюбно произнес:

– Приходите завтра.

Иона презрительно посмотрел на человечка сверху вниз, еще раз пнул коробку и прорычал:

– Подавись.

Выходя, Иона хлопнул дверью так, что посыпалась штукатурка, и проснулись сотрудники, мирно дремавшие после недавнего обеда. Человечек потер лоб в задумчивости: пора было вносить коррективы в классификацию клиентов.

****

В душе у Ионы бушевал пожар. Не получалось у него укрыться в башне из слоновой кости и оттуда сверху взирать на жизнь суетливых несовершенных людишек. За что бы они, то есть люди, не брались, они должны довести идею до абсурда. Ионе так хотелось, хоть на непродолжительное время, отвлечься от людского сообщества, не участвовать в бурной деятельности, которая всегда казалась ему бессмысленной, а теперь даже вредоносной. Он кружил в узких улочках, паутиной окутавших все подступы к редакции. Его одолевали странные мысли. Он вспомнил, скольких никчемных людей он встретил за время своей журналисткой карьеры. Наркоманов, алкоголиков, сектантов. Ему пришло в голову, что у него с ними очень много общего. Так же, как и он, эти люди, вероятно, страдали от всего, что происходит на Земле, и таким образом защищали свое «я». Берегли свое духовное пространство.

Жили или старались жить в «веселом, добром» мире. И в кого эти несчастные вырождались? В идиотов, неспособных позаботиться о себе. Неужели и его ждет та же участь?! Незаметно для себя Иона подошел к дверям редакции, помедлил и все-таки решился. Поднимаясь по ступенькам старой щербатой лестницы, он думал о том, как встретит его Захария. Несмотря на то, что в этот день не было редакционного совета, комната была набита людьми. Иона с удивлением смотрел на незнакомцев, размахивавших руками и что-то оживленно обсуждавших. Захария сидел на своем месте, обхватив голову руками. Он как будто не участвовал в бурном обсуждении. Приход Ионы остался незамеченным. Он тихонько прошел в дальний угол и сел на свободный стул.

– Что вы предлагаете? Сидеть вот так и ждать, когда нам объявят, что нашу коллегу взяли в заложники! Или предъявят ультиматум. Вспомните несчастного британца, которого казнили перед камерами. Как он умолял своего премьер министра. И что? Каков результат? Вы предложите ждать? Я ничего другого от вас не жду. Я знаю, сейчас вы начнете говорить о международной обстановке, о том, что нельзя действовать необдуманно, что мы не дети и нужны взвешенные решения. Я прав?, – Высокий плотный человек с длинными волосами, картинно разбросанными по плечам, сардонически засмеялся и громко повторил, – Я прав?

– А вот и нет. Я предлагаю, прямо здесь и прямо сейчас создать мобильную группу, в которую войдут решительные, смелые, проверенные люди. Конечно, мы поставим в известность компетентные органы, а потом, заручившись их согласием, отправимся на поиски Амины, – темнокожий молодой человек с энтузиазмом стукнул по столу, жестом подчеркнув свою решимость.

Проснулся безучастный Захария

– Как вы сказали? Я прослушал. Куда и кого мы поставим?

– В известность компетентные органы, – на смуглых щеках молодого человека заиграл румянец.

– Ааааааа, – разочарованно протянул Захария, – ну, тогда, конечно, что и говорить, тогда, конечно, никто никуда не поедет.

Иона внимательно слушавший спорящих, встрепенулся, услышав знакомое имя.

– Извините, а о чем, собственно речь? Кого спасаем?, – он вопросительно посмотрел на Захарию.

– Ах, да, ты же не в курсе. Спасаем, а в основном только говорим, как всегда, что спасаем, Амину, – Захария кивнул в сторону присутствующих, – видишь, сколько набралось защитников и спасателей.

– Не понимаю вашей иронии, – длинноволосый человек покачал головой. –Вы же видите, что мы оставили свои дела, и пришли сюда, чтобы попробовать помочь.

– Да, извините, – смутился Захария, – вы правы.

– Так что же случилось с Аминой? Кто-нибудь расскажет мне в конце концов.

Собрание заскучало. Ажиотаж спал и уже мало кто верил, что бурное обсуждение закончится результатом. Присутствующие, под различными предлогами, спешно покидали редакцию.

Захария поднял голову, обречено посмотрел на Иону, покачал головой:

– Ты все спишь, грезишь наяву. А Амина, Амина захотела действий. Захотела что-то изменить в мире, в нашей действительности. Она настояла на этой поездке. Заставила меня связаться с одной из неправительственных организаций и отправилась сражаться с ветряными мельницами.

– Куда? – Иона приготовился к тому, что ему придется клещами тащить информацию из Захарии.

– Она уехала в Камерун. Ты же давно не интересуешься политикой. В Камеруне американцы проводят тесты, чтобы получить новое лекарство от СПИДА на группах риска, в основном на проститутках. Ты же понимаешь, не маленький, что такие испытания можно проводить где-нибудь в банановых государствах. Эти несчастные женщины в основном неграмотны. Когда я услышал о методике тестов, тоже возмутился, но не в такой степени, как Амина. До Амины мне далеко! Да.... Двум группам подопытных женщин раздают новое испытываемое лекарство. Первой группе - лекарство способное защитить от заражения болезнью, как бы, как бы... Это как раз и выясняют: панацея это лекарство от СПИДа или нет; а второй группе раздают плацебо, то есть пустые пилюльки. Говорят женщинам в обоих случаях, что это лекарство, и они могут не пользоваться презервативами, потому что итак не заболеют. Понял? А потом через определенное время, достаточное для того, чтобы заразиться, сравнят результаты обеих контрольных групп. На обезьянках такие опыты обошлись бы дороже. Представь себе, сколько будет стоить каждая обезьяна. Вот, в общих чертах.

Иона внимательно слушал. Богатое воображение и профессия фотографа услужливо нарисовали правдоподобные картинки: медперсонал в стерильных одеждах и колоритную толпу женщин, рвущих из рук чудо лекарство, которое позволит им не думать о скором конце. И самое главное, американцы раздают это средство совершенно бесплатно, как когда-то миссионеры, также даром спасали их заблудшие души. Иона, недавно бросивший курить, невольно потянулся к сигаретам, лежавшим на столе:

– А, Амина, надо думать, предполагает просветить камерунских жриц любви и объяснить, какого рода благотворительностью занимаются американцы?

– Да, да, именно так. Ты не представляешь себе, как долго я ее отговаривал. Ты знаешь Амину. Когда она вобьет себе в голову идею, ее невозможно переубедить. Она вся кипела, бурлила возмущением. Я говорил ей о том, что это бесполезно. Эти женщины умерли бы в ближайшее время и безо всякой заботы со стороны американцев. А как знать, чем черт не шутит, они могут найти лекарство, и тогда, представь себе, какое сотворят чудо. Все человечество будет у них в долгу, у американцев. А женщинам поставят памятник, как собаке Павлова. Был такой русский физиолог. Он проводил опыты на собаках. Одной из них за заслуги перед наукой поставили памятник.

– Что ты мне все время русских в пример ставишь: то «Палату №6» Чехова, то теперь Павлова? – возмутился Иона, искавший повод сорвать свое раздражение

– Ты что забыл, что я русский еврей, а значит, имею к ним, можно сказать, непосредственное отношение. А «Палату №6» Чехова ты сам поминал. И что ты орешь на меня? Если злишься на весь белый свет, совсем не обязательно срывать злость на мне.

– Извини, но ты не досказал, что случилось с Аминой.

– То, что должно было случиться. Она доехала до места, пришла в эту чертову лабораторию и через неделю исчезла. А теперь ищем ее, вернее собираемся искать.

Иона встал.

– Я поеду ее искать, один или с кем-нибудь. Мне все равно. Я могу ехать прямо сейчас.

Захария устало пожал плечами.

– Как хочешь. Возьми себе в попутчики Османа, нашего темнокожего друга, он знаком с местными традициями. Я думаю, он согласиться составить тебе компанию.

****

В ночь перед отлетом Иона видел сумбурные сны. Ему приснилось, что Кассиопея гонится за Аминой. Затем к роботу присоединилась восточная танцовщица, и обе они преследуют Амину, чтобы убить ее. А он, Иона, совершенно бессилен. Он кричит, пытаясь предупредить Амину о грозящей ей опасности, но крик остается беззвучным, как в немом кино. Проснулся он в холодном поту с пересохшим горлом.

В Камеруне все шло своим чередом. Тесты на женщинах продолжались. Об Амине не слышали не только американцы, но никто из местных испытуемых не откликнулся на просьбу Ионы рассказать об Амине. Амина затерялась в незнакомой стране, и никого не интересовала судьба женщины, прибывшей из благополучной Европы. Люди, привыкшие к смерти, как к соседке, живущей в соседней лачуге, а еще более привыкшие к невообразимым, невыносимым условиям жизни равнодушно взирали на деятельных Иону и Османа, так же, вероятно, как и на Амину. Поиски Амины продолжались целый год. Ионе удалось наконец войти в доверие к местной целительнице, конкуренту западных медиков. Она под большим секретом назвала имена и, самое главное, местонахождение людей, захвативших Амину, потребовав прежде поклясться на странном засушенном тарантуле, тотеме целительницы, что Иона под пытками не выдаст ее этим людям. В обмен на ценную информацию Иона отдал целительнице половину лекарств, которые он привез с собой.

В момент, когда Иона и Осман договорились о встрече с шефом группы, приехали эмиссары из Европы, чуть было не испортившие наладившийся диалог. С трудом выпроводив незадачливых дипломатов, Иона вновь вернулся к кропотливой работе по наведению мостов, увенчавшейся успехом. После изнурительных переговоров, когда создавалось впечатление, что говорят два глухонемых, у которых язык жестов отличен один от другого и никакие другие средства общения им недоступны, наметился прорыв. Удача, как всегда, пришла, облекшись в одежды случая. Осман, везде сопровождавший Иону, но предпочитавший говорить как можно меньше, помня о своем неуемном темпераменте, случайно расстегнул рубашку, совершенно задохнувшись в закрытом помещении. Главарь группировки увидел у него на груди медальон древнего африканского племени, почти исчезнувшего с лица земли. Выяснив, что Осман является чудесным образом оставшимся в живых потомком одного из вождей племени, главарь долго выражал свою радость по этому поводу, а затем согласился отпустить заложницу за половину запрашиваемого выкупа.

На вопрос Ионы, почему Амину так тщательно прятали и не шли на контакт, главарь ответил, что в таком деле нужна предельная осторожность. Никаких политических требований и прочей ерунды, которой обычно прикрывают одно волнующее всех и каждого требование: денег, как можно больше денег в обмен на жизнь и свободу заложника. Почему такая секретность? Чтобы твою добычу не перехватил кто-нибудь другой. Долгое время не соглашались на встречу? Необходимо время, чтобы поднять цену. Ему, главарю удалось и то, и другое, к тому же посчастливилось увидеть живого потомка угасшего племени, Османа.

Перед встречей с Аминой, Иона вспоминал перипетии этого сумасшедшего года, поставившего с ног на голову многие из прежних представлений Ионы о добре и зле. Он вспомнил о своей последней встрече с Аминой, как он обидел ее. Почти воочию увидел яркую, эксцентричную, уверенную в себе женщину, успешно скрывающую ранимую душу. Какой она окажется завтра? Будет ли она и дальше пытаться спрятать под бравадой все перенесенные ужасы или вдруг окажется, что она сломлена обстоятельствами, и он увидит запуганную неузнаваемую Амину, боящуюся собственной тени. Никогда раньше Иона не испытывал подобного нетерпения и одновременно страха. Он очень ждал и очень боялся встречи с Аминой.

Когда машина с затемненными стеклами подъехала к назначенному месту, Иона почувствовал озноб, охвативший его, несмотря на сорокоградусную жару. Из машины выскочили два охранника, и только потом выскользнула женщина. Иона, как и было обговорено, передал кейс с деньгами главарю, чья физиономия озарилась зубастой улыбкой, и поспешно усадил Амину в джип. Осман рванул машину, завизжав тормозами, не веря в искренность камерунца. Только отъехав на приличное расстояние и убедившись в том, что за ними нет погони, люди, сидевшие в машине, решились заговорить. Иона с первой минуты, не отрывавший взгляда от Амины, услышал ее низкий голос:

– Что, друг, не узнаешь?

Иона не сразу ответил, ком, стоявший в горле, разлился рыданиями. Он прижал к себе тоненькую истощенную фигурку, погладил седую прядь, спускавшуюся на глаза:

– Узнаю, я тебе только сейчас по-настоящему узнал.

Вернувшись в Европу, Иона и Амина погрузились в привычную для них среду, но через несколько лет, подзабыв все перенесенные ужасы, вновь отправились в Африку на помощь обиженным и обездоленным, правда, на этот раз они были вдвоем.

Все на продажу

Замкнутое пространство всегда вызывало у нее желание убежать, вырваться на волю. По иронии судьбы женщина всю жизнь жила в городе, становившемся с каждым годом все населеннее; в доме, взятым в кольцо новыми высотками. Привыкшая к городскому шуму, она мечтала о тишине, прозрачном воздухе, покое. Элина была достаточно умна, чтобы понимать, что если бы вдруг случилось невероятное и ей пришлось жить по- другому: окруженной горами, пить из прозрачных родников и слушать песни птиц, то, скорее всего, она стала бы тосковать об утраченном. Ей захотелось бы в город, где теснота, духота, все спешат. Ее противоречивая натура требовала постоянной деятельности. Женщина время от времени ставила перед собой грандиозные задачи. Ей удавалось осуществлять свои самые амбициозные замыслы. Другое дело, что с блеском исполнив свой очередной фантастический проект, она вдруг обнаруживала, что потеряла всякий интерес к своему занятию.

Последнее ее увлечение - сетевой маркетинг. Она достигла вершины пирамиды, стала называться бриллиантовым менеджером и остыла. Произошло это внезапно. В конце каждого месяца Элина затевала генеральную уборку своей двухкомнатной квартиры, где жила одна. Нанимала поденщицу. Сама не сидела сложа руки, а трудилась почти с той же отдачей, что и ее уборщица. Вывалив из шкафа, который она собиралась протереть изнутри, гору косметики, она села на пол и стала рассматривать каждый флакон, каждый тюбик с кремом, вспоминая все слова, сказанные ей клиентам. « Ну, что вы милая, как вы могли подумать, что я не знаю состава этого крема! Во- первых вы можете все узнать из нашего проспекта. И потом я могу вам привести очень много примеров, когда женщина стала выглядеть на двадцать лет моложе после употребления наших кремов.» Собеседницы, как завороженные слушали ее и почти всегда закупали все, что она считала возможным предложить им. Психолог по профессии, Элина могла определить толщину кошелька ее потенциальной клиентки, и ошибалась очень редко. Один раз с ней случился конфуз. Клиентка, женщина, вероятно лишь немного моложе бриллиантового менеджера ехидно спросила:

– А хотите, я угадаю сколько вам лет?

Элина приняла столь откровенно брошенный вызов:

– Хочу, - прозвучало агрессивно

– По внешним признакам Вы старше меня лет на пять, то есть вам сорок лет и если вы пользовались своим омолаживающим кремом, то вам, вероятно, все шестьдесят. Вы же уверяете, что ваша косметика омолаживает на 20 лет. Я угадала, вам шестьдесят лет?

Менеджер онемела от наглости клиентки.

На полу вперемежку валялись чудодейственные, как уверял рекламный проспект, кремы, лосьоны, муссы, гели, пасты, а рядом еще одна гора декоративной косметики, способной превратить любую Бабу ягу в прекрасную принцессу, если верить тому же проспекту. Уборщица застыла, увидев с каким пренебрежением, Элина сгребала все добро в большой ящик. Заметив огонь желания в глазах работницы, Элина придвинула к ней громадный ящик:

– Выбери себе все, что понравится, не стесняйся, можешь забрать хоть половину содержимого ящика.

Женщина вытерла руки о передник, придвинула к себе ящик, словно в нем находились сокровища Трои, и бережно вынимая каждый тюбик, откладывала его в сторону. Элина угадала состояние нирваны своей уборщицы и, окинув взглядом невыполненную работу, решилась:

– Забирай все! Так ты никогда не закончишь полы!

Уборщица очнулась, просияла и энергично принялась за полы.

Поступок бриллиантового менеджера не вписывался в линию стратегии косметической фирмы. Руководство компании не могло представить в дурном сне, что их менеджер так пренебрежительно отнеслась к драгоценной продукции. Правда, срок использования продукции подходил к концу и ее отдавали сотрудникам в качестве премии за доблестный труд, и все же... Всему есть предел! Вместе с

111

подаренной косметикой ушел азарт, желание во чтобы то ни стало продать товар. Через месяц Элина ушла из компании, разругавшись с руководством и сказав напоследок все, что она думает о косметике, которую продавала несколько лет, о методах компании, обо всем, о чем молчала до сих пор. Речь получилась короткой, но очень убедительной. Все пути отрезаны, обратной дороги нет. Элина не долго предавалась грусти, ее натура требовало активной деятельности.

***

Новая ее работа будет обязательно интересной, ответственной и не связанной с продажей. Почему бы не вспомнить о своей профессии. Тем более, что профессия Эллины – психолог соответствовала требованиям дня. Конечно, придется немного вспомнить, почитать литературу. Нужно начать с малого. Предложить свои услуги какому-нибудь женскому элитному клубу, где есть фитнес, аэробика, массаж. А почему бы им не открыть кабинет профессионального психолога, куда женщины смогут прийти со своими проблемами. В том, что у женщин, посещающих фитнес клубы есть проблемы, она не сомневалась. Первый же клуб принял психолога с распростертыми объятиями. Все складывалось замечательно. Договорилась с хозяйкой о помещении. Элина рассказала, как она хочет обставить кабинет. Занавеси, цветы, кушетка, где расслабленная клиентка станет рассказывать ей о загубленной жизни, о тяжелых проблемах, о муже, потерявшем к ней всякий интерес лет двадцать назад и как она, Элина поможет женщинам обрести душевное равновесие и гармонию в семейной жизни. Тем, кто еще не достиг своей мечты, она посоветует, как лучше можно получить не какую-нибудь синицу, а далекого журавля в небе.

На первых порах все происходило именно так, как задумала Элина. Советы она старалась давать осторожные, чтобы не вызвать бурных реакций. Если сравнить ее деятельность с врачом, то она предпочитала консервативное лечение хирургическому вмешательству. Почти все клиентки страдали своего рода хроническими проблемами, когда ситуацию коренным образом изменить невозможно, можно лишь облегчить привычные страдания. В самом деле, что может сделать женщина, целиком и полностью, зависящая от богатого мужа. Развестись на радость молодой любовнице? «Ни за что! Только через мой труп!», - стандартный ответ законной супруги. А что нового могла предложить Элина в такой ситуации? Все то, что уже испробовали многие жены. Шопинг, путешествия, клубы, а иногда молодых любовников, правда, тут нужно быть очень осторожной. Ее квалификация позволяла ей жонглировать терминами: гендерные проблемы, сублимация, катарсис…

Если встревоженная клиентка не совсем понимала, что стоит за частоколом умных слов, Элина объясняла все на примерах, и тогда у женщины складывалось впечатление, что все, что предлагает умный доктор и есть последние достижения научной мысли. К тому же Элина убедилась, что дамы ждут от нее именно такого рода советов. Она наладила отношения с определенными турагенствами, бутиками и даже молодыми людьми, готовыми оказывать чрезмерные знаки внимание дамам, способным это должным образом оценить. Элина процветала, а вместе с ней и клуб. Хозяйка клуба, самая первая клиентка Элины, приобрела статус самой близкой подруги.

Жизнь Элины вполне могла бы стать материалом для рекламного ролика на тему, как стать успешной женщиной. Ее обожали все вокруг, начиная от обслуживающего персонала, и кончая самыми богатыми клиентками и что удивительно их мужьями. Вот с одним из мужей и случалось казус. Муж, ставший причиной грандиозного скандала оказался мужем хозяйки клуба. В первый раз он заехал за женой и только кивнул Элине в ответ на ее «здравствуйте». Уже потом, после того, как они стали любовниками, он признался, что обратил на нее внимание, только потому, что его жена все время повторяла: «Эта Элина может делать деньги из воздуха! Знаешь, какая она способная! На пустом месте столько нагородит, наговорит, что даже самый большой скряга раскошелится и будет умолять ее взять его деньги». Вот так он обратил на нее внимание. Не потому, что она молода, красива, соблазнительна, талантлива, вовсе нет, она такая же или почти такая же, как его жена. Просто жена обязана ему всем, а Элина – нет!

Любовная связь обнаружилась довольно скоро. У хозяйки оказалась разветвленная сеть секретных агентов, о которых не подозревали ни муж, ни Элина. Элина заговаривающая зубы, как цыганка, читающая судьбу по линиям ладони, на этот раз просчиталась. Пришлось уйти из уютного кабинета. Она могла прихватить с собой богатого мужа хозяйки, он вполне склонялся к такому решению. Но, представив себе, сколько усилий придется прикладывать, чтобы удержать завоеванное сокровище подле себя,

Элина отпустила его с миром к супруге. Соломоново решение, позволившее ей обойтись без кровного врага в лице вчерашней подруги. Подруга была рассержена, но все же до кровопролитных боев дело не дошло, учитывая сложившуюся обстановку и вернувшегося послушного и раскаявшегося мужа.

***

Следующим этапом в бурной жизни Элины оказалось агентство по недвижимости. Город буйно развивался и все, кто чутко реагировал на рынок, ринулись в недвижимость. Люди с большими деньгами туманного происхождения с удовольствием вкладывали средства в строительство многоэтажных монстров. Самые крупные владельцы строек, походили на рыбин, плавающих на большой глубине, и очень редко всплывающих на поверхность. В видимой зоне обретались исполнители, рьяно выполняющие волю хозяев, однако не забывающие о собственных интересах. Вот и получалось, что проект средней стандартной башни, достаточной солидной на чертеже, в жизни превращался в барак, только поставленный не горизонтально, а вертикально. Сдавался барак в эксплуатацию «под маяк», а это значило, что люди за свои кровные денежки получали лишь стены сомнительного качества, грозящие обрушится при любом природном катаклизме, совсем не обязательно землетрясении, тайфуне или наводнении, при сильном ветре, также могло произойти обрушение хлипких конструкций.

Для того, чтобы продавать такие шедевры архитектурного искусства и требовалось искусство другого рода, а именно искусство убеждать клиента в том, что тот абстрактный кошмар, что он видит собственными глазами и есть мечта всей его жизни. Элина стала маклером по недвижимости, специализирующимся на новостройках. Для начала она написала себе вступительную речь, как она обозвала ее «инаугурационную». Речь подходила под все случаи. В ней она четко обозначила преимущества нового жилья перед старым, ветхим, отжившим свой срок. Отметила просторные комнаты, большую площадь кухни, санузла. Ей удалось превратить голые стены, совсем, как когда-то голого короля из сказки Андерсена, в прекрасное жилье, где человек волен проявить свою фантазию, затратив немного дополнительных средств, в зависимости от своих возможностей и создать практическими собственными руками квартиру – идеал.

Она не скупилась на примеры, рассказывая о том, как оформили свои жилища известные люди: певцы, политики, бизнесмены. Спальню в стиле Людовика XIV, кабинет в стиле

Вольтера и бальную залу, как в усадьбе графа Шереметьева. Тут она делала эффектную паузу и перед затуманенным взором клиента возникали грезы, соответствующие его уровню образования и воспитания. Крутым бизнесменам чудились персидские ковры и оружие на стенах, дамам среднего возраста не вылезающим из салонов красоты, виделись будуары маркизы Помпадур, молодым отпрыскам богатых родичей - интерьер в стиле минимализма с железными стульями, кривыми шкафами и супер аппаратурой. И все чудеса, так красочно, описываемые Элиной могли стать реальностью. Дело оставалось за малым, нужно было платить. И платили! Произнесенная с должным пафосом речь Элины действовала безотказно. На следующем этапе возникали некоторые сложности, не обходилось без ложки дегтя. Квартиры в домах продавались с момента закладки фундамента. Естественно, что сроки сдачи квартир менялись, менялся также быстро, как и времена года, вид из окна. Если в начале клиенту обещали прекрасный вид на город и на Бакинскую бухту, то к концу строительства могло оказаться, что из окна своей новой, любовно отремонтированной квартиры, он может увидеть лишь окно соседа, из новостройки, выросшей на расстоянии вытянутой руки от здания клиента.

Тут нужно было действовать по обстоятельствам. Учитывать психологические особенности типажей и соответственно разрабатывать ту или иную легенду. Одних нужно было уверить, что квартиры в соседнем доме скупили наши самые богатые эмигранты, предполагающие жить на родине несколько месяцев в году, и намекнуть на то, какую выгоду можно извлечь от столь приятного соседства. Других нужно было убедить в том, что в соседнем доме будут проживать самые влиятельные чиновники из силовых структур и поэтому обычных проблем с водой, электричеством, газом и вообще никаких проблем не будет. Однажды особенно надоедливому клиенту, она заметила, что очень удобно иметь рядом чужой балкон, куда в случае опасности можно прыгнуть, не особенно рискуя жизнью. Что она подразумевает под опасностью, Элина не уточнила, а клиент не спросил, вспомнив о своей непростой работе доверенного лица одного из самых влиятельных политиков. Новостроек с каждым днем становилось все больше, а желающих в них поселиться все меньше и однажды Элина обнаружила, что за прошедший месяц своей бурной, как всегда деятельности она не заработала ни маната.

Такое положение вещей сложилось из-за наступившего мирового кризиса в экономике. Терпели фиаско акулы финансового

115

мира: банкиры, биржевики. Грешно было жаловаться на жизнь на фоне всеобщей финансовой катастрофы. Даже ее сосед по лестничной площадке, сапожник Джамал и тот поинтересовался у Элины, признавая за ней несомненные деловые качества: « Как вы думаете, Элла ханум, может, стоит взять деньги из банка, а то вдруг пропадут?»

Элина с уважением посмотрела на сапожника, имеющего счет в банке.

« Не знаю, что и посоветовать вам, я в таком же положении, как и вы!» В ожидании лучших времен, женщина переключилась на вторичный рынок жилья, а именно на старые постройки, ставшие вдруг привлекательными для клиентов. Здесь имелись свои прелести. Она быстро выучила все возможные и воображаемые положительные стороны старого жилья. Впрочем, это было не особенно сложно. Элина взяла свою первую речь, посвященную новостройкам и переписала ее почти по-арабски, то есть справа на налево. Все недостатки, которые она перечисляла, сравнивая новое жилье со старым, стали достоинствами. Ветхие, отжившие свой век постройки превратились в солидные дома с прочным фундаментом и толстыми стенами, выдержавшими землетрясения и наводнения. Маленькая квадратура стала большим подспорьем для хозяйки, которой не нужно убирать громадные площади. Если учесть экологическое состояние города и необходимость мыть и драить квартиру самое меньшее раз в день, то небольшая площадь – это просто подарок настоящей хозяйке. Элина позаботилась и о том, как лучше обустроить старые квартиры. Не забыла про встроенные шкафы–купе, совмещенную столовую–кухню со стильной барной стойкой, разделяющей пространство столовой от кухни. В спальне обязательные двухэтажные кровати. Ей почти удалось вернуться на прежний уровень заработка, когда произошел случай вплоне прогнозируемый, но очень неприятный..

Ей попался клиент, которому, она годом раньше продала квартиру в новостройке в чистом поле, где, как водится, обещали устроить рай земной с висячими садами Семирамиды. Будущий комплекс так и назвали «Парадиз». За название взималась отдельная плата. Рекламный проспект обещал столько чудес, что загипнотизированный клиент платил, не задавая вопросов. Вопросы появились через год, когда возведенный до половины дом потерял своего прежнего хозяина, отправившегося в места не столь отдаленные, а новый хозяин не прельстился райскими кущами, а

116

решил построить на этом месте «полигон по переработке отходов». Люди, купившие квартиры в «Парадизе», не сразу уразумели, что их мечтам не суждено сбыться и что «полигон по переработке отходов» - ничто иное, как мусорная свалка. Клиент, год назад, прельстившийся песней сирены в лице Элины стоял перед ней и буравил взглядом. Не приходилось сомневаться в том, что он узнал ее.

– Ах, ханум, как вы неосторожны. Разве можно было оставаться в том же бизнесе, после того, как вы подставили стольких уважаемых людей! На вашем месте, я давно сменил бы место жительства. Уехал куда-нибудь, где не так бурно развивается бизнес. В Дубай, например. Я думаю, что вы нашли бы себе применение. Вы просто везунчик, если я только первый из множества кретинов, которых вы облапошили, встретился с вами.

Клиент оказался по-настоящему воспитанным человеком. Он не набросился на Элину с проклятиями и тумаками, что казалось неотвратимым, учитывая общий упадок нравов. Выходить из положения нужно было немедленно. Элина призвала на помощь все свои знания по психологии. По тому, как усмехнулся человек, как он посмотрел на нее – с издевкой, но все же без откровенной враждебности, Элина решила, что не все потеряно, и, возможно, ей удастся и на сей раз выйти сухой из грязной воды отечественного бизнеса.

– Представьте себе, что я оказалась в вашем положении. Я точно так же, поверив застройщику, купила квартиру в этом доме. В кредит, конечно. А вот теперь, не знаю, что и делать!

– Вы не боитесь, что я проверю вашу информацию? И если окажется, что вы врете, а вам не в первой, я думаю, то мне не хотелось бы оказаться на вашем месте!

– Да?!– почти кокетливо воскликнула женщина, – и что же вы со мной сделаете? Любопытно.

Мужчина невольно улыбнулся, но тут же опомнился:

– То же, что с любым мужчиной, посмевшим так со мной поступить. Если вы играете в мужские игры, то и отвечайте по-мужски. Я поставил бы вас на счетчик. Знаете, что это такое?

– Знаю, я ведь, как вы выразились, играю в мужские игры. Я хочу предложить вам компромисс. Я – экстрасенс и могу

117

чувствовать, а иногда предсказывать ход событий. Могу предложить вам свои услуги.

Тут клиент расхохотался:

— Насмешили вы меня, в самом деле. Как вы можете предсказывать ход событий, если, продавая квартиры в этом злосчастном доме, вы не предполагали, что дом останется недостроенным! А вы не подумали, об обманутых клиентах! Чем это обернется для вас?

Элина сделала небольшую паузу, набрала воздух в легкие:

— А если я предполагала, что так и будет, тогда как? А если у нас невозможно заниматься бизнесом иначе? Я вижу, вы довольно успешный человек, раз выбросив в чистое поле деньги один раз, тем не менее, покупаете себе новую квартиру. А как вы ведете свой бизнес?

— Это не ваше дело, – мужчина вскипел, – я как раз работаю в области, где у меня есть возможность выяснить, чем и как вы занимаетесь. Я юрист. Ничего больше я вам не скажу, наглая женщина!

— Хотите, я скажу вам, что вас сейчас беспокоит?– не унималась Элина

— Думаете, я отвечу да?

— Вы решаете в суде одно очень спорное дело богатого клиента. Он обещал купить вам квартиру, на которую вы покажете пальцем, если дело решится в его пользу. Сейчас вы нервничаете, потому что не уверены в успехе, слишком крутые враги у вашего клиента. Но надежда есть, вы нащупали слабое звено и пытаетесь найти ходы.

— У вас слишком богатое воображение. И только! То, что вы сейчас наплели, не имеет ничего общего с моей деятельностью. Я не собираюсь отчитываться и рассказывать о своих делах. Могу лишь сказать, что вы очень далеки от настоящего положения моих дел. Вот так! И советую вам серьезно подумать о том, как вам возместить ущерб. Меня устроит, если квартиру, выбранную мной, вы сможете предложить мне за половину запрашиваемой цены. Оцените мое благородство! Только учтите, что долго ждать я не собираюсь. «Парадиз» стал мне хорошим уроком. Я даю вам сроку две недели, через две недели я приму необходимые меры.

***

Элина, оказавшись в сложной ситуации, решила обратиться к экстрасенсу. Для женщины практичной такое решение выглядело легкомысленным. Но, во-первых, ей интересно было услышать мнение постороннего опытного человека на ситуацию. А во-вторых, понаблюдать каким образом действуют люди, нашедшие неиссякаемый источник дохода. Она не стала откладывать визит в долгий ящик, тем более, что над ней висел дамоклов меч, подвешенный обманутым клиентом. Адрес экстрасенса она взяла из рекламной газеты, наполовину состоящей из объявлений, помещенных магами, ясновидящими, колдунами, ведьмами. Женщина выбрала самое простое объявление, зная по опыту, что цветистый стиль, как правило, прямо пропорционален количеству пустых словес, выдаваемых за откровения пророка. Квартира экстрасенса находилась в старом городе. Изрядно поплутав в маленьких улочках, заканчивающихся тупиками и, зачастую, имеющих одно название, она подошла, наконец, к старой деревянной двери, украшенной резьбой. Дверь жила своей сложной жизнью. На нижнюю часть ее потерявшую резьбу, прибили доску и нарисовали сверху узоры, отдаленно похожие на прежнюю работу. В углу примостилась кнопка звонка.

Элина звонила долго, прежде, чем открылась дверь в тусклый коридор. Впустив ее, человек в больших темных очках, как будто боясь, что женщина станет разглядывать свисающие с потолка на леске игрушки, покрытые пылью, превратившейся в мох, или обратит внимание на лампу, напоминающую закопченную, древнюю лампу Аладдина, поспешно проводил ее в комнату. И здесь царил полумрак. Неистребимый запах крепкого табака, индийских благовоний в букете с резким запахом кошек, бил в ноздри. Элина с любопытством осматривалась, пытаясь как можно реже делать вдох, чтобы не слишком нагружать бронхи, измученные городским воздухом. Огромные стеллажи с растрепанными книгами, предметы, неизвестного назначения, бусы, амулеты, развешанные на стенах, и посередине круглый стол со столешницей, изборожденный царапинами, повторяющими морщины на лице экстрасенса, оставляли впечатление театральной декорации.

– Садитесь.

Элина вздрогнула, услышав тяжелый хриплый бас человека, вероятно внимательно наблюдающего за ней из-за защитного экрана очков.

– Вы пришли, чтобы посмотреть на то, как работают люди, смежной с вами профессии?, – мужчина указал ей на кресло в глубине комнаты. А сам опустился на старый венский стул.

– А вы уже определили, какая у меня профессия? Любопытно! – Элина неуютно чувствовала себя в низком, глубоком кресле, но не посмела поменять место.

– Это несложно! Вы так внимательно осматривали мое жилище, как будто не я, а вы собираетесь давать мне советы. Скорее всего вы маг в четвертом поколении, или в пятом. Так сейчас рекомендуют себя все, кто раньше мог с трудом составить конкуренцию опытной цыганке, – экстрасенс взял со стола сигарету, оторвал фильтр и вставил ее в мундштук. Не спрашивая разрешения у дамы, он закурил, и по комнате стал распространяться тяжелый запах дешевого табака, внося свою ноту и в перенасыщенный ароматами воздух комнаты. Элине показалось, что она сейчас потеряет сознание. Из соседней комнаты выплыла кошка, внимательно оглядела ее и неторопливо удалилась.

– Вы со всеми своими клиентами также «вежливы»? Последнее слово Эллина произнесла, поджав губки.

– Не со всеми, только с теми, кто приходит с такими намерениями, как у вас.

– И какие у меня намерения?, – Элина с интересом посмотрела на экстрасенса.

Мужчина не ответил, подошел к одной из полок, снял старую книгу.

– Давайте поэкспериментируем. Я не буду пользоваться своими обычными методами. Вот старая книга, которую сегодня никто не читает. Книга называется «Мельмот скиталец», автор этой книги Чарльз Роберт Метьюрин, англичанин, живший в XIX веке. Я знаю ее почти наизусть, вам я предлагаю старый, престарый вид гадания. Вы называете страницу и строчку. Таким образом, вы получите ответы на свои вопросы. Можете загадать несколько вопросов. А потом я вам расскажу, что вы загадали. Согласны?

– Объясните почему, такое странное название у книги. Я вовсе не скиталица, мне не нравится искать ответ в книге с подобным названием. И к тому же я пришла не к гадалке, а к экстрасенсу!

– Хорошо. Я попытаюсь объяснить, почему я вам это предлагаю. Эта книга имеет особую ауру. Я это чувствую. Автор книги, совсем, как его герой личность неординарная, загадочная. Я уверен в том, что именно в этой книге смогу найти ответы на вопросы, заданные людьми вашего характера и темперамента. А что касается названия, если вы немного подумаете, то согласитесь, что мы все в этом мире неприкаянные скитальцы в поисках собственного пути.

Женщина молчала. «Что я теряю, если соглашусь. Ничего! Правда, мне хотелось посмотреть, как работает настоящий экстрасенс, а этот, видимо, очередной шарлатан. Как иначе объяснить его идиотское предложение. Если бы мне хотелось погадать на книге, я прекрасно справилась бы сама.» Улыбнувшись через силу, Элина произнесла:

– Согласна. И сколько мне нужно будет заплатить за удовольствие перелистать страницы автора XIX века?

– Нисколько. Я же сказал, что хочу поэкспериментировать. Признайтесь, вы пришли не для того, чтобы что то узнать новое о себе, а для того, чтобы посмотреть на работу экстрасенса. Я прав? Вы пытаетесь освоить новую для вас область и потому пришли ко мне!

– А вы храните свои секреты и ни с кем не хотите делиться драгоценным опытом? Хорошо. Я называю страницу и строчку. Страница 51, 8 строка сверху.

– Читаю: «… что тебя в конце концов поместили в эту обитель скорби, где только я один могу оказать тебе помощь»

Элина подняла глаза на мужчину и медленно, растягивая слоги, попросила:

– Я не верю, что вы прочли слова, написанные в книге. Дайте мне, пожалуйста, книгу, я хочу посмотреть сама.

Она взяла толстый потрепанный том в обложке неопределенного цвета, открыла его на загаданной ею странице и с удивлением обнаружила эти самые слова и следующий за этими словами ответ: «Ты дьявол!» На лице у женщины появился страх, сменивший прежнее презрительное выражение. Предупреждение так ясно сделанное ей, проникло в сердце и застучало в висках. Она поднялась, и, не прощаясь, устремилась к выходу. Экстрасенс закричал ей во след:

– Вы еще придете ко мне, но тогда вам придется заплатить. Дорого заплатить.

Элина неслась, не разбирая дороги по старым улочкам, безуспешно пытаясь вырваться из тупиков. Ей пришла в голову мысль, что она повторяет свой жизненный путь, плутая по лабиринту, не имеющего выхода. Пройдя раза три по одной и той же улице, она остановилась в изнеможении и села на гладкий камень, на развилке улиц.

***

Две недели, щедро подаренные клиентом для решения его проблемы, подходили к концу. Элина никак не могла уговорить владелицу квартиры, приглянувшейся клиенту, продать ее за половину цены. Многочисленные аргументы, приведенные Элиной, не имели успеха у старой упрямицы. Большую часть своей бурной жизни, она прожила в старинной барской квартире и не без оснований была уверена в том, что о таком жилье можно только мечтать. Продать квартиру женщина решилась потому, что хотела женить внука и от души желала ему счастливой жизни с молодой женой, вдали от бабушки и любящих родителей. В канун последнего дня раздался телефонный звонок, напомнивший Элине третий звонок перед началом спектакля. Ей очень хотелось, чтобы заявленная в афише драма превратилась в фарс, в крайнем случае, в мелодраму. Голос клиента не сулил ничего хорошего. Суровая интонация, отрывистые вопросы и в конце страшный приговор:

– Я ставлю вас на счетчик с сегодняшнего дня, каждый прожитый вами день будет существенно увеличивать ваш долг. Звонить я больше не буду, появлюсь тогда, когда сочту, что вы мне должны нормальную сумму. У вас есть мои номера, если ситуация изменится, звоните. Я открыт для диалога.

«Хорош гусь. Открыт для диалога! Не постеснялся объявить войну женщине», – Элина произнесла последние слова уже после того, как в сердцах бросила трубку.

Следующий день прошел под знаком терзаний. Рассудительная Элина потеряла способность логически мыслить. Единственным выходом ей показался еще один визит к экстрасенсу. Знакомая дверь приобрела еще одно украшение: колокольчик, подвешенный рядом с кнопкой звонка. Он колебался на ветру и издавал мелодичные звуки. Элина поколебалась мгновение и выбрала колокольчик. Экстрасенс открыл дверь и проводил ее в комнату, не издав ни звука. Лицо его, скрытое, как и в первый раз, громадными очками оставалось совершенно неподвижным. Элине пришлось заговорить первой:

– Я пришла… У меня не было выбора. И к тому же я знаю, что вы единственный, кто может мне помочь…», - Элина говорила с трудом, задыхаясь и часто прерываясь.

Мужчина вытащил свои сигареты и задымил, усугубив ее состояние.

– Я знаю в общих чертах вашу ситуацию. От вас я хочу услышать все, что вы сочтете нужным рассказать. Попытаюсь помочь вам.

– А сколько мне нужно будет заплатить?

– Как всегда, - он засмеялся и зашелся в тяжелом кашле, успокоившись, продолжил - заплатите бессмертной душой.

– Не настроена я шутить. Сами видите, сижу в дерьме.

– А я и не шучу. Ничего другого я с вас не возьму.

– Вот и замечательно. Душа, так душа. Согласна.

После рассказа Элины, экстрасенс накрыл ее руку, своей тяжелой жилистой рукой с длинными узловатыми пальцами, напоминающими когтистую лапу хищной птицы. Женщина почувствовала, как в венах заструилась быстрее кровь, щеки порозовели. Эйфория, охватившая ее, смела груз последних тяжелых дней. Все вокруг показалось чудесным. Запущенная, заплетенная в углах паутиной мрачная комната наполнилась золотистым светом. Исчез тяжелый запах, а вместо него запахло травой, ландышами. Откуда-то сверху зазвучала музыка набегающей волны, крики чаек.

Когда Элина очнулась, то оказалось, что она у себя дома в легкомысленном воздушном неглиже, готовит кофе. Стол в ее уютной гостиной накрыт на двоих. За столом сидит ее грозный клиент, пьет вино из хрустального бокала:

– Элина! Скоро ты там? Ты же мне говорила, что хорошая хозяйка! Показывай, на что способна. А то вдруг передумаю, брать тебе в нагрузку к твоей квартире. Шучу!- клиент громко засмеялся.

Элина впорхнула. Поставила поднос на стол. Растянув губы в улыбке, посмотрела на мужчину, которому попала в рабство. «Ему достанется тело… А вот душа?», - подумала Элина:

– Душа моя, так говорили наши предки, - иди ко мне.

Мужчина усадил ее на колени и сжал в объятиях с такой силой, что Элина успела заметить легкое облачко, слетевшее с ее уст и упорхнувшее в открытую форточку.

Ген счастья

«Британские ученые собираются улучшить породы некоторых собак. Бульдоги, бульмастифы, таксы, страдают от различных заболеваний в силу физического несовершенства. Ученые предлагают поменять их облик, изменив некоторые гены данных животных, что позволит им излечиться от многих болезней». Диктор продолжала рассказывать о других новостях, а человек у телевизора погрузился в размышления.

«Добрались до собак. Начинают влезать в генетический код собак. А если учесть, что собака самый верный спутник человека, то следующим в списке на усовершенствование, обязательно будет человек. Как же, припоминаю, совсем недавно прошла информация о том, что изменили ген, отвечающий за возможное развитие наследственной болезни у британской девочки, вернее у зародыша, ставшего вскоре девочкой. И попросила об этом ее мать. А кто может поручиться, что эта информация не является верхушкой айсберга? А вдруг мы ходим по улицам городов, населенных клонами и генетически модифицированными людьми, а может быть телеуправляемыми роботами. Погружаемся в виртуальный мир, где явь и буйная фантазия разработчика нового мира сливаются в клубок. Поиск совершенства в понимании автора идеи, своего рода гламура в реальной жизни превращается из кошмарного сна в нашу реальность», - Питер встал, прошелся по комнате. Представил себе, как бы изменилась жизнь его близких, родись они с идеальным генетическим кодом. Без единого физического изъяна, с отменным здоровьем, без наследственных моральных пороков. Его дядя с материнской стороны, Джон Голдсмит, горький пропойца дожил до преклонных лет, сведя в могилу двух жен, отчаянных трезвенниц и примерных прихожанок церкви святого Патрика. Представить его трезвым, благообразным Питеру не удавалось. Это был бы совершенно другой человек, будь у него в свое время удален ген, отвечающий за склонность к спиртному. С приятной, располагающей внешностью, здоровым цветом лица и вероятно одной единственной цветущей счастливой женой и множеством ребятишек.

А его тетка Полина, с отцовской стороны. Старая ведьма, с которой не смогла ужиться родная дочь, добрая и симпатичная женщина. Настоящий пример вампира. Вампиром обычно представляют худосочное существо, со смертельной бледностью на челе, страшными клыками и безумными глазами. Так вот, тетя

Полина никак не подходит под это описание. Дородная тетка, с отменным аппетитом, способная съесть целого поросенка за один присест, громоподобным голосом, пронзительными хитрыми глазами – в реальной жизни настоящий энергетический вампир, питающийся скандалами и ссорами. У нее удивительная способность создавать вокруг себя атмосферу вражды, конфликта, войны. Она находится в состоянии перманентной войны и получает от этого заряд бодрости и долголетия. Выпив оптимизм, надежды своего близкого, она расцветает, словно напившись человечьей кровью. Отними у нее ген вампиризма и она превратится в старушку, божий одуванчик. Наверное, она давно бы умерла, утомившись собственным совершенством.

А жена его двоюродного брата, Мэгги! Такую жадину, как эта женщина еще поискать. Ее ум, имеющий четко выраженную направленность, работает без отдыха день и ночь. Возможные способы отъема денег, вот что стало смыслом ее жизни. Жирная, с тройным подбородком, с заплывшими глазками, елейным голоском и мягкими манерами, она оставляет впечатление доброй сострадательной женщины, которой так и хочется поплакаться в жилетку. Впечатление не просто обманчивое, оно чревато ужасными последствиями. Стоит жертве расслабиться, как она тут же попадет в умело расставленные силки, и нет ей спасения. Мэгги обобрала до нитки стольких родственников, что ее обходят стороной, как если бы она была больна чумой, и общение с ней грозило летальным исходом. Теперь только незнакомцы, случайно забредшие на огонек, могут попасться ей на крючок. Без гена жадности представить Мэгги невозможно, но случись такое чудо, ее натура…. Нет Питер не смог представить жену брата доброй. Это была бы совсем другая женщина, но никак не Мэгги.
****

Сегодня у Питера свидание с новой знакомой, совсем девочкой только окончившей колледж. Ее зовут Айша, она азиатских кровей, что видно сразу, по ее характерной внешности. Познакомился он с ней по долгу службы. Для рекламы последней модели домашнего миксера, он искал именно такую азиатскую внешность, рассчитывая сделать акцент на признанные в Европе качества азиатской прислуги. Девочка, по его мнению, должна быть миленькой, но в меру, прежде всего, чтобы не слишком контрастировать с вероятной хозяйкой: бесцветной среднестатистической европейской домохозяйкой. Неделю он прогуливался мимо колледжа, где по его сведениям училось несколько выходцев из Азии. Айша сразу обратила на себя внимание легкой походкой и удивительной манерой смотреть на людей. Она делала это открыто, не так, как обычно смотрят девушки, украдкой. Айша откровенно разглядывала своего визави, вызывая у некоторых страдающих комплексами персон недоумение и неприязнь. С Питером этого не случилось. Наоборот ему понравилась ее открытость и уверенность в себе. Он подошел, представился и подробно объяснил девушке, что ему от нее нужно. Она не смутилась, не удивилась, а рассмеялась:

— Обычно это я делаю такие предложения своим моделям. А теперь мне даже интересно поменяться ролями

Из разговора выяснилось, что Айша собирается стать профессиональным художником. Ее манера разглядывать людей объяснялась просто. Айше хотелось разглядеть малейшие подробности каждого человеческого лица, запомнить выражение. Познакомившись с ней ближе, он убедился в том, что она могла застыть на месте, разглядывая куст, кошку, необычную ветку, воробья, раскачивающегося на ветке, долго смотреть на то, как капли дождя стекают по пыльным листьям в городском парке. Когда Питер рассказал ей о том, что хочет сделать её лицом фирмы, выпускающей домашнюю технику, она не удивилась:

— Нормально! Кого еще можно представить в качестве прислуги, которая пользуется этой техникой? Только азиатку, - Айша грустно улыбнулась.

— Напрасно ты обижаешься, я просто отвечаю социальному запросу, не более того.

— Я не обижаюсь. Когда я стану известным художником, возможно, я поменяю мнение европейцев об азиатах. Кто знает?

Питер пригласил Айшу в студию и сделал серию фотографий, одев ее в закрытое платье, украшенное белоснежным фартучком. На фотографиях Айша выглядела привлекательно. Глядя на нее, хотелось сейчас же обзавестись домом, в котором главное место занимает просторная кухня со всеми причиндалами. И все же Питер задал себе дурацкий вопрос , волновавший его весь месяц. «Интересно, чтобы мне хотелось поменять у этой девушки. Она такая миленькая, но вот ее манера разглядывать людей, неприятна. Я, профессиональный фотограф, никогда не позволяю себе этого делать. Могу обратить внимание, естественно, но так, чтобы как она пялиться, никогда.» Молодые люди виделись несколько раз, но

126

отношения не получили развития. Питер с успехом провел рекламную кампанию, бытовая техника новой фирмы продавалась на ура. А когда его спрашивали о его модели, он принимал загадочный вид и только.

****

Все это время в поле его зрения попадали люди, животные, растения, имеющие ярко выраженные недостатки. Все, что он видел, требовало вмешательства, все было несовершенным. В самом начале странного периода его жизни, наступившего после того, как он узнал о новых возможностях, щедро предлагаемых наукой несовершенному миру, он активно выступал против вмешательства людей в божественный замысел природы. Но чем больше проходило времени, тем чаще он ловил себя на мысли о том, какая красота и гармония могла царить в мире, если люди воспользуются небывалым шансом поправить явные ошибки природы. И еще одно обстоятельство стало его огорчать. Раньше он равнодушно, а иногда и с сочувствием смотрел на старых людей. А теперь все поменялось.

Словно близорукий человек, надевший очки, он вдруг увидел стариков в истинном свете. Они не только утратили былую привлекательность, но приобрели карикатурную внешность и отвратительный нрав. А то, как они двигались, говорили, смеялись, в лучшем случае могло вызвать чувство жалости. «Вот если у людей удалить ген старости, появится надежда на то, что все будут оставаться молодыми и прекрасными до конца жизни». Один вопрос оставался нерешенным - вопрос о смерти. Питер заметил за собой еще одну странность: он стал активно избегать всего, что могло вызывать раздражение и напомнить о несовершенстве мира. Он старался встречаться с людьми, доставляющими ему радость. При малейшем подозрении на то, что человек, с которым ему предстоит встретиться тем или иным образом может испортить ему настроение, он отказывался от встречи. Вскоре Питеру пришлось признать, что такое поведение сильно мешает ему в карьере, да и в личной жизни. Из его круга общения исчезли многие знакомые, переставшие отвечать его представлениям о совершенстве. Сначала он перестал общаться со своими неприятными родственниками, теми, чья натура кричала о необходимом вмешательстве генетиков. Затем он перестал общаться с пожилыми людьми, не перенося их физического и морального несовершенства, а уже потом, он прервал все связи с людьми, имеющими ярко выраженные особенности- странную манеру говорить, смотреть, смеяться. Осталось несколько человек из его когда- то большего круга общения, с кем он иногда виделся.

Свое жилище, где прежде царил живописный хаос, он оформил в новом стиле. На стенах пейзажи пронзительной, завораживающей красоты. Стилизованные в лучших традициях гламура лица девушек. Совершенные линии. Минимум мебели, аппаратура, встроенная в стены. Интересная цветовая гамма. Мир созданный его воображением. Когда к нему приходила очередная девушка, чтобы заняться любовью, он требовал от нее, такого же совершенства, как и все, что ее окружало в квартире у Питера. Она должна была красиво стоять, сидеть, пить из высокого бокала, изящно склоняя шею; смотреть на него долгим взглядом, снимать одежду рассчитанными артистичными движениями, целоваться страстно, но не вульгарно. Питер стал потреблять жизнь осторожно, красиво обставляя каждое мгновение жизни, стараясь не нарушать хрупкую гармонию своего мира. Он увлекся японской живописью и поэзией, плавно перетек в средневековый готический роман. Современность, окружавшая его, постепенно отходила на второй, а потом и на третий план. Он перестал смотреть телевизор, не понимая, как он мог терпеть всю пошлость, что льется с экрана.

Как-то ему на глаза попалась книга китайской придворной дамы. Дама прислуживала последней китайской вдовствующей императрице Сикси в Запретном городе. Редкостная книга, где впервые свидетель событий рассказывал о том, что многие века было скрыто за стенами целого города, куда не мог проникнуть не только иностранец, но и китаец, не имеющий отношения ко двору императора. Питер восхитился совершенством, продуманной красотой каждой минуту бытия императрицы. Забота о том, чтобы сделать следующий миг еще прекраснее, чем предыдущий показалась Питеру главной заботой этой выдающейся личности. Его не смутили попытки придворной дамы принизить облик ее хозяйки. Самым красивым предметом во дворце придворная дама назвала ночной горшок в виде дракона, сделанный с большим искусством. Эта деталь еще больше убедила Питера в том, что только избранные, вознесенные провидением на вершину, могут оценить и понять красоту и только им судить о том, что прекрасно, а что нет. Он проникся философией императрицы, не желающей видеть того, что претило ей, что вносило дисгармонию, и нарушало каноны красоты. Он принял и то, как она расправилась с наложницей сына, которая по ее мнению стала нарушать образ наложницы и захотела стать другом императору. Она приказала сбросить ее в колодец. Наложница должна быть красивым предметом и если поменять ее роль, то она перестанет быть красивой.

Новые фотографии Питера в полной мере соответствовали новому взгляду на жизнь. Самые банальные сюжеты, которые ему предстояло снять, превращались в поиски изысканных форм весьма далеких от реального положения дел. Снимая сюжет о проститутках, проданных в страшный подпольный бордель предприимчивым дельцом из средней Азии, он сделал несколько снимков, которые поместили все главные мировые пресс агентства. На фоне старинного персидского ковра он усадил на подушки полуголых девушек, курящих кальян, а между ними он поместил пальмы в кадках и ярких попугаев в золоченых клетках. После публикации фото, бордель не только не прикрыли, наоборот, ему дали официальный статус закрытого клуба, а азиат стал миллиардером.

Новый стиль озолотил Питера. Ему стали поручать самые безнадежные темы, вызывавшие прежде ужас, страх. Сюжет из дома престарелых, заказанный ему одним из самых престижных журналов в исполнении Питера, выглядел более, чем пристойно: Интересная дама, протягивает руку седовласому джентльмену у раскрытого окна, куда заглядывают ветки цветущей вишни, и лучи солнца создают нимб вокруг голов двух зрелых людей. Фото приняли с большим энтузиазмом и многие пожилые люди до этого не желающие попадать в качестве отработанного материала в казенные дома, куда их сдают родные, занятые поиском пропитания, с радостью согласились на новую жизнь. Счастливую картинку не испортило известие, появившееся через несколько дней в одной из газет, где говорилось, что в далекой России сгорел дом для престарелых, а вместе с ним 25 беспомощных стариков отправились в рай. Небольшую заметку, напечатанную мелким шрифтом, забыли на второй день, тем более, что дом и старики сгорели далеко от благополучной Европы, а фото Питера кочевало по страницам самых известных изданий и набирало новых жильцов в дома для стариков.

И конечно Питеру поручили сделать фото, когда случилась война, и нужно было убедить молодых мужчин, а то и просто мальчиков в том, что о лучшей доле, чем доля лихого, крутого наемника, любимого родными, а главное молодыми горячими красотками, не стоит и мечтать. С плаката, задуманного и снятого Питером, улыбался сексапильный мачо, в запыленной щегольской форме, держа наперевес автомат, а рядом, стояла туземная темнокожая красавица, кокетливо улыбаясь и протягивая ему фрукт, отдаленно напоминающий яблоко.

Все, кто смотрел на плакат, понимали, что война - это совсем другое, и если следовать логике войны, то туземная красавица, либо должна лежать изнасилованной в луже крови, либо, с лицом, перекошенным от страха и ненависти, бежать, завидев вдали вражеского солдата. Несмотря на очевидное вранье, плакат имел успех, как и все, что делал Питер. На эту войну ушло больше добровольцев, чем на предыдущую.

Питер перестал интересоваться судьбой своих фотографий, так же, как еще раньше его перестали интересовать люди, которых он снимал. Его привлекала возможность найти новый неизвестный до него прием, позволяющий самый скорбный сюжет сделать шедевром, вызывающим если не радость, то возможность получить эстетическое наслаждение. В самом крайнем случае, легкую грусть или романтическую ностальгию. Такой позитивный настрой, ставший лейтмотивом его творчества, оказался золотой жилой. Легкие, живые деньги, способные размножаться, падали на него. Никогда еще Питер не ощущал такой легкости бытия. Все удавалось, а самое главное у него появилось чувство, что он сумел построить фантастический дворец красоты и гармонии, совсем, как когда-то китайская императрица и уже ничто не помешает ему прожить в радости и совершенстве до конца своих дней.
****

В одном из журналов, случайно попавшем ему в руки он увидел свое фото плачущей девочки, стилизованной таким образом, что горе малышки не вызывало сочувствия, а провоцировало умиление и восхищение очаровательным детским личиком. На том же развороте поместили картину, изображающую женщину, сразу напомнившую Питеру Мэгги, жену двоюродного брата. Внешнего сходства, пожалуй, не было; выражение алчности, с какой она смотрела на корзину с фруктами, точно подмеченная художником, напомнила Питеру Мэгги. Он подумал о том, что если молодая женщина с картины доживет до возраста Мэгги, то обязательно станет походить на нее еще больше.

Манера художника заинтересовала Питера. Он с удивлением прочел подпись. Айша. Питер забыл о картине очень скоро и не вспомнил бы о ней, если бы в следующем номере того же журнала он не увидел портрет старухи, удивительно напомнившей ему тетю Полину. Дородная тетка, сидевшая в кресле качалке распространяла вокруг себя флюиды ненависти. Стоило посмотреть на картину больше минуты и возникало чувство усталости, почти болезни. Старуха напоминала его тетку и чертами лица. Питеру не нужно было смотреть на подпись художника, он знал, чье имя он увидит. Он подумал о том, что следующим главным персонажем картины Айши станет алкоголик, похожий на его дядю, и не ошибся. Алкоголик получился чрезвычайно натуральным. Зритель, постоявший некоторое время перед картиной, рисковал отойти от нее в нетрезвом состоянии. Этот эффект проверил на себе Питер. Поглядев на картину в журнале больше пяти минут, он понял, что совершенно пьян.

Странное воздействие картин Питер приписал своей впечатлительности, а затем решил проверить их действие на других людей. Ему не давала покоя мысль о том, что Айша каким то непонятным образом вторгается в его личную жизнь и разрушает гармонию, созданную с таким трудом. «Зачем она это делает? Чем я заслужил столь пристальное внимание к своей особе. Мы не стали друзьями, мы даже не были любовниками,! Почему она идет по моим следам? Что ей от меня нужно? Она - маньяк и таким образом сводит людей с ума? Ее картины оказывают удручающее воздействие на людей. Неужели ей нравится вторгаться в психику и превращать нормальных людей в неврастеников?» Питер задал себе еще много вопросов, на которые не смог ответить. Единственным выходом, ему показалось найти девушку и спросить у нее обо всем, что мешало ему вести свою прежнюю счастливую жизнь. Но сначала ему захотелось посетить своих родственников и убедиться в том, что они живы и не изменились. Что все их пороки остались при них.
****

Первым он решил навестить старого Голдсмита. Дверь ему открыл сам дядя после пятого звонка. Он долго держал Питера на пороге, выясняя, что тому понадобилось. Питеру пришлось поклясться, что он не собирается брать взаймы или просить о том, чтобы дядюшка сделал его наследником своего скарба. Питер повторил свои клятвы дважды, потому что старый дядюшка был туг на ухо. Первое, что Питер увидел, войдя в запущенную холостяцкую квартиру, был портрет дяди, написанный Айшой, висевший на самом почетном месте, рядом со столиком, где обычно старый пропойца держал бутылку виски.

– Значит, я не ошибся. Она добралась до тебя. Я все таки надеялся, что ее картины – это просто совпадение! А она добралась таки до моих неподражаемых родственников. Самых, самых... И выставляет их всем на показ. Только зачем? Скажи, мне? Она заморочила тебе голову. Что она обещала взамен? Ты же не совсем выжил из ума, и понимаешь, что эта девка выставила тебя на посмешище. Все, кто смотрит на картину, и узнает тебя, понимают, что ты конечный человек, настоящий алкоголик, и виски - это все, что у тебя осталось в жизни.

Питер не собирался читать нравоучений своему старому дядюшке, тем более что сам не мог терпеть, когда его учили жить и все же не смог удержаться. Он ожидал, что возмущенный родственник прогонит его прочь. Дядя только покачал головой и неожиданно предложил выпить. Обыкновенно он очень бережно относился к алкоголю и делился им в случае крайней необходимости, но на этот раз Питер почувствовал, что старику необходимо излить душу и лучшего собеседника ему не найти.

– Девочка предупредила меня, что ты заявишься ко мне, и будешь возмущаться. Она даже повторила мне те слова, что ты сейчас вылил на мою старую голову. Как ты сказал? Конченый человек? А разве те старики, те самые, на твоем фото, они не конченые? У них все впереди? Так я понимаю, глядя на твое произведение. Хочешь, я скажу тебе, чем отличается настоящая вещь, картина, рассказ, короче, стоящее творение человека, от подделки? Хочешь?

– Ну конечно, ты сейчас как попугай будешь повторять то, чему тебя научила твоя новая знакомая Айша?, – Питер давно не испытывал такого раздражения. Ему очень хотелось уйти, хлопнув дверью и только еще большее желание услышать то, что собирался сказать дядюшка, заставило его сесть в старое продавленное кресло и взять в руки стакан с виски. - Ну, говори!

– А что говорить, у меня есть журналы, с твоими фотографиями. Их мне принесла Айша. Теперь посмотри на них и посмотри на мой портрет. Ты сразу поймешь, где настоящее. Я стал меньше пить. Видишь? Раньше я бы уже выпил весь стакан, а сейчас ты обогнал меня.

Питер невольно оценил содержимое своего и дядиного стакана, и ему пришлось согласиться. Старый Голдсмит продолжил, не дождавшись комментариев племянника:

– Посмотри на свои творения! Разве это бордель? Райские кущи! Как их себе представляют мусульмане. Я слышал, каждому праведнику обещаны девственницы. Глядя на этих молодых девчонок, обмануться не трудно. А дом для престарелых! Кто поверит тебе, что вот такие веселые, на вид здоровые люди отправятся в хоспис, последнее прибежище немощных стариков! А теперь посмотри на ее картину. Только постоять около нее и не нужно пить. Пьянеешь без виски. Ты помнишь картину Пикассо «Любительница абсента», помнишь?

Фотограф не узнавал в яром спорщике, своего дядю алкоголика. А про Пикассо ему Айша рассказала. Не мог старый Голдсмит, за всю свою жизнь не посетивший ни одной галереи, или музея, слышать об этом художнике, ни тем более о картине.

Питеру очень хотелось ответить ядовитыми словами и увидеть, как исказится и без того кривая физиономия Голдсмита. Он начинал понимать, в чем для старого пропойцы ценность картины. Для того, чтобы впасть в состояние опьянения ему не нужно надираться, как прежде, достаточно постоять перед картиной. Ему становится также весело, словно он выпил пол бутылки любимого старого шотландского виски и унылый быт приобретает новые краски.

– Я знаю, о чем ты сейчас думаешь. Старому дураку нравится картина потому, что не нужно покупать виски. Глянул на картину и довольно. Не знаю, может ты и прав. Только скажи мне! Кто из вас, моих близких интересовался моей судьбой, до того, как появилась Айша? Кому-нибудь пришла в голову мысль послушать о том, как я жил, кого любил, а кого ненавидел. Вот ты, мой племянник! Хоть раз ты пришел ко мне не для того, чтобы выцарапать у меня гроши, или получить вещь, что тебе понравилась, а просто так, чтобы выслушать меня. Вспомни! Ни разу! Несмотря на свой склероз, я точно знаю, что этого не было. Ты занят! Ты всегда занят, у тебя дела, ты такой важный! А старый пьяница Голдсмит пусть подыхает в своей берлоге, туда ему и дорога!– в сердцах старик схватил стакан и разом вылил в глотку все содержимое.

Питер задохнулся от возмущения, вспомнив дядюшку в молодости:

– Знаешь, старик, сейчас ты плачешься, на жалость напираешь. А ты напряги свою память пьяницы, к кому из своих близких, ты был внимателен и хоть раз проявил сострадание. Я был мальчиком и не помню, чтобы ты интересовался мной. Попробуй вспомнить хоть одну прогулку со мной! Ни разу! Ни разу ты не удосужился пойти с маленьким мальчиком, каким я был когда то, погулять или подарить ему подарок. А сейчас тебе плохо, ты старый, и тебе понадобилось внимание, от которого ты так защищался когда был помоложе. Айша, я ее понимаю! Она получила бесплатную модель! И какую! Я даже думаю, что эта картина приобрела свою пьяную ауру благодаря тебе. Ты столько выпил за свою жизнь, что алкоголь просачивается сквозь поры твоего рисованного персонажа. Единственная ее заслуга в том, что она сократила твои расходы. Тебе не надо покупать столько виски, как раньше. И еще хочу тебя предупредить, раз уж ты мой дядя, несмотря ни на что я не желаю тебе зла. Будь осторожней с девчонкой. Кто их знает азиатов, что у них на уме.

****

Питер не стал дожидаться реплики старика, в сердцах распахнул дверь, и выбежал на улицу. Питеру пришлось отказаться от намеченного распорядка дня и он вернулся домой, прежде купив любимый напиток дяди- виски. Фотограф собирался снимать работу фондовой биржи. Финансовый кризис внес сумятицу в умы людей и самое время разогнать тучи на экономическом горизонте, смоделированном на фотографии и сорвать хороший куш на этом благородном поступке. Если снимок получится и биржу перестанет лихорадить, то спрос на картинку, сделанную Питером будет расти, и, как следствие, гармоничный мир, созданный его трудами станет еще гармоничнее. Но для того, чтобы свершить намеченное требовалось особое настроение, состояние души: отрешенность и способность не замечать кошмара реалий, а отвечать только внутренней установке на положительные эмоции.

Питер налил виски в красивый бокал, из которого он заставлял пить своих подруг по любовным утехам. Сделал несколько глотков, ожидая, что алкоголь поможет вернуть утраченную от общения с Голдсмитом радость жизни. Через четверть часа и нескольких щедрых порций виски, жизнь заискрилась новыми красками и возможностями. Финансовый кризис, охвативший планету, нагнавший страху и безумного отчаяния на многих и без того растерянных и неприкаянных жителей Земли, становившихся все более похожими друг на друга в самых отдаленных ее уголках, показался не таким беспросветным и бесконечным. Состояние души позволяло взяться за дело, вот только время убежало; биржа закрылась.

Вечером раздался звонок. Питер не сразу узнал голос своей собеседницы; женщина звонила к нему в первый раз. Мэгги, жена двоюродного брата, та самая, которую он побаивался и старательно обходил стороной, звонила, чтобы сообщить невероятную новость. Она просила Питера зайти к ним за подарком. Питер не верил своим ушам. Чтобы Мэгги по доброй воле заговорила о подарке, должно было произойти невероятное событие. Он как обычно старался отговориться, ссылаясь на свою чрезвычайную занятость, но Мэгги настаивала и интриговала. Она напустила туману, в котором промелькнул силуэт Айши. Этого было достаточно, чтобы Питер принял приглашение. Уж очень ему хотелось добраться до девчонки и сказать все, что он о ней думает.

Питер спустился в подземку, чего не делал несколько лет. Он предпочел не садиться за руль. Ему хотелось скорее покончить с визитом, а значит, пришлось воспользоваться метро. Сабвей стал еще грязнее, еще неприглядней прежнего. Лица также изменилась. Питер с удивлением обнаружил, что у толпы азиатская внешность. Отдельные вкрапления ярко рыжих ирландцев ничего не меняли в общей картине. Фотограф уставился на постеры на стенах вагона и обнаружил свое произведение, где главная героиня Айша улыбалась своим сородичам, спрессованным в монолитный блок в тесном помещении вагона. «Что они думают, глядя на девочку прислугу? Представляют, как через несколько лет, появится реклама, где служанка, девочка европейской внешности улыбается своей хозяйке-азиатке? Лица их закрыты. Угадать, что у них на уме, почти невозможно, совсем как у нашей Мэгги!»

Мэгги встретила его радушно и любезно, что, впрочем, являлось ее обычной манерой. Двоюродный брат выполнял функцию рамки для своей активной и экспансивной жены. Она рассыпала комплименты, вплетая в них реальные и вымышленные достоинства Питера. Питер с опаской поглядывал на нее, пытаясь вычислить, чем же она собиралась поживиться, щедро расточая столько меду. Улучив момент, Питер вклинился в нескончаемый монолог Мэгги:

— Извините меня, но, к моему большому сожалению, я спешу. Мэгги, ты что-то хотела мне передать, или я тебя неправильно понял?

135

– Да, конечно, Питер. Ты знаком с молодой художницей Айшой. Она нарисовала мой портрет. Польстила мне немного, кажется. Я там моложе. Она подарила мне портрет с одним условием: я должна передать тебе подарок- картину модного современного художника Тревиса Луи.

Мэгги сделала знак мужу; тот зашел за портьеру и вернулся с небольшой картиной. Картина представляла собой портрет упитанного мужчины очень похожего на вампира. Его верхние клыки не помещались во рту, а лежали на нижней губе. Картина напоминала нечеткую веленевую фотографию. На Питера она произвела двойственное впечатление. Монстр, изображенный на картине не оставлял сомнений в том, что он монстр, но вот ужаса и желания спрятаться или убежать он не вызывал. Добрый сытый монстр? Мэгги внимательно следила за реакцией Питера:

– Тебе понравилась картина? Айша так хотела, чтобы ты ее получил!

– Мэгги, расскажи мне, пожалуйста, как ты познакомилась с Айшой?

– Очень просто. Она пришла ко мне. Показала рекламный постер, тот, что ты сделал, и предложила написать мой портрет. Сказала, что она молодая художница и ищет интересные модели. Вот она и пришла ко мне! - Мэгги кокетливо поправила челку.

– А откуда она могла знать, что ты интересная модель?

– Ты же столько рассказывал ей о своих родных, и обо мне, и о старом Голдсмите, о тете Полине! Ты же ей все уши прожужжал своими замечательными родственниками!

Питер ничего не понимал. За время их недолгого общения, он ни разу не обмолвился о своих родных.

– Послушай, Питер, – Мэгги не могла отпустить фотографа, не попытавшись выцарапать у него хоть какую-нибудь безделицу, – Айша много работает, но она ведь молодой неизвестный художник. У тебя, наверное, полно ее картин и ты не знаешь, куда их девать? Отдай их мне!

Питер не удержался от улыбки, узнавая прежнюю Мэгги:

– Нет, дорогая, тебе не повезло. Мы совсем не так близки, как тебе показалось, и у меня нет ни одной ее картины.

Дома он долго рассматривал картину при электрическом освещении, пытаясь разгадать послание загадочной Айши. Ничего не выходило. Добрый мерзкий монстр выбивался из аллюзий связанных

136

с Питером. Он вдруг вспомнил серию своих декадентских фото с намеком на вампиров; сексуальных, фатально гламурных вампиров, не имеющих ничего общего с этим прозаически пошлым добряком— вампиром. Глядя на добрые предобрые глаза толстяка невозможно предположить, что на завтрак он напился крови толстого младенца и теперь доволен жизнью именно по этой причине. Хотя, чем больше Питер глядел на картину, тем больше такая вероятность представлялась возможной.

****

С утра Питер пребывал в меланхолии, днем взбодрил себя алкоголем и лишь к вечеру решился выйти из дому, надеясь мягким освещением сумерек облагородить окружающую действительность. Он долго бродил по улицам прежде любимого города, превращавшегося у него на глазах в чужой, абсурдный, аморфный мегаполис, населенный такими же безликими людьми. Наткнулся на афишу, кричавшую о выставке художницы, покорившей Старый свет. Афиша привлекла Питера нарочито примитивными детскими буквами объявления в обрамлении языков пламени, съевших половину букв. Подойдя поближе, Питер застыл. Имя художницы, объятое пламенем, читалась с трудом, но Питеру оно было хорошо знакомо. В верхней части афиши он вдруг увидел свою физиономию. Рисунок был похож на мазню рано повзрослевшего ребенка. Размытые черты и поразительно схваченная суть его характера. Глаза круглые, пустые; губы, вытянутые трубочкой и большие оттопыренные уши. Несмотря на карикатурный характер рисунка, Питера невозможно было не узнать. «Мерзкая девчонка! Чем я так насолил ей, что она преследует меня!»- Питер в сердцах сорвал афишу со стены и разорвал в клочья. Буквы продолжали плясать перед глазами. Название улицы, номер дома и час открытия выставки стучали в голове и толкали в указанном направлении. Ноги привели его в нужное место. Помещение, где проходила выставка, оказалось квартирой его тетки Полины.

****

Большая гостиная старой Полины преобразилась в художественный салон. Остались намеки на прежнюю атмосферу, присущую владелице квартиры. Тяжелые портьеры, ковры, бронзовые светильники. Интерьер теткиной гостиной, вобравший в себя картины, создавал предгрозовую атмосферу духоты и крайнего напряжения. Малейший вскрик, громко сказанная реплика, и в закрытом пространстве душной комнаты засверкают молнии, и загрохочет гром. Публика, пришедшая на вернисаж, способствовала подобной атмосфере, как нельзя лучше. Питеру показалось, что один из посетителей, застывшей перед его Питером портретом с силой сжал губы, чтобы спрятать выпирающие клыки. Фотограф побоялся заглянуть мужчине в лицо, невольно ожидая увидеть красные кроличьи глаза. Мужчина показался знакомым. Питер внимательнее присмотрелся к нему и решил, что человек удивительным образом похож на портрет вампира, кисти Тревиса Луи.

Посетители тихо переговаривались между собой, как будто понимая, чем чреваты для них неуместная веселость и экспансивность. Картина, изображающая фотографа, пользовалась самым большим успехом. Возле нее стояло несколько ценителей. Питер не стал подходить ближе, опасаясь, что его узнают. Он надеялся поговорить с тетушкой, а еще лучше с Айшой, чтобы понять, что ему грозит. Он чувствовал себя мишенью, добычей, на которую идет охота. Всегда проще ускользнуть, если тебе известны мотивы преследователя. И не остается ни единого шанса, если охотник нападает из засады, устроенной в логове жертвы. Айша выбрала такой метод атаки; она использовала родных Питера, в качестве борзых. Питер провел в салоне часа два и за все время, ни одна из интересующих его дам не появилась.

Время не пропало даром, Питер подробно рассмотрел картины без рамок, парившие в воздухе; они висели на невидимых капроновых тросах. Кроме знакомых Питеру портретов его родных, он увидел картину, изображавшую одну из его моделей – плачущую девочку. На картине девочка не плакала, а невесело улыбалась. В вымученной улыбке ребенка проглядывало настоящее горе, отсутствующее на снимке плачущей девочки, сделанной фотографом. Глядя на картину, совсем не хотелось погладить девочку по головке и дать ей конфетку. Хотелось найти обидчика, того, кому невесело, через силу и страх улыбался ребенок, и расправиться с ним. И конечно Айша не прошла мимо фотографии из борделя. Она изобразила девушек в их привычном растерзанном виде рядом с клиентами, занятыми своими делами. Один из них, в расстегнутой рубашке и галстуке на голом выдающемся животе, обнимает девочку, похожую на ощипанного цыпленка. Высокий изможденный мужчина поит из стакана другую девочку–нимфетку; судя по тому, как свело горло у несчастной, в стакане, опустошенном на половину, самая дешевая водка. Питер почувствовал, как у него в душе разорвалась мина, подложенная Айшой. Посмотри он на свое отражение в

138

зеркале, он тотчас бы узнал Питера с портрета, помещенного в самом центре салона. Он, с таким азартом убегавший от всего пошлого, вульгарного, страшного, от повседневности, от кошмара действительности, на картине был похож на затравленного растерянного глупого обывателя. У Питера закружилась голова; ему показалось, что все герои картин вернисажа, также легко, как вампир могут оставить холст и сойти в теткину гостиную. Он сам являлся живым прототипом самой главной картины и, оглядываясь вокруг, переставал понимать, где он настоящий, а где его изображение.

Каждой своей картиной Айша вызывала Питера на поединок. Она кричала о его поражении, о бесполезности его творчества. Питер стал понимать, что хотела ему доказать девушка. Она показала ему мир, ужаснувший его в самом начале его преображения, до того, как он обрел новый взгляд на виртуальную реальность, где все будет прекрасно, где все недочеты наивной природы будут исправлены мудрецами – людьми. Теми, кто понимает толк в жизни и может себе позволить судить о том, что хорошо, а что плохо. Но каким образом Айша смогла договориться с Полиной? Для того, чтобы получить согласие на выставку, Айше, вероятно, пришлось пообещать старой вампирше по меньшей мере литр молодой крови. Теткиных знакомых, а может, и друзей Питер наблюдал в гостиной. Чем могла завлечь их Айша?

Невеселые мысли Питера прервал мужчина, скрывающий клыки, с усилием натягивая на них губы:

– Простите, мне показалось… возможно, мне просто показалось, что вы родственник нашей дорогой Полины. И еще, я хотел спросить. Случайно не вы позировали для портрета Жертвы? Главного, так сказать персонажа этой выставки?

Питер попытался ответить, но не смог. Ярость, охватившая его, вызвала спазм горла. Питер задыхался и не мог произнести ни звука. Справившись с собой, он спросил:

– Как вы сказали, портрет Жертвы? Почему жертвы?

– А вы не читали аннотацию к выставке? Ах, да я забыл, ее раздали только посвященным. Я хотел сказать только членам клуба.

У Питера появилось желание вырваться из душного салона и убедиться в том, что все увиденное всего лишь плод его больного воображения. Он оттолкнул вампира и устремился к двери. Дядюшка Голдсмит как будто ждал сигнала, чтобы войти и заключить Питера в объятья. Питеру показалось, что свет ламп стал тускнеть, зазвучала музыка – протяжные звуки мелодии, похожей на детский плач. Пастушья свирель солировала; она плакала и заставляла обливаться кровью сердца чувствительных натур. Из соседней комнаты в салон вошли знакомые Питеру люди. Все они были либо родными Питера, чьи портреты, написанные Айшой висели на стенах теткиной гостиной, либо персонажами его фотографий. Собралась небольшая толпа, окружившая Питера и Айшу, одетую в платье и белый фартучек с его фотографии. Фотограф затравленно озирался по сторонам, надеясь найти сочувствие и поддержку. Свирель замолчала, и голос Айши отчетливо зазвучал в наступившей тишине.

— Вот он, наш герой, посмотрите на него внимательно! Тот, от кого зависит наше счастье, наш успех!

— Да, да! Дайте его нам, мы хотим разглядеть его получше, – живое кольцо сомкнулось и Питеру показалось, что сейчас его разорвут на части. Тетка Полина, в сопровождении добряка вампира подошла совсем близко. Питера ужаснул нездоровый блеск ее глаз и отвратительная улыбка ее компаньона.

— Что Вам от меня нужно? Что я вам сделал? При чем тут счастье?

Вмешалась Айша, дирижировавшая всем сборищем:

— Я попытаюсь объяснить в чем дело. У тебя есть ген счастья! Он позволяет тебе жить счастливо, видеть все окружающее только в радужных тонах. Ген позволил тебе стать успешным. Все на что ты обращаешь внимание, начинает привлекать окружающих. Твое прикосновение, как прикосновение царя Мидаса превращает все вокруг в золото. Посмотри на этих людей. Половину из них изобразила я, такими, как они есть, а вторую половину изобразил ты. Художников подобных тебе становится с каждым днем все больше. Они вдохновляют ученых, создавших генетические продукты –мутанты, и мечтающие о той же судьбе для людей. Я тебе послала в подарок картину Тревиса Луи. Он пошел дальше тебя. Он позолотил не обыкновенных людей, а тех, кто обычно прячется в тени, чтобы скрыть свои природные изъяны. Мы хотим, чтобы ты согласился пройти тестирование у ученых, чтобы выяснить, можно ли пересаживать ген счастья. Тогда все, кто захочет, могут стать счастливыми.

Раздался дружный хор:

— Мы хотим счастья я я я ! Богатства а а а!

Питер обхватил руками голову и заговорил когда смолкли крики:

— Ты же подружилась с моими родными! Они приняли твои портреты, хотя на них они такие, как есть. Почему тогда вам нужен «ген счастья», если вам и так хорошо?

Тетка Полина подмигнула племяннику:

— Она пудрит тебе мозги. Я мерзкая и я нравлюсь себя. Спроси у Голдсмита, спроси у Мэгги. Хотят они меняться? Спроси у моего друга Роберта, — Полина кивнула в сторону вампира, — Я не хочу быть другой! Ты, дорогой, мой, всего лишь Жертва. Ты тот, кто боится всего! Ты— жертва хозяев и моделей. Ты боишься быть собой. Царь Мидас чуть не умер от голода, потому, что все к чему он прикасался, в том числе и еда, превращались в золото. Он остался жить потому, что упросил бога Диониса забрать дар, способность превращать все вокруг в золото, обратно.

— Тебя, дорогая тетушка, просветила Айша, как и всех остальных?

— Конечно, ты ведь занят! Тебя пора спасать! Мы любим тебя, несмотря ни на что и хотим избавить тебя от «гена счастья»,— Тетка плотоядно улыбнулась и потянулась рукой к тонкой шее Питера.

Толпа сомкнулась и последнее, что увидел Питер – это был белый фартучек Айши.

Проснулся Питер у себя в квартире. Прямо перед ним на подрамнике стоял его портрет, перевязанный белой ленточкой, а на столе лежало послание. «Дорогой Питер. Мы попытались спасти тебя. Мы лишили тебя «гена счастья». А дальше все будет зависеть от провидения». Питер подошел к зеркалу: несчастная физиономия молодого Голдсмита глядела на него из зазеркалья.

Неизвестный адресат

Последняя марка, самая любимая, изученная вдоль и поперек, пережившая свою минуту славы   заперта вместе с другими сокровищами в альбом, и теперь ее явление на свет божий станет событием. До того как марка попала в компанию проштемпелеванных собратьев, в ее существовании произошло совсем немного событий. Марку напечатали, потом она попала на почту, а затем ее приклеили к конверту, написали на нем адрес и отправили в другую страну. Пропутешествовав некоторое время, марка вместе с письмом вернулась обратно к отправителю. Уже немного освоившись в новом обществе, марка, не переставая удивляться, узнала, что и другие марки также, как и она, попали сюда прямиком с почты, с возвратившемся обратно письмом. На всех конвертах сделали одну и ту же пометку: адресат не найден.

Любопытная марка стала центром возмущения. Она нарушила покой мирной компании, дремавшей не один десяток лет. Мелкие интриги и дрязги, иногда возникавшие лишь потому, что альбом становился тесным для внушительной коллекции, затухали очень скоро. Маркам не хватало задора, энергии, чтобы по-настоящему разбушеваться и устроить бунт. Они предпочитали мирно почивать, до того редкого мгновения, когда хозяин вытаскивал какую-нибудь красавицу, чтобы продать или обменять ее. Последняя марка, на которой была нарисована экзотическая бабочка, с жутким именем «мертвая голова» задала всем маркам один вопрос: «Как вы думаете, почему все письма, разосланные в разные концы света, приходят обратно по одной и той же причине, по причине того, что адресат не найден?»

- Ты думаешь, что самая умная? «Мертвая голова»! Тебе спать непробудным сном, а не вопросы задавать! И без тебя мы думали об этом; у каждого из нас имеются свои соображения,–миловидная женская головка с итальянской марки выплескивала желчь, скопившуюся за долгие годы. Ей хотелось блистать, чувствовать себя любимой и желанной, а вместо этого, приходилось томиться в тесном альбоме рядом с такими невеждами, как эта новенькая «мертвая голова», ничего не скажешь, хорошенькое имя.

- Мы думали, думали и решили, – раздался приятный баритон Арлекина.

- И что мы решили?– затявкала маленькая китайская собачка, уставшая молчать

- Мы решили…. мы решили, что мужчина, тот, что нас сюда поместил и держит взаперти, ненормальный. А что другое можно предположить? Вместо того, чтобы радоваться жизни, веселиться, любить красивых женщин, он занимается такой ерундой!, – Арлекин постарался повернуться к женской

142

головке—обе марки оказались совершенно случайно на одном листе в альбоме.

– Это не он, это вы странные, раз до сих пор не догадались, почему он рассылает письма несуществующим адресатам, – Мертвая голова пошевелила усиками– все просто и ясно, он хочет заполучить нас; для него самое главное в жизни– это мы, марки! Подумайте только, сколько марок он набрал таким путем. Вы знаете, сколько нас томится в этом альбоме? Знаете?

– Я знаю, почему он рассылает письма. Он очень одинок. Совсем один на белом свете! Вот у нас, например, марок, запертых в альбоме, и то своя компания есть и к тому же очень разнообразная. Никогда не знаешь, кто в следующий раз примкнет к нам. Мертвая голова и та заговорила!– Арлекин вздохнул

– Вы думаете мне нечего рассказать! А череп–самый модный узор во все времена. Император Фридрих Великий придумал использовать изображение черепа в форме гусаров, для устрашения врага. Я видел марку, на которой прусская принцесса Виктория Луиза в форме гусара. На шапке у нее череп. Послушайте, я вам предлагаю повеселиться, а то вы совсем заплесневели в этом старом альбоме, и Одинокого скитальца развлечем!

– Почему ты называешь его Одиноким скитальцем? Он не скитается, а сидя на месте, рассылает письма, – кукла рассудила логически

– Он скитается в мыслях, вместе с марками, к тому же он один. Поэтому он Одинокий скиталец!

– Ах, какая ты умная, Мертвая голова, – огорчилась женская головка

– Не то, что некоторые, – не удержался Арлекин.

– Конечно, умная, тяв, тяв, поэтому и мертвая, тяв, – китайская собачка помахала хвостиком и тут же уснула.

Марки согласились с тем, что самая разумная последняя марка и должна придумать, как нарушить сонное существование, повеселиться, а если очень повезет, выскочить на свет божий, попутешествовать. Идею подсказал разговор владельца марок с одним из филателистов. Одинокий Скиталец показывал свою коллекцию, расхваливая самые неинтересные марки. Особенно он хвалил китайскую собачку. Видно, очень уж хотел расстаться с ней.

143

Филателист взял лупу, изучил марку и поинтересовался у владельца, как ему удалось найти ее. Вместо ответа ему пришлось удовольствоваться кривой ухмылкой.

Коллекцию Одинокого Скитальца знали и очень ценили, но долгое время никто не подозревал, каким образом он добывает редчайшие марки со всего света, пока самый любопытный филателист не провел расследование и не выяснил оригинальный способ приобретения марок. Филателист пришел к Одинокому Скитальцу для того, чтобы проверить свою гипотезу, и, воспользовавшись смятением владельца коллекции, получить самые желанные марки. По версии филателиста, Одинокий Скиталец рассылает по свету письма к вымышленным адресатам, они возвращаются к отправителю, а тому остается аккуратно снять марку и положить ее в альбом. Изложив свою гипотезу, Филателист впился глазами в собеседника. Тот принял индифферентный вид, покачал головой и стал уверять филателиста, что только человек с больной фантазией мог изобрести такой странный способ получения марок. У него много друзей по всему свету, которые мечтают о том, чтобы получить от него письмо и ответить, а если случается, что адресат меняет место жительства, в этом нет ничего удивительного. В жизни все бывает: все течет, меняется. Одинокий Скиталец с честью выдержал атаку. Не захотел продавать две марки, ради которых приходил филателист, а именно Арлекина и Мертвую голову. Так и пришлось филателисту убираться несолоно хлебавши.

А вот что придумала Мертвая голова, внимательно прослушав этот разговор. Подсказать одинокому скитальцу настоящий адрес с реальной фамилией адресата и посмотреть, что из этого получится. Лучше всего, чтобы этим адресатом оказалась женщина, а еще лучше, чтобы она была не замужем. Вспомнить такой адрес можно. Мертвая голова не зря провела на почте несколько месяцев, прежде чем ее наклеили на письмо; много адресов бродило в ее памяти, нужно было выбрать самый подходящий. И еще одна проблема, самая сложная. Как сделать так, чтобы Одинокий Скиталец написал письмо именно по этому адресу. В заговор вошли только самые активные марки, не успевшие потерять интереса к вне альбомной жизни. А зачем, к примеру, устраивать какие-то заговоры, когда и так хорошо живется. Тихо, мирно, сухо, без проблем, крыша над головой, никто не обижает. Ведь никогда не знаешь, чем может закончится авантюра с неизвестным адресатом.

И вообще, что может быть лучше сонного прозябания. Компания авантюристов во главе с необычной бабочкой не оставила своих дерзких проектов. Каждая из марок, желающих поменять образ жизни, предложила свой адрес. Адреса в разных концах света, как и марки, вспомнившие их. Сам Одинокий Скиталец, проживавший в Европе, очень любил экзотические страны, откуда могли прийти редчайшие марки, напечатанные маленькими тиражами. Бабочка явилась из Австралии, однако предложила своим друзьям необычный адрес из сравнительно молодого государства. Как она объяснила, после развала одной из последних империй появились маленькие и очень амбициозные государства, беспрестанно доказывающие окружающим свое право на жизнь. А как лучше всего можно рассказать миру о своем существовании? Напечатав марки. Самый простой и эффективный способ. Марки разбредаются по всему миру и вот уже в самом отдаленном уголке земного шара знают, что на свете есть такое государство как Зизулябия.

Мертвая голова вспомнила адрес из этого государства и очень настаивала на том, чтобы очередное письмо Одинокого Скитальца было послано симпатичной женщине из новой страны. Женщину бабочка видела сама, когда та пришла на почту, чтобы отправить письмо. В тот день на ней было оранжевое платье, цвета заходящего солнца, что весь день светило в глаза Мертвой головы сквозь стеклянные двери. Разноцветные бусы свешивались почти до колен, браслеты ручные и ножные позвякивали при ходьбе. «Праздник, а не женщина», –подумала тогда бабочка. Такую женщину трудно забыть, а тем более необычный адрес ее адресата. Она объяснила, что шлет письмо домой, маме, в родную Зизулябию. В Австралию она приехала ненадолго, погостить и скоро собирается в обратный путь. Только такая женщина может вытащить Одинокого Скитальца из скорлупы. Сообщить адрес хозяину поручили недавно прибывшей из Англии марке, с изображением Чарльза Дарвина в компании обезьяны на глазах, превращающейся в человека. Марку напечатали к 200-летию ученого. Дарвин вначале стал отпираться, объясняя свой отказ естественным нежеланием заниматься несвойственным ему делом. Ведь он не какой-нибудь шарлатан- медиум вроде графа Калиостро, а солидный ученый с мировым именем. В спор вступила Мертвая голова, еще раз показав присутствующим свое умственное превосходство.

– Вы смогли убедить весь мир в том, что обезьяна в свое время, слезла с дерева, взяла в руки палку, встала на две ноги, затем

145

и вовсе заняла место олимпийских богов. Ведь Вы уверили в этом не только своих собратьев ученых; никто не будет спорить с тем, что они люди со странностями; но и простых людях, даже тех, кто никак не соглашался признать своим ближайшим родственником обезьяну. Вам это сделать удалось, уважаемый сэр Чарльз. А тут такой пустяк. Всего лишь адрес!

Дарвин тяжело вздохнул, внимательно посмотрел на распрямившую спину обезьяну и согласился:

— В самом деле, возможно, я сделаю доброе дело, соединю двух одиноких людей.

Марки так громко восхищались сэром Чарльзом, что проходивший мимо Одинокий Скиталец встревожился, услышав непонятный шум; заглянул под кровать и в платяной шкаф. Никого. Только альбом с марками на почетном месте в книжном шкафу. Коллекционер вытащил альбом, и стал рассматривать главное сокровище своей жизни, ради которого он жил полным отшельником и праведником. Дойдя до марки с Дарвиным, он вытащил лупу, чтобы получше разглядеть недавнее приобретение. Он долго рассматривал ученого, потом перевел взгляд на очеловеченную обезьяну, пытаясь найти отдаленное сходство между великим человеком и его далеким предком. Не нашел. Принес свою недавнюю фотографию, с той же целью- сравнить выпрямившего спину сородича с собой. С сожалением отметил, что сам он больше похож на родственника обезьяны, чем Дарвин.

И тут случилось то, чего он никак не ожидал. Дарвин с марки стал явственно произносить отдельные слова, словно проверяя свою способность издавать звуки. Одинокий Скиталец оглянулся по сторонам, в надежде увидеть того, кто мог произнести эти слова, но так никого и не обнаружил. Оставалось поверить в невероятное, либо признаться себе в том, что от долгого отшельничества он потихоньку сходит с ума. «Зизулябия», -пропел Дарвин. «Напиши письмо в страну под названием Зизулябия, молодой очаровательной женщине— ее зовут Жозефина Махмуд Абу Галиб. Улица, где она живет, называется «16 апреля- День национального счастья», а дальше дом 3/77, квартира 144. Не забудь! Я повторю еще раз и думаю, этого будет довольно, чтобы запомнить такой легкий адрес. Будешь благодарить меня всю жизнь! Это не женщина— это настоящий праздник.»

Одинокий Скиталец схватился за голову и выбежал из комнаты. Он не подходил к альбому недели две, опасаясь за свой рассудок, но самое удивительное- он никак не мог забыть адрес и имя женщины, впечатавшиеся в его память почти также хорошо, как и собственное имя. К тому же он обнаружил странное совпадение. Его самого звали Мамед Гулам, не совсем Махмуд абу Галиб, но похоже. Мучился некоторое время, не зная как поступить. Рассказать другу о своих сомнениях он не мог. Во-первых, у него не было ни одного друга, а во-вторых, даже если бы он рискнул открыть душу коллеге коллекционеру, хотя бы тому, кто мечтал купить у него Мертвую голову и Арлекина, то неизвестно, чем кончился бы для него подобный сеанс душевного стриптиза. Он мог потерять репутацию солидного, ученого человека, знающего толк в марках. А в мире филателии, как и в любом закрытом сообществе, репутация – это фундамент твоего благополучия.

Оставался один единственный выход. Послать письмо по этому адресу и забыть о нем. Глядишь, придет оно обратно, и, возможно, с новой необычной маркой. Перед тем, как решиться на поступок, а для Одинокого Скитальца– это и был самый настоящий поступок, он проверил, есть ли на карте такое государство – Зизулябия? К великому своему изумлению, он обнаружил небольшое государство, вклинившееся маленьким лоскутком между большой европейской страной и азиатским внушительным драконом.

Как такая лилипутия, могла стать государством в окружении великанов,   оставалось загадкой. Одинокий Скиталец перестал задавать себе вопросы. На этот раз он решил написать настоящее письмо, а не просто вложить листок бумаги с несколькими ничего не значащими словами, как он это делал в прошлые разы. Он долго думал, как начать письмо к незнакомой женщине, (скорее всего ее и на свете нет). В первый и последний раз в своей жизни он напишет любовное послание. Одинокий Скиталец, не смотревший не только на женщин, но даже на розы в саду рядом с домом, взялся написать столь необычное для него письмо. Он купил красивую писчую бумагу нежного розового цвета. Собирался с мыслями, надеясь поразить воображение далекой красавицы, однако ничего не получалось. Достал альбом с полки, открыл его и удивился перемене, произошедшей со знакомыми марками. Мертвая голова оказалась в соседстве с Арлекином, Дарвиным и женским профилем, хотя он отлично помнил, что поместил их на разные страницы. Не успел он удивиться перемене, как заговорила Мертвая голова:

147

– Наконец, ты станешь настоящим мужчиной. Ты поймешь, что такое радоваться каждому дню, солнечному лучу, расцветшему цветку, бабочке! Наконец, ты полюбишь женщину!

– Да, да, обязательно женщину, – воскликнула женская головка.

– Ты узнаешь, что значит любить, страдать, шутить, издеваться, плакать и смеяться над своими бедами, и все это благодаря женщине, – Арлекин не упустил случая погримасничать.

– И убедишься в том, что женщины ушли по эволюционной лестнице дальше мужчин, стоит только поглядеть на них; какие они прелестные, совсем не похожи на обезьян, ведь правда? – Сэр Чарльз и тут не смог отойти от любимой темы.

После первого шока, вызванного речью Дарвина, Одинокий Скиталец больше не пытался понять, каким образом простые бумажные марки вдруг обрели дар речи и учат его, взрослого, умудренного жизнью человека, уму разуму. Он смирился и спросил: «А вы поможете мне написать письмо прекрасной Жозефине Махмуд Абу Галиб?» «Конечно, что за разговор!» – хором закричали марки – «Садись и пиши!»

«Дорогая Жозефина, – продиктовала женская головка. Она запнулась и тут же вмешалась Мертвая голова–Я перестал радоваться жизни, есть, спать и развлекаться с друзьями после того, как случайно увидел вашу фотографию в журнале, где была статья о вашей стране. Вы смотрите в объектив и улыбаетесь. На Вас платье цвета заходящего солнца и сверкающие бусы, чей блеск не смог затмить блеска ваших черных жгучих глаз, пронзивших мое сердце. Я увидел Вас на фотографии и прочел подпись под ней, где говорилось, что самая красивая женщина Зизулябии Жозефина любит прогуливаться по берегу моря, собирая ракушки. С тех пор я только и мечтаю о том, чтобы оказаться рядом и преподнести Вам как можно больше ракушек.. – Мертвая голова сделала паузу, прокашлялась и собиралась продолжить письмо, Арлекин перехватил инициативу–Ракушки, тем более съедобные – это замечательно, от них больше пользы, чем от простых. Надеюсь, Вы любите именно такие. А еще мне хочется пойти с Вами в театр и посмотреть на представление, где будут актеры в масках. Маска- это второе лицо. Мы все надеваем его, когда выходим на люди, совсем как одежду. Без маски, мы все равно, что голые. А вот сейчас, когда я пишу это письмо, мне кажется, что я снял маску и впервые в своей жизни стал настоящим. – Арлекин прослезился, и Чарльз Дарвин продолжил вместо него коллективное послание. – Не думайте, что я бездельник, из тех, что день и ночь листает гламурные журналы и не знает чем себя занять, я серьезный человек, можно сказать ученый в своей области. Мы можем поговорить с Вами о разных материях, и я не сомневаюсь, что женщина такой приятной внешности не только украшает пейзаж, но возможно, она – интересная собеседница. Меня, например, интересуют филателия, биология, физика, химия и вообще, научный взгляд на мир очень помогает развитию цивилизации, – женская головка тихо вздохнула и все посмотрели на нее, согласившись с тем, что именно ей нужно предоставить возможность закончить письмо. – Вам может показаться, что я скучный неинтересный тип, на которого женщины не обращают ни малейшего внимания? Это не так! Я могу быть веселым, забавным, разговорчивым, могу быть душой компании, развеселить Вас в минуту, когда Вам грустно от того, что идет дождь, и солнышко скрылось за тучками. У меня нежная душа, способная отзываться на самый тихий призыв, я чувствую все перемены женского настроения также чутко, как барометр погоду. Откликнитесь и Вы поймете, что только я смогу стать Chevalier Servant такой изысканной Дамы, как Вы, Жозефина. Я буду ждать вашего ответа, и лишь надежда на ваш благосклонный ответ, будет поддерживать во мне жизненные силы! – последняя фраза была встречена остальными марками с некоторым неодобрением, в отличие от невиданного энтузиазма Одинокого Скитальца. Он даже согласился придумать, как ему подписать письмо; после некоторых сомнений, он написал: «Ваш навеки, Мамед Гулам» и поставил под ней свою самую красивую подпись.

Одинокий Скиталец закрыл альбом, побежал на почту и отправил письмо. Потянулись долгие дни ожидания. Он не мог объяснить себе, чего он ждал. Поверить в то, что марки могут разговаривать, что адрес написанный им настоящий, а не выдуманный, как все остальные, очень трудно. Во всяком случае, нормальному, здравомыслящему человеку, каким считал себя до недавнего времени Одинокий Скиталец. Тем не менее, приходилось признать, что с ним происходили необычайные события. Время остановилось и Одинокому Скитальцу стало казаться, что его существование до того момента, когда он написал это письмо, было лишь подготовкой к главному событию его жизни. Он чувствовал себя пассажиром, стоявшим на перроне и ждущим своего поезда. По неизвестным причинам его поезд не приходил. Вокруг бурлила жизнь: пассажиры приезжали, уезжали, люди сходились, расходились и лишь Одинокий

Скиталец продолжал стоять на перроне забытый людьми и Богом. А вот теперь у него появилась уверенность в том, что поезд, сильно задержавшийся в пути, скоро появится на горизонте, и он сможет сделать выбор.

Письмо от Жозефины пришло ровно через месяц. На нем была ни одна, а несколько марок. Как оказалось, письмо было переадресовано несколько раз, прежде, чем нашло адресата. За время пока оно шло в Зизулябию, Жозефина успела съездить еще раз в Австралию (ее приглашали туда родственники, оплатившие и расходы на дорогу) и вернуться обратно. Письмо Одинокого Скитальца, как послушная собачка, следовало за хозяйкой и наконец, нашло ее. Жозефина очень удивилась, прочитав послание, и обнаружив неведомого поклонника, где-то далеко в Европе. Прочла его своей многочисленной родне, затем близким знакомым и в самом конце, всем, кто заинтересовался этим необычным случаем.

Жозефина так и не смогла найти журнала, со своей фотографией, но не очень расстроилась. Она ответила Одинокому Скитальцу кратко и по делу. Жозефина написала, что если она заинтересовала далекого незнакомца до такой степени, что возникла угроза его жизни, то он может приехать к ней в гости, познакомиться с ней, ее родными и близкими. Вскользь упомянула о том, что сердце ее свободно и до сих пор не нашлось Рыцаря, способного завладеть им. В письмо она вложила свою фотографию, где она в оранжевом платье и в бусах. В том же самом платье, в котором ее видела Мертвая голова. У Жозефины было одно выходное платье. Одинокий Скиталец несколько раз перечитал письмо. Затем принялся изучать фото Жозефины, совсем как он изучал свои марки. Он даже вооружился лупой. Женщина показалась ему необыкновенно привлекательной, несмотря на смуглую кожу и курчавые волосы.

Одинокий Скиталец уверился в том, что главное увлечение жизни —марки, может стать источником счастья либо наоборот несчастья. Он открыл альбом, чтобы держать совет со своими главными консультантами. Одинокий Скиталец прочел им письмо Жозефины, и попросил совета. Марки говорили наперебой, стараясь перекричать одна другую. Выиграла как всегда, Мертвая голова, Она просто подождала, пока все устанут, и только тогда вступила в дискуссию:

– Неужели тебе нужен совет! Не могу поверить! На твоем месте я давно собрал чемоданы, с подарками для Жозефины! Вперед, навстречу судьбе!

150

Выслушав патетическую речь, марки одобрительно зашелестели. Мужчине не оставалось ничего другого, как согласится. Да он и сам хотел того же.

Впервые в жизни он поедет в далекую страну, отправится в дальнее путешествие, увидит новые края, незнакомых людей. И самое главное он встретит ту, ради которой он совершил необыкновенный поступок–решился на путешествие. В самолете он окончательно поверил в реальность происходящего. Он не предупредил заранее Жозефину. Друзья- марки посоветовали ему сделать ей сюрприз. Первое, что поразило его на земле Зизулябии – это пальмы. Одинокий Скиталец не представлял, что в каких-нибудь 3 часах полета от его туманного края, находится яркая, подобная тропической бабочке страна, где голубое небо и пальмы напоминают экзотический рай. Название улицы «16 апреля -День национального счастья» не знал ни один из таксистов. Незадачливый влюбленный огорчился и подумал, что авантюра закончится прогулкой по необычному городу. Он сел в такси и попросил шофера покатать его по городу. Таксист оказался разговорчивым и трещал без умолку, рассказывая о памятниках новейших и старых. По его рассказам выходило, что история Зизулябии уходит вглубь веков. И чем больше ее изучают, тем древнее она оказывается. Одинокий Скиталец вспомнил о Дарвине, хотел поделиться с шофером мыслями об эволюции человека, прошедшего путь от обезьяны, но был прерван радостным криком: «Кто бы мог подумать? Раньше проспект назывался «Бульвар самбы», а оказывается его переименовали, и сейчас- это улица «16 апреля – День национального счастья». Смирение и уныние сменились у влюбленного эйфорией. Вновь надежда засверкала брызгами фонтанов, усеявших улицы и площади города.

Дом 3/77 в мавританском стиле органично сливался с пейзажем. Не успела машина остановиться у подъезда, как из него выпорхнула Жозефина, в знакомом влюбленному платье, со сверкающими бусами. Она вскрикнула, засмеялась, протянула ему руку. «Ты–Мамед Гулам и приехал за мной!» Потрясенный, потерявший способность рассуждать Одинокий Скиталец отдался на волю Жозефины, осветившей его серое существование райской птичкой, подобной той, что была на марке, наклеенной на единственное письмо Жозефины, полученное им из Австралии.

Предсказание Мертвой головы о том, что марки будут путешествовать по свету, наклеенные на письма, не сбылось.

151

Оказалось, что гашенные марки невозможно снова клеить на конверты. Даже такая умница, как Мертвая голова может чего –то не знать. Альбом разросся, новые марки со всего света, наклеенные на настоящие письма, которые получала Жозефина, заняли в нем свои места. Репутация солидного филателиста упрочилась, дела пошли в гору. Дом Одинокого Скитальца перестал быть убежищем отшельника; в нем появился свет, друзья, родственники и знакомые Жозефины, принявшие и полюбившие Одинокого Скитальца, превратившегося в счастливого Мужа Жозефины Мамед Гулам. Новобрачный долго бился над вопросом- рассказать любимой жене, каким образом он узнал ее адрес, или нет? И все-таки решил не делать никаких признаний. У каждого человека должна быть своя тайна! А вот марки с тех пор больше ни разу не заговорили. И потом, разве могут марки говорить?

Файл судьбы

Всю последнюю неделю Фатима не могла заснуть. Одна и та же картина неотвязно стояла перед глазами. Любимый, кандидат в женихи, под ручку с толстой неуклюжей девицей шел ей навстречу. Поравнявшись с девушкой, он, не моргнув глазом, прошел мимо. Ей даже показалось, что он и в самом деле не заметил ее. Накануне того злополучного дня любимый объявил о том, что уезжает в командировку.

«Почему он так поступил со мной? Почему бы не сказать просто, что разлюбил меня? Это мне награда за мое послушание. Он всегда говорил, что не любит толстых женщин. Хотела ему шел ходит под ручку? С толстухой, да еще в джинсах. Как она в них влезла, хотелось бы знать?» Девушка долго перебирала все обиды нанесенные милым. Оказалось, что она помнит, чуть ли не каждый недобрый взгляд. Покопавшись в памяти, она вспомнила и другие обиды. Начала с недавних, и закончила старыми, почти забытыми. Все они, словно выползшие из нор змеи зашипели, высунули страшные раздвоенные языки и стали больно жалить ее.

Девушка заплакала от жалости к себе. Фатиме показалось, что она живет на теневой стороне жизни, куда никогда не заглядывает солнце. Сколько бы она ни старалась поменять существующее положение вещей, ничего не получалось. Вспомнила о том, что погода и та словно решила подыграть напастям, преследующим ее. Зима не кончалась, несмотря на календарный май и уверения ученых в том, что грядет глобальное потепление климата. Самый последний случай с любимым только подтверждает выведенную ей самой формулу судьбы- горькая доля. Фатима потихоньку погружалась в кошмар. Сначала она преодолевала себя, нехотя вставала утром, завтракала и шла на работу в контору, где целый день занималась перекладыванием бумаг с места на место.

Бесцельная деятельность и раньше не вызывавшая у нее восторга стала особенно раздражать ее. В один из дней ей захотелось сгрести все бумаги в одну кучу и сжечь их, а вместе с ними весь офис и всех, кто там находился. Она поймала себя на этой безумной мысли и поняла, что пора отправляться к врачу. Вопрос, к какому врачу она пойдет, решился сам собой. Самая близкая подруга рассказала Фатиме, предварительно взяв с нее слово, сохранить в тайне все, что услышит, невероятную историю. По словам подруги выходило, что она встретила врача, настоящего врача, обладавшего экстрасенсорными способностями и в придачу к ним необычайным волшебным аппаратом, с помощью которого он мог изменить судьбу человека. По мере того, как подруга рассказывала истории пациентов необыкновенного доктора, Фатима улыбалась все ироничнее. На десерт подруга оставила самую фантастичную байку о том, как калека не только выздоровел, но и смог стать удачливым и женился на самой красивой девушке.

- Мне казалось, что ты также, как и я, не веришь шарлатанам! Причем тут доктор и вопрос о том, чтобы изменить судьбу. Возможно, здоровый человек может, в некоторой степени, повлиять на качество жизни, но чтобы изменить судьбу..... Ты знаешь я фаталистка. Помнишь моих знакомых,? Мы еще любовались ими, такая чудесная была пара. Он похож на Меджнуна. Черные волосы, закрывающие шею, орлиный нос, высокий голос, как у хананде и она – рыжая, тонкая, изможденная, с прозрачной кожей, зелеными глазами. Ты помнишь их? Они всегда были вместе. Книгу написали одну на двоих. Книгу назвали: Инь и Янь. Скажи, пожалуйста, можно ли было изменить то, что случилось с ними?
- Какая-то жуткая история, кажется.

– Да, да, она умерла за неделю до помолвки. В день ее смерти они собирались встретиться с друзьями и сообщить им о помолвке.

– А вместо этого….

– Помню, смутно. Помню, как ты переживала. Думаешь, возможно было что-то изменить? Не знаю, не уверена, хотя этот же самый доктор, шарлатан, как ты его обозвала, рассказал мне много интересного, просто посмотрев на линии моей руки.

– Совсем, как цыганка! Интересно, интересно, что он такое тебе наговорил?

Подруга протянула свою руку ладонью кверху и показала на линию, спускающуюся к запястью.

– Вот видишь, линия жизни. У меня она длинная, но посмотри, здесь, как будто прерывается, совсем невидимая, а потом вдруг становится резче и идет дальше. Он точно определил возраст, когда я пережила аварию и чуть не умерла. Помнишь ту историю? В Подольске, я с мужем попала в аварию. Три дня между жизнью и смертью. На лбу остался шрам. Вернулась обратно с того света, и линия жизни продолжилась. Уже потом, когда мы с ним подружились, не смейся, я и в самом деле считаю его своим другом, учителем, он показал мне программу на своем аппарате, которая так и называется «коррекция линии жизни». Красиво, правда?!

– Какая ты доверчивая! Если бы все было так просто! Представляешь, какой макияж стали бы наводить на линии судьбы. Смешно, да и только.

– А ты не смейся, ты попробуй, а вдруг у тебя получится!

Фатима через некоторое время забыла о разговоре, и неожиданно вспомнила, когда ей приснилась пара, о которой они говорили с подругой. Рыжая девушка, обнимая любимого, вдруг заглянула Фатиме в глаза и тихо спросила: « А почему бы тебе не сходить к учителю, а вдруг он и в самом деле кудесник!» Она так и сказала «кудесник». Фатима договорилась о встрече. Придумала благовидный предлог. У нее часто болело горло. Выяснилось, что врач может явиться собственной персоной к ней на дом. Его заявление совершенно разочаровало Фатиму. «Что это за врач, у которого нет своего кабинета!» Он пришел в назначенный час с небольшим чемоданчиком. Не стал мыть руки, как ожидала Фатима. Разложил на столе свой ноутбук и небольшой, похожий на измерительный прибор аппарат. Стал задавать вопросы, а потом вручил ей железный стержень, попросил покрепче сжать его в руке и стал наблюдать за тем, как волнуется кривая на экране монитора.

– В детстве, в 5-6 лет вы перенесли тяжелую ангину, а потом уже были осложнения, около месяца вы вообще не разговаривали. Вас неплохо лечили, и все же остался маленький очаг инфекции, он то и не дает вам спокойно жить. Время от времени вы болеете, и недавно сердце заболело. Тоже от ангины. Ну, я думаю, что мы справимся, нужно только найти частоту.

– Что найти? Вы сказали частоту? А вы не хотите мне назначить антибиотики? Ведь Вы сказали про очаг инфекции, или я что-то не поняла.

– Все правильно, но только у меня другой метод. Попробую объяснить. Представьте, что у каждого тела, своя частота, понимаете? Если изменить частоту, то возможно, это тело разрушится. А это именно так и происходит. Найдем частоту вашего очага инфекции и разрушим его. Все просто.

– Неужели действительно все так просто? А если окажется, что частота моего организма совпадает с частотой моей болезни, тогда вы и меня разрушите вместе с болезнью, вам так не кажется?

– Интересный вопрос, но Вы не верите мне?

– Не верю! Но хочу попробовать.

Весь сеанс лечения заключался в том, чтобы держать в руке железный стержень, подключенный к аппарату, в то время, как врач внимательно наблюдал за колебаниями кривой на экране. Количество сеансов, необходимых для выздоровления определял сам врач. После третьего он заявил, что аппарат показал отсутствие инфекции. «Все, милая девушка, лечение закончено. Вы можете теперь позволять себя мороженое, иногда. Иногда…»

– Я хотела попросить Вас об одном одолжении. Не знаю, даже, как сказать. Немного странная просьба, но мне сказала моя подруга, что вы почти маг!

– Да..... магом я еще не работал. Разное было в моей жизни, но вот колдуном, магом я не был.

– Тем не менее. Она сказала мне, что вы можете менять судьбу человека, что такая программка есть в вашем компьютере. Это правда?

Врач опустил глаза. Пауза затянулась. За окном полицейский призывал к порядку нерадивых автомобилистов. Послышался визг тормозов и крик женщины. Фатима и доктор одновременно подошли к застекленной балконной двери, выходившей на оживленный проспект. Две машины столкнулись. Женщина, очевидно сидевшая за рулем одной из них, стояла рядом с полицейским и что-то громко говорила, размахивая руками; вокруг стала собираться толпа зевак.

– Вот Вам иллюстрация к вашему вопросу. Как вы думаете, могла эта женщина избежать столкновения, или все-таки ее характер, темперамент, какие-то неприятности подтолкнули ее к такому развитию событий?, - врач с любопытством смотрел на Фатиму.

– В Вашем вопросе я читаю ответ. Я думаю так же, как вы: ее характер, все, что вы перечислили, стало причиной столкновения.

– А теперь я по-другому задам вопрос. Возможно, она совсем не причем. Водитель второй машины нарушил правила и поставил ее в такое положение. Представьте, женщина совсем не виновата. Могла ли она избежать этой ситуации? Или все-таки это судьба?

Фатима задумалась. Где та грань, позволяющая разграничить твое участие в том, что происходит от силы, роковым образом ведущей тебя по жизни. Доктор прервал ее размышления.

– Вам верно изложили суть моей программки. В самом деле, у моего аппарата есть такая функция; я ее не пользуюсь, потому что считаю, что влиять на ход событий не стоит, никогда не знаешь, к чему может привести подобное вмешательство. Поэтому функция практически не изучена. Создатели аппарата, немцы подробно описали лечение разных заболеваний и отметили, что данную функцию можно использовать для того, чтобы лечить запущенные болезни. То есть, говоря популярно, можно вернуться назад во времени до точки не возврата и попытаться вылечить болезнь на самой ранней стадии. Точно также можно воздействовать на внешние обстоятельства жизни. Вас разлюбил любимый, к примеру, - врач бросил взгляд на окаменевшую Фатиму, - с помощью аппарата можно вернуться в ту точку, когда он Вас пламенно любил и настроить Вас на эту частоту. Одна из линий вашей судьбы поменяется, и внешние обстоятельства станут

156

подстраиваться под Вас. У вас на ладони изменится линия, отвечающая за любовные встречи. Понимаете?

Фатима вспотела. Ладошки стали влажными, сердцебиение участилось. Ей стало казаться, что человек, сидящий напротив, видит и понимает все, что она чувствует и невероятным образом способен прочитать ее мысли. «Как поступить? Рассказать все как есть, попросить помощи? Он ведь сказал, что не использует функцию, иначе, как для лечения болезней. А если он скажет «нет», после ее откровенного рассказа, что тогда?»

– Вы думаете о том, что случится, если после вашего рассказа о несчастной любви, я откажусь помочь Вам? Не переживайте заранее. Идите домой и хорошенько обдумайте все, что я Вам рассказал. Не исключено, что человек, разлюбивший вас, не нужен Вам и совсем другая привязанность ожидает Вас, подумайте, не спешите с ответом. И если вы все-таки решите, что без него белый свет не мил, приходите. Я сделаю исключение для Вас. Вы мне симпатичны!

Доктор собрал свой чудо аппарат и удалился так быстро, что Фатима уж и не знала, в самом деле он приходил, или ей приснился очередной странный сон.

Фуад долго сомневался, прежде чем расстаться с Фатимой. Знакомые и родные были уверены в том, что молодые люди вскоре поженятся. Уверенность, бесконечные намеки и шутки близких подтолкнули его к неожиданному решению. Ему захотелось доказать всем окружающим и себе, что он способен принимать неординарные решения и идти против течения. Тем более, что Фатима стала казаться ему пресной. Еще не став женой, она как будто заранее надела домашние тапочки и бесформенный халат. Только и говорила о том, какая она хозяйка, как любит готовить, гладить белье. Возможно, такие разговоры нравятся мужчине среднего возраста, старому одинокому холостяку, забывшему вкус домашней еды, но только не ему, Фуаду. У него совсем другие интересы и радости. Вот если бы он заговорила о том, как замечательно подняться на вершину Шах Дага с ним, с любимым, вот это да!!! Или покататься на верблюдах в пустыне Сахаре, на крайний случай слетать в Бразилию, поучаствовать в карнавале самбы, или если воображение совсем иссякло съездить в Париж и подняться по лестнице, а не на лифте на Эйфелеву башню. Так нет, же. Ее интересует кухонный комбайн, спальный гарнитур, новый миленький стол со стеклянной столешницей… И все в том же духе.

И тут появляется девушка, мечтающая о тех же ярких впечатлениях, неожиданных поворотах судьбы, что и Фуад. Она уступает Фатиме во внешнем оформлении. Совсем не такая волоокая нежная эфемерная красавица, как Фатя, наоборот земное создание с выраженными формами, лукавым взглядом и неизменно хорошим аппетитом. Но вот когда она смеется, вокруг все расцветает. Люди улыбаются, даже не зная причины ее смеха. Они встретились случайно. Стукнулись лбами при входе в билетную кассу. У Фуада из глаз посыпались искры, а девушка, не стала охать, и жаловаться, как обычная девушка, Фатима, к примеру, а протянула ему руку, сказала « Все путем!», - улыбнулась и пошла дальше. Фуад не имел привычки приставать к незнакомым девушкам, но тут не удержался и пошел за ней, как комнатная собачка за своей хозяйкой. С той поры они неразлучны. Они уже поднялись на гору, правда не на Шах Даг, а поменьше. Съездили в древний монастырь Киш и собираются отправиться в Сахару, тем более, что в связи с кризисом есть скидки на авиабилеты.

Каждый день Фуад радовался тому, что судьба преподнесла ему такой роскошный подарок, подарив встречу с замечательной, светлой девушкой. «Как здорово, что я не стал слушаться родных и не женился на Фатиме! Могу себе представить, какая бы у меня теперь была жизнь. Скукотища!» А наяву, в его новой жизни все происходило, как во сне. Самые невероятные приключения становились реальностью рядом с Замирой, так звали новую подругу Фуада. Единственный пока неприятный сюрприз ожидал его, когда он, разомлев от невероятного сходства натур, предложил девушке выйти за него замуж и услышал в ответ: «Зачем торопиться? Тебе не терпеться стать расчетливым и скучным папочкой? Надоело шалить? А мне нет! Я не готова к семейной жизни.» Странная реакция, если вспомнить о том, что Замира, как и Фатима - продукт восточного менталитета, с легким уклоном в западный. Восточная девушка обязана мечтать о замужестве. И если ей привалило счастье, и симпатичный молодой человек, милый ее сердцу, делает ей предложение, то единственный возможный ответ – да! Да!! Да!!! А тут такой афронт. «Нет! И еще раз нет!!!»

Еще одно разочарование ждало Фуада, когда он случайно столкнулся со своими друзьями, симпатичной молодой парой, с которой они дружили вместе с Фатимой. Парень взглянул мельком на Замиру и даже не извинившись, отвел в сторону Фуада:

– Послушай, что с тобой происходит? Из-за этой коровы ты оставил Фатиму? Я не могу поверить своим глазам. Ты хоть понимаешь, что ты ломаешь себе жизнь! И не только себе, не забывай, но и Фате! Я недавно видел ее. Осунулась, похудела. Сразу видно, как она переживает! А тебе хоть бы что!

Фуад не стал отвечать, пожал плечами, улыбнулся и вернулся к Замире. Девушка почувствовала настроение друга и не стала задавать никаких вопросов. Настроение было испорчено и молодые люди расстались, не договорившись о будущей встрече. Перебирая старые фото, Фуад вытащил целую кипу фотографий Фатимы. Вот она идет босая по кромке моря. Кормит голубей. Держит в руках смешного пушистого котенка. Улыбается своей маленькой племяннице. На алом маковом поле с цветком в руках. В чалме из полотенца опустила глазки.

Фуад перебирал фотографии и с каждой новой, он вспоминал все, что происходило тогда, когда они еще были вместе.

Они долго бродили по берегу и когда устали, ему захотелось оставить этот счастливый день в памяти. Попросил ее медленно идти по воде, позвал и поймал поворот головы. Тогда еще подумал, какая у нее изящная шея.

С голубями еще одна история. Они вместе смотрели фильм «Один дома». Больше всего Фатиму растрогала старая леди, кормившая голубей. До этого, Фуад никогда не замечал за ней особой нежности к птицам, а тут… Она заставила его купить две булки и привела к памятнику Физули. Пока она занималась серьезным делом, кормила голубей, он сделал фото. Потом он долго называл ее pigeon lady, как ту старушку из фильма. Фатя не обижалась, только смеялась.

Котенок убежал от Фатиной соседки и его ловили всем двором. Самой быстрой оказалась Фатя. Она схватила его в охапку. Соседский мальчишка снял ее на мобильный телефон; очень забавный получился снимок. Фатя и котенок выглядит родственниками. Оба смешные и милые.

Племянница пришла в гости к Фатиме. Нарядная, причесанная. Как упустить такой момент и не сфотографировать малышку, а заодно и Фатиму.

Поле маков. Он вспомнил их прогулку в Исмаиллы вместе с друзьями. Ребята разбрелись по полю, и пришлось долго собирать влюбленные парочки, чтобы двинуться дальше в путь. Кто-то из друзей сделал снимок, а Фуад оставил его себе.

И самая последняя фотография. Он пришел к Фате домой, а она только вышла из ванной. Нежная, как маленький ребенок. Он поцеловал ее в щеку. Она опустила глаза. В это время прибежал младший брат и запечатлел сестру с опущенными глазами.

Фотографии лежали на дне самого нижнего ящика письменного стола, и Фуад не мог понять, что ему понадобилось в этом ящике, откуда выплыло недавнее прошлое, разбудив чувства, казавшиеся умершими. Он удивился своей памяти и тому, что он вспомнил не только события, но и запахи, цвета, настроение тех дней. Отчетливее всего остального он видел Фатиму. Представил очень ясно, хрупкую женственную нежную девушку. Но только не счастливую, как на фотографиях, а другую: с горестной морщинкой между бровей, заплаканными глазами, похудевшую, с опущенными плечами. Перед ним, как по волшебству возник чистый лист бумаги, на котором тонким черным фломастером он набросал лицо девушки. Она смотрит через плечо. Недоверчиво, с укоризной. Глаза полузакрыты. Она напряжена, обижена, страдает. Рисунок получился живой. То, что на рисунке Фатима, не вызывало сомнений. Фуад удивился другому. Он никогда не рисовал и не любил это занятие. А тут с листа бумаги на него искоса смотрела Фатима, обиженным видом, напоминая обо всех горестях, пережитых ею из-за него, из-за Фуада.

А дальше у Фуада случился приступ черной меланхолии. Ушел с работы. Перестал выходить из дома и отвечать на звонки. Забыл о своей новой подружке Замире, когда будто ее никогда не было в его жизни. Заперся в своей комнате, курил и перечитывал один тот же слезливый роман о несчастной любви, где героиня, обиженная своим любимым кончает жизнь самоубийством. Последние слова, произнесенные ее перед уходом туда, откуда нет возврата: «Любимый, мы скоро встретимся с тобой. Я это знаю….»

Он не пытался восстановить отношения с Фатимой. «Зачем? Она никогда не простит, замучает попреками, а может и вовсе забыла о нем. Ни разу не позвонила, не мелькнула у общих знакомых. Гордая… Как вернуть ее после того, что он натворил?» Не осталось ни одной светлой мысли или хотя бы луча слабой надежды.

Все, кто знал Фуада, в один голос твердили о том, что на него наслали порчу, сглазили. Не может молодой здоровый парень, еще вчера не упускавший ни одного случая, чтобы повеселиться, вдруг так поменяться.

....

....

Донья Инесс собиралась в церковь. Она набросила на голову черную кружевную мантилью, кликнула дуэнью и неспешным шагом проследовала по узким улочкам Сарагосы в маленькую церквушку, стоявшую особняком. Донна Инесс оставила свою служанку у входа в церковь, а сама зашла вовнутрь. Вечерняя служба закончилась, помещение старой церкви было пустынным, лишь перед несколькими образами горели огарки свечей, освещая бледным светом бесстрастные лица святых. Донья Инесс остановилась перед своим любимым образом. Дева Мария, не похожая на остальных дев, взиравших на верующих в других храмах, смотрела на Инесс благосклонно, почти ласково. На коленях у нее сидит маленький Иисус такой же, как все младенцы его возраста. Глядя на Деву, Инесс проникалась чувством, что святая, такая же земная женщина, как и она, Инесс, что ей можно рассказать все, в чем она никогда не признается даже на исповеди падре Манюэлю.

Донья выбрала заброшенную церквушку именно потому, что нашла в ней образ Девы, единственной, способной понять и простить земную женщину, и еще потому, что никто не отвлекал ее от молитвы. Не в первый раз донья приходила в маленькую церковь, чтобы помолиться и излить в слезах душу, израненную коварным любовником доньи. Женщина произносила пламенный бессловесный монолог, надеясь, что святая способна читать мысли и совсем не обязательно говорить вслух, то, что не предназначено для чужих ушей. Да и как она могла вслух произнести столь страшные мысли. Давно Инесс дошла до самых глубин отчаяния, но все надеялась, взывала к святой и ждала от нее помощи.

Сегодня она пришла для того, чтобы сказать ей о своем разочаровании и о том, что она готова обратиться к темным силам, чтобы вернуть своего страстно любимого Хосе. Она припомнила Деве все свои страдания и припомнила земная женщина сколько раз под покровом темноты она приходила сюда, совсем как на любовное свидание, умоляя Деву о великой милости, о том, чтобы Хосе вернулся и был с ней также ласков и нежен, как прежде. В этот день она собственными глазами увидела то, о чем шептались кумушки на их улице, и о чем давно доносила ей дуэнья, пожилая, измученная жизнью Элеонора, так и не узнавшая за свои 45 лет, что такое мужская ласка. На площади, где собралась толпа уличных комедиантов, дававших представление, Инесс увидела в толпе нарядно одетых горожан Хосе, а рядом с ним молоденькую девицу. По тому, как трепетали ресницы девушки, как она опускала глаза, не смея взглянуть на Хосе, словно он был солнцем, и взгляд в его сторону мог ослепить, Инесс поняла, что все, о чем говорили вокруг правда, и ее любовник оставил ее ради молоденькой девушки, с которой собирался сочетаться законным браком. До этого мгновения у Инесс оставалась надежда, она знала по опыту, что мужчины не постоянны, ветрены и нужно им позволять многое, чтобы оставаться желанной.

Не в первый раз Хосе исчезал из ее жизни, чтобы затем вернуться послушным и еще более страстным. Но на этот раз все случилось иначе. Он уходил от нее, он собирался стать мужем не ей Инесс, о чем она мечтала давно, но не смела просить, зная его необузданный характер и свободолюбие, сравнимое лишь с его неутолимой жаждой любовных утех. Нет, не могла она справиться со своей дьявольской гордостью, она все ждала, когда ее ненаглядный Хосе поймет, что она единственная, равная ему во всем. По красоте, уму, изяществу, по воспитанию, ведь донья Инесс происходила из старинного рода испанских грандов, и самое главное по темпераменту они подходили друг другу, как две половинки яблока. Не ее вина, что она осталось молодой богатой вдовой в 21 год, и что не смогла устоять перед натиском кабальеро блиставшего многими достойными качествами. Сколько раз она готова была умереть в объятьях Хосе, полагая, что это самая счастливая смерть, о какой можно мечтать и что лучше в ее жизни ничего уже не будет. И вот, она красавица Инесс, та, о ком грезил не один молодой кабальеро, дожила до черных дней. Ее любовник Хосе улыбается другой, он так поглощен своей новой страстью, что не видит Инесс, прожигающую его взглядом.

В тот несчастливый день Инесс приняла решение- она не будет больше медлить. Уже давно ее дуэнья шептала ей на ушко адрес известной в городе колдуньи, избавляющей от напастей молодых нетерпеливых красавиц. У одной старый нелюбимый муж зажился на белом свете и не грех отпустить красавицу на волю, а мужа с почестями проводить в последний путь; у другой любовник стал пошаливать, у третьей соперница бревном в глазу встала, неплохо бы от нее избавиться. Всех напастей и не перечесть. От любой найдет избавление Зельма, еще молодая смуглолицая, черноволосая и быстроглазая женщина. Ну и конечно себя не забудет цыганка, выторгует щедрую награду. Еще неделю назад, когда надежда теплилась, Инесс отгоняла назойливую мысль о цыганке. Последней каплей превратившей кровь в сердце в яд стала непереносимая сцена, запечатленная в зрачках и заслонившая собой весь белый свет. Инесс не решила о чем она будет просить. Только ли о том, чтобы Хосе вернулся, либо еще и том, чтобы ее юная соперница сгинула и не появлялась больше на ее пути.

Ноги сами привели ее к заветной двери. Она побоялась взять с собой даже дуэнью. Переоделась в мужское платье и закрылась широким плащом. Цыганка не сразу открыла дверь. В такую темную безлунную ночь, служитель тьмы и тот предпочитает для себя хоть немного света. Только услышав мелодичный голос Инесс, и догадавшись, что поздний гость, вероятнее всего одна из его клиенток, Зельма загремела засовами и впустила Инесс. Большая полутемная комната казалась еще больше, из-за отсутствия мебели. Только стол, две скамьи и ветхий гобелен на стене. Сцена охоты, изображенная на гобелене, привлекла внимание Инесс. Олень в прыжке пытается отбиться от целой своры собак, кидающихся на него со всех сторон. Внимательно посмотрев на оленя, Инесс почувствовала, что странным образом похожа на животное, спасающееся от погони свирепых псов.

Все те чувства, что обуревали ее- ревность, злость, ненависть к сопернице превратились в собак, жаждущих крови. Она застыла, не зная, на что решиться. Ее взгляд упал на образ, освещенный свечой в самой глубине комнаты. Лик мадонны показался ей знакомым. Не спрашивая разрешения у хозяйки, наблюдавшей за ней, она подошла к иконе и вскрикнула от изумления. На нее смотрела Дева, перед которой она стояла еще вчера в маленькой заброшенной церквушке. Ошибиться Инесс не могла. Она с самого начала приметила икону, где Мадонна не похожа на всех остальных мадонн, изобилующих в храмах Сарагосы. Темноволосая, смуглая с черными глазами, и страдальческой вымученный улыбкой, как если бы святая вместо того, чтобы радоваться появлению на свет чудесного младенца, оплакивала свою долю. Инесс стояла перед образом, совсем забыв о том, куда и зачем она пришла. Ее забытье прервала цыганка Зельма.

– Вижу, приглянулась Вам моя прабабка, донья. С чего это вы так внимательно разглядываете цыганку. Ничего в ней так, такого уж особенно. Вот Вы, донья, красавица – цыганка льстиво улыбнулась, заглядывая Инесс в лицо.

– Что ты такое говоришь, цыганка, как дева с иконы может быть твоей прабабкой. Разве такое возможно? Ты в самом деле хочешь меня уверить, что твоя прабабка, уличная цыганка позировала художнику, писавшему святую Деву?

Зельма засмеялась и подошла совсем близко к Инесс.

– Посмотри на меня донна. Посмотри внимательно, может ты видишь меня в первый и последний раз. А теперь взгляни на образ, ты не видишь сходства? Нужно быть слепой, чтобы не увидеть, как мы похожи.

Инесс кивнула. Ей захотелось тут же повернуться и убежать подальше от странного дома, от образа. Она вспомнила, как молила Деву о снисхождения, о спасении души, горевшей в огне любовной страсти. Все это время она молилась безвестной уличной цыганке, скорее всего колдунье и воровке, а сейчас, пришла к ее внучке, будто ведомая лукавым бесом. Зельма прочла как в открытой книге все, что творилось на душе у Инесс. Она не стала удерживать ее, только заметила:

– Если ты придешь через три дня, то будет поздно. Его свадьба состоится через три дня.

Инесс оглянулась на смуглую женщину, ей показалась, что за плечами у Зельмы выросли черные крылья, так взметнулись распущенные гладкие волосы цыганки. Инесс охнула и потеряла сознание.

....
....

В последний день календарной осени Фатима проснулась рано, с ясной головой и веселая, совсем как прежде. Ей даже захотелось спеть песенку, чего с ней давно не случалось. Она выглянула в окно. Несколько деревьев, чудом сохранившихся после активного благоустройства города, потихоньку теряли свой самый праздничный наряд. Красные, охряные, багровые листья срывались с веток и бесшумно падали. Девушка проследила за несколькими листьями. «Вот так все и происходит, совсем как в природе. Все заканчивается падением, потерей, тленом. А так хорошо начиналось- с симпатичного зеленого наивного листочка. Мою любовь постигла та же участь». Она продолжала смотреть в окно. Вот пробежала кошка, прошла старушка, опираясь на палку, а вот идет молодой

164

человек, очень похожий на... Не может этого быть! Ему нечего делать под деревом, роняющим листья. Если бы он пришел весной, тогда другое дело, можно было бы поверить в чудо. А сейчас. Почему он стоит с букетом собранных листьев и упорно глядит в ее окно? Кажется, он увидел ее и надеется, что она подаст ему знак. Не может он так стоять вечно, ведь не памятник.

Фатима долгое время представляла как вернется ее любимый, какую безмерную радость она испытает при виде его. Зазвучит громкая мажорная музыка, совсем как в голливудских фильмах, вокруг будут цветы, фонтаны или наоборот, заснеженная поляна, освещенная ярким светом молодого месяца и они вдвоем, кругом ни души. Все случилось почти, как она себе представляла, за исключением мелких несовпадений. Вместо цветов - упавшие листья, а вместо фонтанов - шланг садовника. Она смотрела на него. Ничего не дрогнуло в сердце, никакого желания позвать, возвратить, начать заново уже проигранную шахматную партию. Ни малейшего желания взять реванш. Она подивилась перемене, произошедшей в ней, не понимая, как случилось, что еще вчера желанный друг превратился в ненужное старое платье, с которым не жаль расстаться как с прошлогодней пожухлой листвой.

Девушка отошла от окна, задернула занавеску. Вечером к ней на мобильный телефон позвонил доктор, уже несколько раз пытавшийся встретиться с ней, для того, чтобы как он сказал « поговорить об интересном случае из его практики». В другое время она нашла бы благовидный предлог, чтобы отказаться от встречи, на этот раз она согласилась. Он как и в первый раз пришел к ней домой. Уж очень интересно ей стало, почему приходил возникший из прошлого, словно укор совести, любимый. Доктор ведь не совсем доктор, а скорее маг, волшебник.

Фатима не ошиблась. История и в самом деле была связана с ее любимым самым запутанным и невероятным образом. Доктор рассказал о том, что ему с некоторых пор стал сниться один и тот же сон. В первом сне, на улице к нему подошла цыганка. Долго приставала, предлагала погадать. А потом она вдруг стала рассказывать ему какие-то факты из его прошлой жизни. Доктор особенно не удивился. Рассказать более или менее правдоподобно о некоторых событиях из жизни любого человека возможно, нужно лишь быть наблюдательным и немного психологом. А цыганка, та, что гадает с детства, обязательно владеет искусством психоанализа, которому долго учатся в западных университетах. Внезапно, как это

165

бывает только во сне, он почувствовал, что сам стал цыганкой. Ни разу невиданный город и образы незнакомых людей заполонили сознание. Он, вернее она, цыганка стоит на площади испанского города Сарагоса и наблюдает за тем, как из церкви выходит свадебная процессия. Молодой красавец ведет под руку обмирающую невесту. Счастливые новобрачные принимают поздравления нарядных родственников. Из толпы на площади выскакивает молодая растрепанная женщина, подбегает к невесте и вонзает ей острый заточенный кинжал в сердце. К счастью невеста одета в новомодный корсет на китовом усе и кинжал, скользнув по броне корсета, падает под ноги жениху. Переполох, крики, неудачливую убийцу хватают стражники. За нее вступается жених. Обоих уводят. Невеста рыдает, родственники в трансе.

Второй сон, по словам доктора еще страннее первого. Та же цыганка из первого сна приводит его на площадь, где должна состояться казнь. Люди в толпе переговариваются, все оживлены словно в ожидании театрального представления. Появляется повозка, а на ней двое осужденных: девушка и парень, те, самые, которых он видел в первом сне. На груди у обоих табличка с надписью- «Прелюбодеи». Цыганка показывает доктору осужденных и спрашивает: « Тебе жаль их?» Во сне доктор начинает плакать, пытается подойти к повозке и освободить молодых людей. На него накидывается разъяренная толпа, не желающая пропустить захватывающее зрелище. Последнее, что услышал доктор- слова цыганки. «Ты можешь все изменить, если только захочешь». Фатима с интересом выслушала замысловатый рассказ доктора и спросила:

- А при чем тут я? Почему Вам захотелось рассказать ваши сны мне
- Вы похожи на ту женщину. Удивительно похожи.
- На какую женщину? Цыганку? Невесту?
- Нет, на любовницу жениха, на несостоявшуюся убийцу. Она до сих пор стоит у меня перед глазами. А звали ее Инесс.
- По моему Вам самому пора обратиться к врачу.
- Послушайте меня. Дайте мне попробовать сделать то, о чем говорила цыганка. Я хочу вернуть вам жениха, чтобы не случилось чего-то непоправимого. Я просто обязан сделать это.

Фатима согласилась. Не смогла ответить себе на вопрос: хочет ли она в самом деле вернуть своего непутевого жениха, или заинтригована рассказом доктора. Знакомая процедура повторилась. Доктор усадил ее в кресло, вручил железный стержень, который она про себя назвала «волшебной палочкой» Гарри Потера и уставился на экран монитора. Некоторое время он настраивал программу. То, что он увидел на экране, заставило его остановить сеанс и попросить Фатиму показать ему правую ладонь. Внимательно посмотрев на ладонь, он с удивлением уставился на Фатиму, как будто пытаясь убедиться в том, что перед ним та же самая девушка, совсем недавно пребывавшая в глубокой депрессии из-за несчастной любви. Главные линии на ладони девушки поменялись. В особенности изменилась линия любви. Из прежней нечеткой прерывистой линии она превратилась в ярко выраженную долгую линию в конце, сливающуюся с линией жизни. Доктор не верил своим глазам. Он знал по опыту, что такое возможно в очень редких случаях, и то, по прошествии долгих лет. Конечно, в случае, если не было постороннего вмешательства, если девушка не побывала у такого же современного кудесника как он, оснащенного таким же чудо аппаратом.

– Расскажите мне, пожалуйста, что произошло за то время, что мы не виделись с Вами. Вы поменялись, Вам больше не нужна моя помощь. Вы сможете околдовать любого мужчину, кого пожелаете. У вас изменилась судьба. Я прошу Вас, я должен знать, что произошло в вашей жизни. Должен признаться, что последнее время, я беспрестанно думаю о Вас. Уже не знаю, хочу ли я избавиться от этих мыслей или может быть…., доктор умолк.

Фатима с удивлением смотрела на взрослого, опытного человека, ставшего вдруг несмелым и робким. Она словно увидела его впервые. Вспомнила о странных обстоятельствах приведших ее к нему.

– Я могу рассказать, только об одном случае, который мог повлиять на меня. После всего, что случилось со мной, вы знаете, я не могла найти покоя. Пошла в храм. К Деве Марии. Вы будете смеяться, конечно….. Это моя тайна. Я никому не говорила об этом. Вам я рассказала, потому, что почувствовала, что вы страдаете, хотя я не могу понять почему.

В старый, маленький храм, на окраине города они пошли вместе. Мужчина знал, чей лик он увидит на старой иконе. В самом дальнем углу, висела икона. Цыганка Зельма, с младенцем на коленях

167

глядела на них. В первый раз доктор усомнился во всемогуществе науки. Предложение руки и сердца Фатиме, доктор сделал в присутствии Девы. Фатима согласилась, понимая, что невозможно противиться судьбе. Позже она попросила своего суженного показать ей правую ладонь и обнаружила точно такую же линию любви, как и у нее.

Я горжусь тобой!!!

«Я горжусь тобой!»,– женщина произнесла сакраментальную, обязательную в таком случае фразу и заглянула маленькому сыну в глаза. Он улыбнулся, стараясь оправдать высокую похвалу. Последние три месяца он сидел на всех уроках, как показательный робот, на которого нужно было равняться всем прилежным детям. Робота–мальчика рекламировали по телевизору, приводя в пример живым детям. Мама– робот в рекламе после очередного подвига образцового сына–робота награждала его этой самой фразой. Три месяца мучений, невероятных усилий и вот она, заслуженная награда. Наконец и его мама сказала те же самые слова, что и очаровательная, невероятно красивая, неземная мама-робот из телевизора. Мальчик поднял глаза на маму и с неудовольствием заметил, что она далека от совершенства. Сегодня у нее был тяжелый день. Она пришла поздно, «дописывала отчет», так она ему сказала. Под глазами круги, лоб собрался в морщины, халат какой-то неопрятный, волосы тусклые, торчат в разные стороны. Разве можно ее сравнить с той образцовой мамой-роботом из рекламы? И стоило столько страдать, чтобы тебя похвалила женщина, на которую смотреть больно. Может зря он столько старался?

В первый раз рекламу с роботами показали, когда его мама собиралась на вечеринку к подруге и выглядела она еще лучше, чем мама робот– такая она была красивая, вся блестящая, словно елочная игрушка или конфета. Пахла хорошо, прическа красивая. Тогда она сказала своему сыну шалуну, что если он не исправится, не станет таким же примерным, как мальчик-робот, то она пойдет на студию и попросит поменять своего непослушного сына на замечательного мальчика из рекламы. Он испугался! Представил на минуту, что его мамой станет мама–робот из телевизора, пусть даже она сто раз на дню будет говорить ему : «Я горжусь тобой, сынок! ». А вот сейчас, он чувствует себя обманутым. Разве он мечтал об этом? Его мама совсем не такая замечательная, как он раньше думал. Нет, совсем не такая. А может и в самом деле лучше стать сыном мамы робота? Она, наверное, никогда не сердится, не кричит, не ругается. Всегда красивая, ласковая, опрятная, милая, не то, что эта женщина с потухшими глазами. Тогда он ничего не сказал, а только решил про себя, что не будет зря стараться. Зачем?

В классе друзья очень обрадовались вновь обретенному другу, ставшему еще более изобретательным после образцово-показательного периода, затянувшего аж на целых три месяца. Мальчик стремился восполнить упущенные возможности, и каждый день изобретал новые шалости. Самая последняя его проделка получила большую огласку в школе. Он нашел в интернете рецепт изготовления фейерверка, и решил порадовать товарищей в школьном дворе по случаю рождества. Одна из ракет залетела в кабинет директора и взорвалась у него на столе. Директор не пострадал, но, как и следовало ожидать, Совет школы постановил, что мальчика необходимо наказать, чтобы другим было неповадно. Решением Совета его перевели на класс младше в середине года. Учителя, принявшие решение, не подозревали о том, что произойдет потом.

Мальчик походил в школу неделю, поскучал на уроках. Один слонялся на перемене, а потом исчез. Никто не знал, куда он подевался. После недельного отсутствия директор школы позвонил к матери мальчика и услышал совершенно невероятную историю. Безутешная женщина рассказала о том, что мальчик с некоторых пор не хотел ходить в школу и грустил. А потом, потом он исчез….

Несколько дней назад в дверь постучали, она открыла дверь. На пороге стояла молодая женщина, смутно напомнившая ей кого то. Незнакомка захотела увидеться с мальчиком, сообщив его матери о том, что он написал ей письмо. Мама мальчика захотела прочитать письмо, но незнакомка, ни в какую не соглашалась.

– Я вспомнила, кто Вы? По тому, как вы подняли руку и поднесли к волосам. Я знаю, Вы та самая мама-робот, которая все время хвалит своего сына за хорошее поведение. В социальной рекламе! Да. Большой скандал случился на телевидении! Директора канала обвинили в том, что он использует новую модель биологических роботов, чтобы не платить настоящим актерам. Это Вы! Элизабет! Так, кажется, Вас назвали в рекламе.

– Послушайте, Вы ненормальная! Вы не видите, что я живая, такая же как вы женщина. Я могу смеяться и плакать настоящими слезами. Хотите заплачу? Разве роботы могут плакать и смеяться? И зовут меня совсем не Элизабет, а по-другому, Лиз, меня зовут, просто Лиз.

– А почему Вы не хотите показать мне письмо моего мальчика?

– Потому что это очень личное послание.

– И что такого личного мог написать мой сын незнакомой женщине, которая годится ему в матери?

– Вы почти угадали. Он как раз и написал о том, какая вы нехорошая мать, не уделяете ему внимания. Он страдает от этого, пытается заслужить вашу любовь, но ничего не получается. А со мной ему будет хорошо. Никогда не буду его ругать за невыученные уроки, за его шалости, за то, что он слишком долго сидит перед компьютером, за игры, за грязную одежду, да мало ли… Я буду гордиться им, и мы будем счастливы!

– У вас есть уже сын! Робот, наверное, как и Вы! Вы нахваливаете его каждый день перед миллионами телезрителей! Вам недостаточно своего?

Женщина смутилась. Ритм ее речи стал быстрее вдвое. Словно в устройстве произошел сбой и датчик, отвечающий за речевой механизм, перешел в особый аварийный режим. Мать мальчика с трудом пыталась уловить, что же пытается объяснить ей странная гостья. Громкий разговор женщин выманил из комнаты мальчика, погруженного в виртуальный мир ролевой игры. Увидев Лиз, он так обрадовался, словно смог проникнуть в свою любимую компьютерную игру в качестве главного персонажа. Он подошел к Лиз, взял ее за руку и потянул за собой в свою комнату. Мать с удивлением смотрела на то, как незнакомая женщина- робот заходит в комнату ее мальчика, куда ей самой вход был запрещен. Случилось это недавно, после скандала в школе. В тот день, когда женщина захотела поговорить с сыном, он заперся и долго не открывал ей дверь. Через запертую дверь она слышала рыдания своего мальчика. Женщина перестала настаивать, она просто смирилась. С тех пор она не входила к нему в комнату.

Какое-то время она пыталась подслушать под дверью, о чем так оживленно беседуют собеседники. Ничего не было слышно. Только приступы смеха, вздохи, а через полчаса наступила полная тишина. Когда она рискнула открыть поддавшуюся дверь, комната оказалась пустой. Компьютер был включен, на экране афишка: Ошибка. Все вкладки будут закрыты.

Женщина подбежала к окну. Представить, что они могли спуститься по веревке с одиннадцатого этажа невозможно. Оставалось предположить самое невероятное! Лиз с ее сыном переместились в компьютерную игру. После перезагрузки компьютера, женщина открыла игру, в которую играл ее сын. Оказалось, что персонажи рекламы, мать и сын взяты из этой игры. Эти же самые куклы, позднее были исполнены в виде биологических роботов и с большим успехом участвовали в социальной рекламе.

Женщина обратилась в полицию и попыталась вразумительно объяснить все, что с ней приключилось. Ей не поверили. Всю квартиру перевернули вверх дном. Ее стали подозревать в убийстве неизвестной женщины и сына. Тем более, что социальная реклама продолжала исправно выходить день за днем, реагируя на каждое новое событие. Мальчик робот продолжал исполнять роль идеального сына, а Лиз продолжала упорно повторять «Я горжусь тобой!» Полиция пыталась найти мотив убийства, а заодно и улики, изобличающие женщину. Допрашивать женщину-робота не имело никакого смысла, по словам полисменов. Она была создана исключительно для участия в рекламе и невозможно даже предположить, что она может сделать что-либо самостоятельно. Дело получило большую огласку. У женщины появились защитники и наоборот, те, кто был уверен в ее виновности. Улик не нашли, дело закрыли. Женщина оставалась безутешной, хотя не пытались встретиться с женщиной-роботом. Она с упорством маньяка каждый вечер смотрела рекламу, пытаясь найти разгадку.

Вскоре, как это бывает, необычный случай забыли; другие еще более необычные события заслонили и погрузили в прошлое все, что пережила женщина.

Прошел год. В одно зимнее прекрасное снежное утро в квартиру женщины на одиннадцатом этаже старой многоэтажки постучали. Женщина распахнула дверь, как всегда, не удосужившись заглянуть в глазок. За дверью стояли три человека. Всех троих она прекрасно знала, но ей и присниться не могло, что вот так просто все трое предстанут перед ней. Она пригласила их войти. Первым вошел ее сын, выросший и возмужавший за год. А за ним следом вошли неизменившиеся женщина-робот и ее сын-робот. Они молча прошли в гостиную и расселись за столом. Молчание прервала Лиз:

171

– Мы пришли, потому что так захотел он, твой сын, – Лиз кивнула в сторону мальчика. Почти год, он жил так, как мечтал: спал, сколько хотел, ел, что ему нравилось, дружил с теми, кто был ему интересен. Конечно, ты догадываешься, что он не ходил в школу, не зубрил уроков, не ел каши и вообще, не делал того, что ему было противно и надоело. И не слушал твоих советов. Он жил свободной жизнью, дружил с моим мальчиком и был счастлив. Каждый вечер после работы, когда мы с сыном возвращались домой, я говорила ему, что горжусь им. Мне было очень интересно понять, чем же вы люди, настоящие люди, – тут Лиз всхлипнула, – отличаетесь от нас роботов. Знаешь, дорогая, – она погладила женщину по руке, – почти ничем, разве, что мы можем понять что-то разумом и сделать правильно. А вы своей эмоциональностью, чувствами все портите. Каждый раз вместо того, чтобы попытаться понять его, ты все время старалась сделать из него маленького робота. Я скажу тебе, что мой Элик, так зовут моего сына совсем не такой идеальный, каким представляется на экране. У него просто работа такая. И к тому же, женщина-робот замялась, – у него ведь программа. Я так старалась, чтобы он стал похож на твоего сына.

– У тебя получилось? – с вызовом спросила женщина.

– Почти…. Не совсем…….., – мама-робот вопросительно посмотрела сначала на своего маленького мальчика-робота, потом на возмужавшего подростка. Пусть они расскажут сами.

Первым начал свой рассказ Мальчик-робот. Он рассказал о своей жизни в виртуальном мире. Когда его персонаж придумал разработчик, еще в первой игре, ему очень нравилось преодолевать невероятные препятствия, прыгать через глубокий ров, из которого вырывались языки пламени, переплывать полноводные реки, сражаться со страшными чудовищами, лезть наверх по отвесной скале. Потом прошел первый восторг от собственного совершенства, выяснилось, что его гибкое прыгучее тело, которому подвластны разные сложные трюки, может давать сбой и спотыкаться просто от того, что мальчик по другую сторону экрана, тот самый, что управляет его персонажем, отвлекся на минуту. От такого открытия, от того, что никогда не знаешь, чего ждать от капризного партнера; от того, что судьба твоя целиком и полностью зависит от прихоти незнакомого мальчика, становилось грустно, хотелось превратиться в живого мальчика. Потом создали новую игру и в ней кроме прыгучего мальчика- робота появилась его мама. Вот когда их стало двое, тогда они объединились и постарались изменить ситуация в свою пользу. Вдвоем они разработали план, полностью реализованный ими. Их персонажами заинтересовался создатель социальной рекламы, и были изготовлены два биологических робота, максимально копирующих живых людей.

– Как получилось, что создатели рекламы не стали приглашать обычных нормальных людей, а решили воспользоваться биологическими роботами? Вы должны знать ответ на этот вопрос, - Женщина, довольно долго слушавшая рассказ Элика, внезапно вмешалась.

Ответ прозвучал из уст женщины- робота:

– Я не могу знать, наверное. Кто может сказать точно, почему роботов предпочли людям? Я могу лишь предположить.

– И что вы предположили?

– Вы же знаете, вы сама– живой человек, – мама-робот остановилась на мгновение и осторожно прикоснулась к тонкой нежной руке женщины, - с людьми сложно. Они слишком эмоциональны, болеют часто, капризничают, не слушаются, а вот с роботами совсем другое дело. Они исполнительные, аккуратные, послушные, разумные, дисциплинированные..

– Хватит, хватит, - вмешалась женщина, - так вы еще очень долго будете перечислять достоинства роботов! Куда нам, живым людям до Вас! Послушать Вас – вы идеал. Если так обстоит дело, зачем Вам понадобилось обманом забирать к себе моего мальчика, живого мальчика, у него ведь полно недостатков! Что я пережила за это время, Вам роботам не понять. А вот моему сыну, – у женщины задрожали губы, из глаз потекли слезы, – моему сыну…..

Подросток, до этого мгновения довольно бесстрастно наблюдавший за происходящим, с жалостью посмотрел на мать, подошел к ней, обнял за плечи.

– Мама, я скучал по тебе. Правда, правда. Лиз сказала тебе, что это я захотел вернуться. А сейчас я вижу, что ты любишь меня! Когда я жил дома, мне часто казалось, что я мешаю тебе. Со мной столько хлопот, неприятностей! Ты думаешь, я не понимаю?!. Я же все вижу. Вот мне и захотелось освободить тебя!

173

Женщина продолжала тихонько плакать. Успокоившись, она погладила своего мальчика по голове и попросила рассказать ей его версию побега из дома.

Смешная получилась версия, почти зеркальное отражение рассказа мальчика-робота. Живому мальчику наскучило быть просто мальчиком. Ходить в школу, слушаться маму, следить за порядком в своей комнате, не играть слишком много в компьютерные игры, не гулять допоздна, думать о своем будущем, стараться быть таким же идеальным мальчиком, как маленький мальчик- робот из рекламы. Ему нужно было делать все так, чтобы его мама могла при случае сказать ему «Я горжусь тобой сынок!», совсем как мама-робот из рекламы. Последней каплей переполнившей его терпение и заставившей его уйти с роботами, как только появилась возможность, стал скандал в школе и упорное нежелание матери, понять, что с ним творится.

- Когда Лиз сказала мне, что научит перемещаться в виртуальный мир, я не помнил себя от счастья. Представь мама, я мог попасть в любую игру и вместо того, чтобы заниматься всякой скучной ерундой: уроками, зубрежкой, уборкой — я мог мчаться по заснеженной равнине, преследовать банду наемников.
- Но ведь тебя могли убить, там все время кого-то убивают? Разве не так? , —мать с испугом смотрела на сына.
- Да, да. – закивала Лиз. В самом деле, могли убить, я за этим все время следила, ни разу не выпустила его совсем одного. Наш мир не так прост, как Вам живым людям кажется, он сложнее и жестче вашего. Если бы не я и мой сын, твоего мальчика пристрелили на первом же задании. Мы охраняли его. Но, кажется, он чему-то научился за это время. Посмотри на него, как он возмужал, а был такой хилый, нежный. Они подружились с моим мальчиком. Стали лучше понимать друг друга за этот год.
- А теперь скажи мне, почему мой сын, несмотря на то, что вы все вместе жили замечательно, по вашим рассказам я так поняла, скажи мне, почему он все-таки решил вернуться. Ему не понравился ваш виртуальный мир?

Все замолчали. Подросток опустил глаза, пытаясь разобраться в собственных чувствах. Рассказать о том, каким страшным, непредсказуемым на самом деле оказался виртуальный мир. Сколько трупов он увидел за год рядом с собой. Как жутко бежать по дороге, не представляя, какое оружие и новую ловушку придумает мальчик, живой мальчик по ту сторону экрана. Сколько раз он ловил себя на мысли, что после первой игры, куда он попал в качестве мишени, ему хотелось вернуться домой, к маме, к занудам преподавателям. Он не мог бежать с поля боя! Не мог признаться в своей трусости! Не мог сказать об этом своему новому, крутому другу, Элику, прошедшему огонь и воду самых страшных игр. Ему нужно было доказывать, что он не хуже робота, что он может также как он, прыгать, бегать, стрелять, сидеть в засаде, что он может пересилить свой страх и сказать себе: «Я сделал это!», а потом дождаться того момента, когда Лиз похвалит его, как и своего робота сына: «Я горжусь тобой!»

Только через год, убедившись в том, что чудо произошло, он остался жив, справился не хуже роботов с непосильной задачей, только тогда он признался Лиз, что безумно скучает по своему несовершенному, старому, отсталому миру, по миру живых людей. Ничего этого он не сказал своей матери. Он подошел к ней и тихо произнес «Прости меня, мама!»

В то же мгновение, роботы поднялись с места и ушли. Подросток изменился совершенно. Он стал с удовольствием учиться, читать книжки, слушать музыку, (он даже научился играть на гитаре), заниматься спортом, гулять по парку в любую погоду. Он открыл для себя множество прекрасных занятий, у него появились новые друзья. Мама расцвела и не могла нахвалиться на своего мальчика. Но вот незадача, он никогда не позволял ей говорить: «Я горжусь тобой, сынок!»

Право на старость

На вторник был назначен отбор. Каждый год проводилась подобная процедура, и правила оставались неизменными уже многие десятилетия. Комиссия отбирала молодых людей, которые ближайший год будут трудиться на ответственных и, главное, заметных должностях самой прогрессивной империи в мире. Среди них были новички и те, кто хотел продолжить карьеру. В случае неудачи их ожидало переформатирование. А вот члены комиссии, проводившие отбор, выбывали из нее естественным путем, отправляясь к праотцам. К полудню приемная, напоминающая своими размерами открытый стадион, наполнилась молодыми

175

людьми, почти одинаковой наружности. Юноши и девушки отличались стройным мускулистым телом, покрытым ровным золотым загаром. Мужчины почти все были коротко острижены; у женщин длинные прямые волосы темных оттенков напоминали крылья птиц, взлетающих вокруг головы при малейшем движении. Все они казались братьями и сестрами одной образцовой семьи. Словно их лица лепил один и тот же скульптор, долго работавший по заказу императорской семьи, чьи вкусы являлись эталоном для всей империи. Большие глаза серо- голубого цвета, прямые носы, чуть поменьше у девушек, чувственные полные губы, выраженные тонкие брови у девушек и подчеркнуто широкие у юношей. Мягкие женственные подбородки у женщин, квадратно- волевые - у мужчин. Несмотря на большое скопление людей, в приемной стояла тишина. Молодые люди старались сохранять приятное выражение лица и почти не разговаривали. Только улыбались, улыбались, улыбались…

Одежда лучших брендов скромных неброских цветов выглядела на молодых совсем как на манекенах. Ни единой складочки, лишней детали. Макияж умеренный, почти незаметный. Ароматы парфюмов легкие, цветочные, под стать летнему утру и запаху букетов, расставленных по периметру приемной залы. Запахи духов ничем не отличались от запахов цветов. Цветы производили впечатление живых, однако все знали, что их специально опрыскивают парфюмами, чтобы создать впечатление естественного цветочного аромата. Совершенную мажорную гармонию интерьера нарушил нежданный и незваный бемоль. Тюльпаны и гвоздики, не имеющие сильного аромата, пахли как пачули в тяжелых дамских духах. Те, кто находились рядом с цветами, стали незаметно вытаскивать из сумочек и карманов балончики, направляя струю лекарства в носы, рты. Самые сообразительные стали продвигаться к центру зала, изо всех сил стараясь не дышать. Кто-то не выдержал и чихнул. И тут же словно по знаку дирижера в зале поднялась какафония звуков. Чихали, кашляли, сморкались, слезы лились из глаз. Один из юношей зашелся в кашле и упал на пол, безуспешно пытаясь подняться, другие стали отходить от него, как от прокаженного. Вокруг молодого человека образовался вакуум.

Двери открылись, и в зал вошел величественный мужчина, одетый в строгий костюм серого цвета под стать стальному цвету глаз, при взгляде на которого хотелось встать по стойке смирно и внимать каждому его слову. Шум, производимый кашлем, чиханием, сморканием затих и вновь стало тихо; издалека, откуда-то сверху слышалась нежная мелодия флейты. Величественный мужчина обвел взглядом всех присутствующих и задержался на фигуре, корчившейся на блестящем мраморном полу.

- С Вас и начнем, - обратился он к юноше, отчетливо произнося каждое слово.

Юноша затих. Собрав последние силы, он встал сначала на колено, а потом поднялся в полный рост. Кашель прекратился, лекарство против аллергии начинало действовать. Он поправил на себе одежду, провел руками по коротким волосам и решительно проследовал за экзаменатором.

Процесс отбора кандидатов занимал десять дней. Каждый день те, кто должен был пройти отбор, собирались в приемной зале. Никто не мог знать заранее, когда наступит его черед. Все пребывали в подвешенном состоянии в течение всего испытательного срока. Такая политика приводила к тому, что некоторые из тех, кто должен был пройти экзамен, не выдерживал и сходил с дистанции. Кто попадал в больницу, кто пускался в бега, а кто уходил из этого мира по доброй воле. Половина из тех, кто приходил в залу, надеясь на положительный исход экзамена, отсеивалась.

Приглашенный юноша прошел в открытые двери и остановился у порога, разглядывая громадный зал, чей высокий потолок, казалось, возносился до небес, поддерживаемый коринфскими колоннами. В центре стоял овальный стол огромных размеров, а за ним через равные промежутки сидели на массивных стульях с высокими прямыми спинками члены комиссии. Их внешность сильно отличалась от внешности молодых ангелоподобных людей, скроенных по одному лекалу. Экзаменаторы разительно отличались друг от друга. Шесть членов комиссии представляли собой пугающее разнообразие человеческих типов. Молодой человек, застывший у дверей, несмотря на инструкции, которыми снабдили всех испытуемых, где категорически воспрещалось смотреть в лицо, а тем более пристально разглядывать экзаменаторов, не мог оторвать взгляда от лиц людей, сидящих за овальным столом. Прямо напротив юноши сидел жирный мужчина с тремя подбородками, спускающимися на грудь. У юноши возникло желание посмотреть на ноги Толстяка, что оказалось невозможным из-за массивности стола. Внимание юноши переключилось на рядом сидящую женщину, не

177

просто худую, а совершенно высохшую, напоминающую скорее Мумию, чем живого человека. По правую руку от мумии сидела женщина, чье лицо напоминало рисованную Маску японского театра «но». Мужчина рядом с Маской отличался огромной головой Мыслителя, покоящейся на рахитичных плечах. Соседкой Мыслителя оказалась дама с вытянутым аскетическим лицом, напоминавшая Монашку, утомленную длительным постом. Рядом с Монашкой сидел развалясь на стуле, как в большом вальяжном кресле, мужчина, похожий на довольного, погулявшего на своем веку сытого Кота. Все шесть персонажей могли составить труппу одного из самых любопытных театров в мире, где собрались лишь характерные актеры, чье появление на сцене предопределяло развитие сюжетной линии. В подобном театре возможно импровизировать не задумываясь над тем, что является обычно головной болью любого режиссера- постановщика, а именно, не заботясь об imbroglio- интриге. Единственным недостатком являлось отсутствие романтической пары: инженю и героя любовника. Впрочем, это лишь прибавляло пикантности ситуации. Никакой розовой водички. Ирония, гротеск, морализаторство, похожее на пародию.

****

Фред, так зовут молодого человека, почувствовал желание убежать и больше никогда не подвергать себя испытанию видеть этих персонажей. Величественный мужчина, обладатель громового голоса, похожий на Дворецкого с большим стажем, пригласил Фреда следовать за ним. Он догадался о состоянии молодого человека, по выступившей на лбу юноши испарине, полубезумному взгляду.

- Подойдите поближе, молодой человек. Не бойтесь, мы вас не съедим!, - мужчина пошутил, но никто из экзаменаторов не соизволил улыбнуться.

Мумия с усилием растянув губы, проскрипела:

- Он просто поражен нашей компанией. Он ведь не часто видит настоящие человеческие лица, бедняжка. Он живет в мире суррогатов. Можно понять его волнение. Как вас зовут, молодой человек?
- Фред, - приятный баритон прозвучал тише, чем обычно.
- Какое у вас благозвучное имя, - Маска открыла карминный нарисованный ротик и пропела имя юноши – Фрррed, Фрредди, - можно Вас так называть?, -Маска кокетливо

178

покачала головой и взмахнула тяжелыми длинными наклеенными ресницами.

- Дамы, вы совсем смутили юношу, он, похоже, забыл почему он здесь находится, - Толстяк говорил фальцетом, безуспешно пытаясь придать голосу солидность.
- А в самом деле, господа, вы помните о своей миссии, или вам напомнить?,- Дворецкий задержал взгляд на каждом экзаменаторе.
- А ты хочешь нас призвать к порядку?, - Кот зевнул, улыбнулся, показав острые зубы.

Все обернулись к Мумии, ожидая от нее инициативы. Она не заставила себя долго ждать.
-      Итак, молодой человек, вы должны в течение 10 минут рассказать нам, почему Вы считаете себя достойным продолжить вашу карьеру, в то время как девять ваших друзей потеряют эту возможность, если комиссия выберет Вас. Начинайте, время пошло.

Фред хранил молчание и улыбался. С большим усилием он разомкнул губы и попытался произнести первое слово, которое он повторял все время, пока готовился к одному из самых важных событий своей жизни.

- Мое самое пламенное желание, желание, да, желание- это служить моей Родине, Родине, моему народу, народу, моей стране, стране, самой прекрасной в мире. Я хотел бы, чтобы в нашем городе, главном городе нашей страны, везде цвели цветы, благоухали цветы, возвышались самые прекрасные здания в мире, фонтаны благоухали, или нет, кажется, фонтаны не благоухают, да…. , - Фред запнулся, на гладком чистом прекрасном лице юноши появилась гримаса страдания: глаза налились слезами, уголки губ опустились, подбородок задрожал.

Мыслитель оценил ситуацию, подумал о том, что не стоит начинать экзамен с драматического эпизода:
- Дорогой мой, - Мужчина поднялся с места, обошел стол и приблизился к Фреду, похлопал по-отечески по плечу, - Дорогой мой, не нужно так нервничать, все что ты сказал совершенно правильно, я согласен с тобой. Более того, никто из нас, - Мыслитель обернулся к собранию, подмигнул Коту, -

не смог бы лучше выразить главные идеи, которым должен следовать каждый, кто имеет счастье жить в нашем совершенном обществе. А теперь скажи мне, только честно, почему ты пришел на испытание, у тебя в запасе был еще целый год, я смотрел твое дело. Считай, что я твой отец, говори со мной откровенно, я уже все понял о твоей любви к народу, а теперь ближе к делу. Почему ты здесь?

Члены комиссии насторожились, по лицам было заметно, что Мыслитель высказал то, о чем подумал каждый, перелистав досье Фреда.

- Я, я сейчас в хорошей форме. Только недавно я прошел все тесты, у меня отличные показатели по всем дисциплинам. По бодибилдингу, шоу бизнесу, фейс макияжу, стайлингу одежды, я в числе лучших, в первой десятке. Я подумал, что сейчас, в момент наилучшей формы стоит пройти испытание, так у меня больше шансов, - Фред улыбался все той же, раз и навсегда застывшей улыбкой.

Маска, внимательно слушавшая молодого человека, подошла к юноше и стала разглядывать его лицо, оценивая легкий макияж, совершенно незаметный издалека, однако очевидный на расстоянии вытянутой руки.

- Ты предпочитаешь естественный стиль! При твоей пластике лица он вполне оправдан. – Скажи, а ты пробовал экспериментировать с более выраженным макияжем, ну хотя бы для праздничных шоу. Мне интересно, как выглядит твое лицо в вечернем гриме. Фред только собирался ответить, как Дворецкий подошел к гонгу, стоявшему в углу комнаты на высоком консоле и стукнул молоточком по бронзовой пластине.

- Ваше время истекло, - торжественно провозгласил Дворецкий, сурово глядя перед собой.

- Я, Я, - Фред не мог собраться с мыслями и только пятился к выходу, заботясь лишь об улыбке.

Экзаменаторы потребовали перерыва. В зал внесли прохладительные напитки, фрукты, сладости. Мумия попросила кальян, Кот захотел алкоголя.

Люди, сидевшие за столом, знали друг друга почти всю свою жизнь, протекавшую в закрытом для «суррогатов», как выразилась Мумия, мирке, где все дозволено и не возникает никаких проблем. Все желания исполняются мгновенно, а потому основым развлечением

180

этих людей стало участие в экзаменационной комиссии. Конечно, состав комиссии менялся, но только потому, что люди умирали, как правило, в глубокой старости.

- Ну, что вы скажете о Фредди?, - Маска улыбалась осторожно кончиками губ, заботясь о том, чтобы не нарушить матовую поверхность грима.
- А что можно сказать о Фредди? – Кот зевнул, - ничего, абсолютный ноль. Именно то, что мы ищем! С ним не будет никаких проблем, у него совершенно промытые мозги и никаких лишних эмоций.
- Я бы не стала торопиться с суждением. – Мумия оглядела всех внимательным тяжелым взглядом, - вы не обратили внимания на то, как он таращился на нас? Разве так должен себя вести образцовый член общества? А ведь у них у всех есть памятка, в которой ясно сказано, что экзаменующийся не должен поднимать глаза на членов комиссии? Разве я не права? То, что он расстерялся, не удивительно. Он в первый раз видит нормальных людей. А вот то, как он нас разглядывал, мне не понравилось. Завтра он захочет высказать свое мнение. Вы же понимаете какую чушь он будет нести и как он навредит имиджу всего нашего общества. Я призываю вас быть бдительными.

Толстяк прожевал кусок торта и вступил в полемику,

- Прицепились к мальчику. Он старался изо всех сил, раньше времени пришел на экзамен, хотя у него в запасе был целый год. Конечно, вам не понять, ни вы, ни ваши предки никогда не оказывались в таком положении, никогда не проходили никаких испытаний, - в голосе Толстяка послышался надрыв. – Моя прапрабабушка родом из «суррогатов». Да, - толстяк поднял голову и выпрямил спину, - и я горжусь тем, что моим предком был простой член нашего общества. Я не могу про себя сказать, что я из чистокровной элиты, тем не менее, вы видите каких высот я достиг!
- По тебе и видно, что ты не чистокровка, никак наесться не можешь, - Мыслитель зло ухмехнулся.

Толстяк окинул Мыслителя презрительным взглядом и вдруг, совершенно неожиданно схватил с тарелки кусок недоеденного торта и швырнул его в обидчика. Тот ловко увернулся. Послышался смех; Кот стал рассказывать анекдот про некогда уважаемого господина, непонимающего шуток, а потому забытого и презираемого всеми. В свое время он, также как и они сейчас, был членом Комиссии, а теперь доживает свой век в компании таких же клеветников и неудачников, как сам. Бородач, так называли его, когда он был в силе, вообразил, что является глашатаем нового справедливого общества, где не будет суррогатов и элиты, а лишь равноправные, а от того счастливые обыватели. В качестве исторического примера он приводил феномен Венецианской республики XIV- XV веков, где каждый раб, которого Бородач сравнил с Суррогатом, (хотя все прекрасно понимали, что никакого сравнения быть не может), при определенных условиях может стать свободным гражданином Республики. О том, каким дураком выставила его элита и рассказывал Кот, в основном, как показалось Толстяку, для него. Ностальгическое замечание Толстяка о прапрабабке не понравилось никому. У каждого члена элиты была в роду паршивая овца. Без нее невозможно. Однако все позаботились о легенде более или менее правдоподобной, именно для того, чтобы никто не посмел усомниться в голубой крови элиты, потомков настоящих людей, появившихся на свет естественным путем, а не из чрева суррогатной матери. Они гордо именовали себя Людьми, чьих тел и лиц не касался нож пластического хирурга, чьи внутренности не разу не были заменены на внутренности суррогатов, чье имя неизменно передавалось из поколения в поколение, чей герб гордо рассказывал о подвигах их прекрасных предков, героев легенд и народных эпосов. В свое время Бородач, захотевший развенчать одного из героев народного эпоса, пытался доказать, что Великий и Могучий Герой вовсе не был бескорыстным защитником убогих, а совсем наоборот, Злодеем и Разбойником, ограбившим всех и, в первую очередь, самых нищих и обездоленных. Несчастная судьба Бородача описана в учебнике этики, и о том, что ждет клеветника и отступника, дети-суррогаты узнавали в младших классах.

Выпив стакан неразбавленного виски, Кот настроился на игривый лад:
- А не пора ли нам пригласить одну из милашек? Я могу себе представить, как они изнывают от тоски и страха, - Кот потянулся и зевнул, совсем как его собрат из животного мира.
Монашка повернулась к Коту:
- Напрасно ты думаешь, что они изнывают от тоски и страха. Ты что забыл? Им не свойственны эмоции людей! Они же все

проходят специальный курс психотерапии и принимают лекарства для того, чтобы снизить порог чувствительности. Можешь попробовать накричать на суррогата или начни приставать, ты увидишь реакцию!

- Хе хе, совсем как у буддийских монахов. Знаю, знаю…Умершвленная плоть… Зато какая! – мечтательно произнес Кот.
- Ну и какая?- возмутилась Мумия.- Ты забываешь о том, что в них естественной плоти 20%! И еще о том, во что они превращаются, как только сходят с дистанции. Можешь посетить лагеря Перорабов. Надеюсь ты не забыл, что значит этот термин? Переформатированная рабочая сила. Ты всегда был недоумком, Кот, так и остался им.- Мумия презрительно скривила рот. – Как можно говорить о каких-то достоинствах этих уродов?!

На лице у Толстяка обозначилась ухмылка.

- Странная полемика! А вы, все ВЫ, не хотите вспомнить кто у Вас в услужении? С кем вы предпочитаете проводить бурные ночи? Или мне напомнить Вам? Я знаю поименно всех! И мне почему то показалось, что уважаемой нашей Роксолане приглянулся Фредди.

Маска повернулась к Толстяку, взмахнула опахлами-ресницами и не сказав ни слова, отвернулась от него. Всем и так и было понятно, что слова тут излишни, и только полукровка Толстяк мог высказать подобную нелепицу.

Мыслитель счел своим долгом подвести итог:

- Послушайте, Тео,- обратился он к Толстяку,- Вы путаете самые элементарные понятия. Приглянуться может лишь кто-то равный, разве не так?. А то, как мы проводим ночи, не имеет ничего общего с чувствами. Это физиология! У нас, настоящих, есть потребности, в том числе и физиологические. Этим нужно гордиться! Когда вы выбираете себе одежду, разве вы испытываете какие-то чувства? Хотя….

Дворецкий, не участвующий в споре, обвел собрание взглядом и совсем как учитель призвал к порядку расшумевшихся учеников:

- Господа, Вы же собрались поработать? Или если есть другие мнения, можно перенести сегодняшний сеанс отбора.
- Нет, нет давайте продолжим, - хором согласились экзаменаторы.

****

Следующим кандидатом оказалась девушка, уверенно проследовавшая в центр зала. Она шла походкой, которой обучают в хорошем модельном агенстве. Кошачья грация и то, как эти хищники мягко кладут лапы одну перед другой, уже много лет являлись эталоном в мире хороших манер. Для девушек – суррогаток, желающих преуспеть в жизни, подобная поступь то же, что и выездка для обученной породистой лошади. Она остановилась в центре зала.

- Милая, расскажите нам немного о себе. Где вы учились, и каким вы видите свое будущее, - Мумия старалась придать лицу благосклонное выражение, однако у нее это плохо получалась. С возрастом застывшая гримаса презрения приросла к лицу.
- Училась я в Европейско-Американско- Марсианско-Кавказском университете, там же где учились самые известные суррогаты нашего времени. Я получала степендию Эдварда Жореса I за прекрасную учебу. Мне был присужден приз, как самой способной студентке по самой важной дисциплине в нашем учебном заведении- «Искусство пиара и лоббизма», - голос девушки ровный, высокий и нежный, звучал подобно пению жизнерадостной птички.
- Интересно, интересно,- вмешался Мыслитель. – Вы хотите сказать, что вам удалось усвоить принципы столь важной в наше время дисциплины? Ваша внешность говорит о другом. Если бы вы сказали нам, что стали победительницей конкурса «Лучшие носы Вселенной» я, конечно, поверил бы, но, то что вы нам тут рассказываете, очень сомнительно. – Мыслитель покачал головой.
- Вот так всегда, - вскрикнул Толстяк, - только ирония, сарказм и неверие, - Толстяк размахивал руками.
- Уймитесь, дорогой, - Монашка выпрямилась и строго посмотрела на нарушителя спокойствия, - не забывайте, вы член Комиссии, ведите себя подобающим образом!

Толстяк усмехнулся и махнул рукой

- Да ну вас!
- Спасибо, милая. Вам сообщат о решении, ждите. – Мумия сделала знак глазами, и Дворецкий вывел из зала поникшую девушку.
- Мы даже не спросили, как ее зовут, - удивился Кот.

- А зачем? Вы забыли процедуру? У нас есть Списки. В них все пронумерованы. У нее будет инвентарный номер 2. Я против ее кандидатуры. Она слишком высокого о себе мнения. Нам такие не нужны, - Маска осторожно зевнула и прикрыла глаза.
- Согласна, дорогая, - Мумия подвела итог. Вычеркиваем номер 2.

К концу дня члены комиссии утомились. Хотя комиссионный марафон по правилам должен был продлиться десять дней, все знали по опыту прошлых лет, что на самом деле отбор проходил в два дня. В первый -Комиссии выясняла настроения и физические данные новых суррогатов, пропустив через экзаменационную залу максимум пять человек, а второй день - игровой. На большом столе члены комиссии играли в лото. Бочоночки из ценных пород деревьев, карты, расписанные вручную черной и красной тушью известным китайским каллиграфом. Ведущим назначали Дворецкого, из-за зычного голоса и невозмутимости. Прошедшими конкурс объявляли тех, чей инвентарный номер совпадал с числами, выигравшими в лото. О том, что отбор происходит таким образом, суррогаты знали, но никому и в голову не приходило протестовать. Наоборот, все были довольны. Полагаться на случай приятнее и надежнее, чем на волю экзаменаторов. Никогда не знаешь в каком настроении они придут на экзамен.
****

Через полтора месяца кандидаты могли ознакомиться с результатами отбора на специальном сайте www.luckypeople.com Прошедшие отбор должны были явиться для определения своей дальнейшей судьбы во Дворец Счастья, где работодатели выберут себе нужных специалистов. Все происходило как всегда: умеренная, рациональная радость счастливчиков, меланхолия и тоска тех, кого ожидала судьба перорабов. Больше всех веселилась комиссия, поработавшая на славу и теперь наслаждавшаяся заслуженным отдыхом. Все члены комиссии занимались творчеством. Писали литературные тексты, ставили спектакли, создавали модную одежду, рисовали картины, пели на большой сцене, создавали шедевры архитектурного искусства, снимались в кино в качестве звезд. Любое творение Людей неизменно вызывало неистовый восторг у суррогатов. Для того, чтобы получить адекватную реакцию перед каждой презентацией шедевра Людей, суррогатам предписывалось прекратить прием транквилизаторов. Наоборот, поощрялись энергетические напитки и небольшие дозы алкоголя. В этом сезоне Маска решила преподнести суррогатам, прошедшим отбор, подарок. Она написала песню « Жди меня допоздна». Слова и ноты песни она нашла в старом альбоме своей прапрабабки, когда-то, еще в XX веке исполнявшей эту песенку в кабаре портового города Амстердам. В альбоме женщина размашистым почерком описывала каждый свой день в течение одного года. «Интимный дневник» прабабки позволил Маске слыть творческой натурой. В дневнике, кроме рассказов о свиданиях с мужчинами разных национальностей, еще встречались миленькие стихи, песенки. На одной из страниц сохранился рисунок карандашом. Девушка с огромными печальными глазами, маленьким ротиком и носиком держит в руке красную розу. Рисунок был сделан черным карандашом, а вот розу женщина раскрасила в красный цвет. Посмотрев на рисунок, сторонний наблюдатель увидел бы сходство между макияжем Маски и идеалом женской красоты, каким себе его представляла далекая прапрабабка. Только нос Маски, настоящий орлиный нос, украшение любого аристократа, не соответствовал образу Печальной девушки. Перед концертом все радиостанции империи с утра и до поздней ночи передавали песню Маски в ее исполнении. Кот, отдыхавший от трудов праведных на своем острове в Тихом океане , позвонил как-то ночью Роксолане и поздравил ее с новым невиданным успехом.

- Представь себе, дорогая, приехал ко мне в гости на остров английский барон, ты его знаешь, смешной такой, рыжий. У него несколько имен, только я все позабыл. Да я не о том. Барон в восторге от тебя, дорогая, просил познакомить. Его сразила твоя песня «Жди меня допоздна». Ты слышишь меня?

Маска перестала сердиться на Кота, прервавшего ее сеанс медитации.

- Слышу. Я всегда говорю, что местные не могут оценить мой выдающийся талант. Все равно, что «метать бисер перед свиньями». Суррогаты не способны на творчество и не понимают его. Английский барон, совсем другое дело. Чувствуется порода. На днях я даю концерт в нашем Мега Супер Гранд Паласе. На разогреве у меня новая американская звезда Лолита Стар. Я выступаю во втором отделении. Кроме «Жди меня допоздна», я спою еще три новые песни и все станут хитами, я просто уверена в этом.

- Милая, а ты подумала о своем образе? Может, сменишь макияж? И порадуешь публику новыми губами, носом в конце концов…

Маска не отвечала. Перебирала в голове разные варианты ответа, от язвительных, разящих наповал, до ядовито- сладких. Бросила трубку, чтобы не опускаться до уровня примитивного Кота.

Английский барон налил в треугольные стаканы шотландского виски:

- I think, she is very sad now
- Me too, - Кот засмеялся.

****

Скандал случился после грандиозного концрета, который транслировали на все континенты. Земляне могли полюбоваться талантливейшей исполнительницей самой передовой Империи Земли. Количество лайков на фейсбуке достигло рекордного числа со времен создания социальной сети. Утомленная собственным небывалым успехом, Маска сидела в артистической уборной и любовались своим прекрасным неземным лицом. Позже, вспоминая мгновения счастья, она сожалела о том, что ответила на звонок, изменивший счастливое течение ее жизни. Звонила придворная дама императрицы. После обязательного вступления с вежливыми расспросами, не требующими подробных ответов, восторгами и пожеланиями, прозвучал вопрос ради которого дама и звонила:

- Дорогая Роксолана, скажите, чем вам не угодила кандидатка под номером 2? Надеюсь, Вы помните ее. Она - неординарная девушка. И к тому же, не совсем суррогатка. Ее бабка является дочерью внучатой племяницы императрицы. Конечно, родная мать девочки совершила ошибку. Она не хотела рожать, чтобы не портить свой животик, и никакие уговоры не помогли. Я не буду называть имени матери кандидатки под номером 2. Это слишком известное имя. Девочка могла не напрягаться. Мать и бабка нашли бы возможность пристроить ее. Но девочка с характером и захотела, чтобы все было как у других простых суррогатов. Вы понимаете? Девочку зовут Зибейда, надеюсь вы запомните. Это имя вы еще услышите не раз!
- А почему вы не предупредили меня заранее?, - Роксолана сердилась и старалась, чтобы ее недовольство не сказалось в голосе. – Мы бы сразу перевели ее в административный рессурс. А так….

- Я объясняю Вам, - придворная дама начала терять терпение, - по моему достаточно ясно, что Зибейда прошла испытание против воли родных! Вы понимаете?, - женщина перешла на крик. - А сейчас ее нет в списках и надвигается катастрофа! Вы представляете себе Зибейду в качестве перораба? Родственница императрицы в качестве переформатированной рабочей силы? Вы отдаете себе отчет в происходящем?
- Не надо на меня кричать, я Вам не суррогатка, пусть даже родственница императрицы. Я настоящая Женщина и горжусь этим!
- Хорошо, хорошо, - сбавила тон придворная дама, - я согласна с тем, что произошла накладка. А теперь подумайте, как можно выйти из этого положения. Может, объявите дополнительный набор, найдя для этого благовидный предлог. Не знаю…. Сто пять лет со дня принятия самой прогрессивной в мире «Декларации о старости», к примеру.
- Я подумаю и предупрежу коллег. Я не одна принимаю решение, если вы помните, нас шесть членов комиссии плюс дворецкий, чье мнение не является решающим, но тем не менее, он имеет некоторое влияние. Кстати, с девочкой беседовала Селин и была настроена очень решительно.
- Селин? Как ее называют в нашем кругу, напомните?
- Мумия. Да. Мумия. Она помешана на здоровом питании, - Маска попробовала сбросить с себя груз ответственности, переложив их на хрупкие плечи Мумии.
- Вспомнила! Как я могла забыть! Селин! Мы с ней учились вместе. Тогда она была симпатичной девочкой….. впрочем как все мы. Я надеюсь, дорогая, что вы найдете выход из положения. На то Вы и Женщина!, - Придворная Дама ловко ввернула главный козырь Маски.

Вечер был испорчен. Женщина спустилась в бар и накачалась виски. Домой ее отвезли в бесчувственном состоянии. Проснувшись, она с ужасом обнаружила в зеркале на потолке своей спальни монстра, чей образ могли создать только многоопытные голливудские стилисты. По другому невозможно объяснить эффект, производимый чудовищной физиономией. Неделю Роксолана не выходила из спальни, не отвечала на звонки. Женщина упивалась страданием. Она пила, курила папиросы без фильтра. Курево ей поставлял давний друг- суррогат, имевший цех по производству папирос из крепкого табака. Законы империи запрещали потребление наркотиков и психотропных средств Людям. Не так давно и крепкий табак также подпал под запрет. Другое дело суррогаты. У них свои правила, а, вернее, только одно правило: всегда и во всем повиноваться Людям. На седьмой день под дверь спальни Роксоланы ее преданная экономка просунула две страницы, выдернутые из самого главного гламурного журнала империи. На ней поющая Роксолана бросает красную розу в неиствующий от восторга зал. Фото, отгламуренное по моде дня, позволяло увидеть легкие морщинки в уголках глаз, свидетельствующие о веселом нраве модели. Весь остальной облик проступал сквозь мерцающее легкое облачко. Текст- вершина стиля такого рода изданий, гласил:

« Невиданное шоу от неподражаемой Роксоланы!
Сегодня у всех суррогатов империи великий праздник! Одна из самых талантливых певиц планеты Земля преподнесла незабываемый подарок подданным Империи. На шоу пришел весь бомонд суррогатов. Зал заполнили приглашенные, блиставшие безупречным макияжем, роскошными нарядами. Ценители могли любоваться самыми последними тенденциями линий носов, ртов, талий и ягодиц. В первом отделении шоу на разогреве выступила популярная Лолита Стар, обладательница самого выского в мире сопрано и престижной премии Грэмми-Кактус. Публика довольно сдержанно встретила Лолиту, придержав свой восторг для несравненной Роксоланы! В антракте шоу гостям предложили пирамиды Foie gras, ведра шампанского и горы клубники. На сцене воссоздали атмосферу роскошного интерьера французского королевского дворца Версаль. Когда наконец, вышла, сверкая мириадами манящих бриллиантов, роскошная, неподражаемая, ослепительная, великолепная Роксолана, зал устроил овацию. Крики Браво! Виват! Ты у нас одна на всех! - не смолкали в течение получаса. Только вмешательство администрации смогло успокоить воодушевленную публику. Как и было обещано в программе шоу, Роксолана исполнила свой последний мировый хит « Жди меня допоздна!». Фанаты Роксоланы впали в транс. Молодой человек, по имени Фредди, вдруг встал и закричал на весь зал «Я жду тебя день и ночь, дорогая!» Умопомрачительная Роксолана спела еще три песни, пообещав своим фанатам, что все четыре сингла они смогут слушать круглосуточно на главных радиостанциях империи, а также по кабельным каналам телевидения. Вечер закончился грандиозным фееверком, подаренным Роксоланой. Простые

суррогаты могли наблюдать как в небе расцвели тюльпаны, гладиолусы, калы и под занавес черный бархат небес осветился силуэтом прелестной девушки с огромными печальными глазами, протянувшей им, простым суррогатам цветок любви – красную, роскошную, умопомрачительную Розу».

«Интересно, кто написал текст? Нужно познакомиться с автором. А может осчастливить его соавторством? Такой сладенький сироп не каждый может состряпать. Конечно, не нужно забывать, что все эти журналюги работают на суррогатов. Люди не читают ни журналов, ни современных авторов. Mon livre de chevet – новеллы Мопассана. Разве с гением могут сравниться современные пигмеи, называющие себя писателями? Jamais !», - Маска потянулась к стакану рядом с книгой и убедилась, что он пуст. Вспомнила о том, что нужно решать возникшую проблему с суррогаткой номер 2, сделала неимоверное усилие и поднялась. Голова кружилась, ноги ватные подкашивались, во рту отвратительный металический привкус. Ей хватило сил позвонить в колокольчик. В интерьере дома она отдавала предпочтение классике. Вместо современного Touch screen порта smart дома, где все услуги регулируются легким прикосновением пальчика, Роксолана предпочитала колокольчик. Она привезла его из индийского Ашрама, где провела дивный месяц в медитации и любви. Звон колокольчика достиг ушей горничной, дежурившей у дверей. В ту же секунду она появилась в спальне; сухая страшная тетка, чей облик не смог украсить кокетливый белоснежный кружевной воротничек ее форменной одежды. Маска подбирала прислугу и особенно женщин сама. Брала в услужение перорабов. Предпочтение отдавала энергичным особам отталкивающей внешности. На фоне своей прислуги Маска выглядела королевой эльфов. Осчастливленные молились на хозяйку и готовы были за нее отдать все, чем владели, а именно жизнь.
- Приготовь мне ванну с лепестками роз, корицей, шафраном и экстрактом из семянных желез крокодила, баночка лежит в розовом будуаре на туалетном столике.
Служанка умчалась исполнять приказание.
После ванны, завтрака из водорослей и кунжутного молока с медом австралийской мануки, Роксолана почувствовала некоторое облегчение. Ей предстояло найти решение, позволявшее и дальше пребывать на вершине имперской пирамиды, лишь на ступеньку ниже приближенной к телу императрицы придворной дамы.

Экстренное собрание комиссии удалось провести с третьей попытки. Кот и Толстяк саботировали работу. Кот заявил, что никакие срочные дела не заставят его покинуть свой райский остров и компанию любимого английского барона. А Толстяк, проводивший большую часть своего времени в поисках новых экзотических блюд, написал в мейле в ответ на строгое категоричное письмо Маски, что он предпочитает блюда пигмеев Габона суррогатному безобразному меню, которым его подчуют в перерывах между заседаниями Комиссии. Только после того, как Маска намекнула в одном из своих посланий о нависшей над Комиссией угрозе роспуска их слаженной команды, назначили день и час Чрезвычайной Ассамблеи. В повестке дня фигурировал один вопрос: Дополнительный набор.

Обсуждение проходило бурно. Мыслитель наилучшим образом сформулировал общее мнение:

- Не понимаю. Для чего нужна эта канитель с дополнительным набором?! Сиди тут, отдувайся, вместо того, чтобы заниматься чем-нибудь интересным. Я, например, писал философский трактат о разумном устройстве общества. Только я настроился на философский лад - и на тебе, какой-то идиотский дополнительный набор. И так неизвестно куда сплавлять бездарных, никчемных суррогатов! Мы все прекрасно знаем, что наше общество прекрасно обошлось бы и без них, без этих суррогатов, от которых одна головная боль. В своем труде я пишу о том, что в высоко цивилизованном обществе должны быть две касты: элита и перорабы. И баста.

Маска скривала кукольный рот:

- Послушайте, я совершенно с вами согласна! Вы же знаете, почему на свет появляются суррогаты. А в конкретном случае речь идет о родственнице императрицы. Суррогатку зовут Зибейда! Я запомнила это имя. Да, Тео, вы можете ухмыляться. Я помню, что не спросила ее на экзамене о том, как ее зовут. Номер 2. Я помню! У меня нет склероза. Можно было включить ее в список прошедших испытание и дело с концом. Но проблема в том, что этой суррогатке нужно быть, как все! Понимаете?! Она хочет, что все было, как у всех!!! А после этого, вы, Толстяк, будете меня уверять, что у суррогатов такие же мозги, как у нас, у Людей.

Мумия покачала головой, обменялась взглядом с Мыслителем:

- Давайте решать. Что мы будем делать! И как можно скорее! Я устала! Безумно устала! Вы понимаете?! У меня начинается истерика! Вот сейчас начнется!!!

Мумия упала на пол, глаза закатились, дрожь охватила все тело. Женщина корчилась на полу, принимая невероятные позы. Кот с интересом наблюдал за телодвижениями Мумии, пока Маска и Монашка пытались успокоить женщину.

- А вы знаете, что первый, кто заговорил о том, что истерия- это серьезная болезнь, был француз Шарко. Да, вы все слышали о душе Шарко. Некоторые из нас регулярно принимают душ Шарко, для профилактики, так сказать. На самом деле доктор доказал, что истерия – это болезнь, способная нанести организму не меньший вред, чем любой самый серьезный недуг. А то, что мы считаем капризом избалованной дамочки на самом деле ее беда.- Мыслитель в качестве ученого мужа блеснул эрудицией

- Вот что значит теоретик, - хихикнул Кот, - нет, чтобы даме помочь, или врача вызвать, - нет! Он наблюдает, анализирует, просвещает!

Самый трезвый и разумный Дворецкий вызвал врача и Мумию увезли.

Кот налил всем виски. Никто не хотел решать, каждому хотелось свалить на другого тяжелое бремя ответственнности. Каким образом сделать так, чтобы в дополнительный набор вошла только одна кандидатура- Зибейда. Как убедить упрямую суррогатку, что все происходит самым справедливым и естественным образом.

- Скажите, кто нибудь из вас интересовался теми, кто прошел отбор?- Роксолана обвела всех присутствующих загадочным взглядом.

- Ххххоррроший вопрос, - промяукал Кот, - разве был такой случай, чтобы мы интересовались судьбой суррогатов? Я не говорю о личных нуждах.

- У меня есть идея! Как всегда гениальная! Посмотрим, прошел Фредди отбор? Если нет, то включим его вместе с Зибейдой в дополнительный набор. Хорошая парочка получится: Зибейда и Фредди. Ну, скажите после этого, что я не гениальна!

Дворецкий принес список прошедших отбор кандидатов. В нем не оказалось кандидата номер 1 – Фредди. Члены комиссии с удовольствием согласились с предложением Маски. Ответственный за решение нашелся.

На следующий день все масс медиа страны опубликовали в качестве главного материала статью придворного журналиста о невероятной заботе, проявленной элитой в отношении молодых суррогатов. Еще два счастливчика попадут в обойму высоко квалифицированных менеджеров, способных решать самые сложные задачи. Два имени украшали статью, совсем как имена элиты, не сходящие со страниц прессы. Небывалый случай в прессе; в статье значились имена суррогатов: Зибейда и Фредди. В тот же день позвонила по видеофону придворная дама и поздравила Роксалану со столь изящным решением проблемы:

- Поздравляю Вас, милочка! Императрица выразила свое удовлетворение вашей преданностью. Она надеется, что в дальнейшем Вы представите Зибейду своему кругу. - Придворная Дама в последнем наряде от Александра Маккуина блистала элегантностью и свежим цветом лица.

Маска закашлялась:

- Вы хотите, чтобы я познакомила суррогатку Зибейду со своими друзьями? Я правильно Вас поняла?
- Да, именно так! Я надеюсь, что девочка будет на высоте. Императрица вспомнила недавно о том, что после принятия Декларация о старости, никто из Людей не воспользовался главным правом, зафиксированным в Декларации. Вы помните в чем заключается это право, Роксолана?- ядовитый голос придворной дамы соответствовал кислому выражению лица.

Роксалана держала удар, она улыбалась, стараясь показать как можно больше зубов ослепительной белизны.

- Как я могу не помнить! Ведь я, Мыслитель и Мумия являемся главными инициаторами и составителями Декларации. Право на старость! Да, - закричала Маска, не заботясь о треснувшем гриме, - право стареть, становиться развалиной, никому ненужной дряхлой развалиной! Без операций, без переформатирования. Право на естественное старение и естественную смерть. Да! Да! Да!
- Что Вы так разволновались, дорогая! Вы же совсем молодая женщина! Вам нет и 70 лет! У Вас вся жизнь впереди! Вы только забыли один пункт. В случае полного одряхления Люди имеют право на покой. Они могут оставить активную

193

деятельность и удалиться в свой замок, чтобы достойно провести остаток дней. Императрица желает, чтобы вы подготовили Зибейду для выполнения самых высоких миссий. В том числе и обязанности члена отборочной Комиссии. И не называйте ее больше суррогаткой. - Придворная дама изящно взмахнула рукой в качестве прощального жеста и исчезла с экрана видеофона.

****

Роксалана задыхалась, ей не хватало воздуха. Мерзкая Придворная Дама напомнила ей о возрасте. Она совершенно точно знала сколько ей лет. А ведь Люди пользовались правом не разглашать свой возраст. О нем вспоминали лишь в экстренных случаях, например, на приеме у домашнего врача, давшего клятву не разглашать один из самых главных государственных секретов, тайну возраста Людей. В случае разглашения тайны, врачей, суррогатов высшей категории, ожидало преформатирование. Придворная Дама напомнила Маске о Декларации. Маска не любила вспоминать о ней. Когда-то, в пору молодости, она вместе с Мумией и Мыслителем придумали Декларацию о старости, чтобы иметь возможность избавиться от нафталинных членов прежней Комиссии, вершивших свой суд над суррогатами и не допускавших мысли уйти на покой. В то время Декларация стала манифестом всех молодых Людей, желавших принести пользу обществу. Роксалана вспомнила, какой наивной девочкой она была почти до сорока лет. Наигравшись, нагулявшись, насмотревшись на мир, она горела желаниям внести свой вклад в развитие их империи. Прежде всего помочь дряхлым больным родственникам достойно прожить остаток дней. Все члены комиссии были родственниками. Если учесть тот факт, что Люди империи заключали браки между собой, избегая браков с иностранцами, а тем более с суррогатами, то через небольшой период времени, все они оказались родственниками. Ситуация стала напоминать средневековую историю королевских домов Европы.

Трое прогрессивных молодых людей империи придумали фундаментальный документ, который, по замыслу творцов, должен был изменить ход истории Империи. Маска вспомнила, какими гениальными они казались себе в то время. Она – Роксалана, позднее ставшая Маской, Селин, в быту Мумия и Кандид, завоевавший гордое прозвище- Мыслитель. Роксалана прошла через розовый будуар в хранилище, где прятала бриллианты выше пяти каратов и изделия известных ювелиров. В одном из ящиков находилась копия Декларации. Текст был написан от руки чернилами на гербовой бумаге. Бумага пожелтела, чернила выцвели. Роксолана вспомнила, что писал Декларацию Кандид- Мыслитель. У него из них троих был самый хороший почерк. Маска совсем забыла, что они придумали тогда, очень давно, чтобы выкинуть из насиженных кресел своих ненавистных родственников. Медленно читая строки, она погружалась в прошлое, совсем недавнее, как ей казалось, прошлое.

Декларация о старости

Право на старость предоставляется Людям, прошедшим медицинскую экспертизу, удостоверившую их естественное происхождение. Рождение правообладателей должно соответствовать всем международным стандартам зачатия. При подозрении на зачатие с помощью донорской спермы и/ или вынашивания плода суррогатной матерью, назначается повторная экспертиза, желательно с участием свидетелей. Люди, подтвердившие свое высокое звание настоящих Людей, имеют право на:
- Денежное обеспечение из казны империи, по первому требованию в любом количестве
- Медицинское обслуживание самого высокого качества в любой стране мира, в том числе и в самой империи
- Замки и виллы в любом уголке Земли

В качестве дополнительных привилегий Люди могут
- Стареть, не прибегая к услугам пластической медицины
- Отказаться от пересадок органов и других процедур по омоложению
- Одеваться так, как им удобно и нравится, не оглядываясь на стандарты и моды суррогатов
- Работать столько, сколько они пожелают, не больше и не меньше
- Уйти на покой и прекратить всякую связь с внешним миром по желанию.

«Какими наивными и какими гениальными мы были! С основными правами все ясно. При другом раскладе, старые развалины ни за что не согласились бы оставить пост. А вот дополнительные привилегии - действительно прорыв. Правда, в Декларации не сказано, что запрещается прибегать к пластике, пересадке органов. Тем более, что такие возможности открываются с суррогатами и перорабами! Но в том и фишка. Чтобы быть «comme il faut» нужно соответствовать своему статусу. Звание Человека обязывает быть естественным. Это суррогаты могут позволить себе каждый сезон новый нос или попку, были бы деньги. К тому, же если они не будут выглядеть как резиновые куклы, кто захочет нанять их на работу. У перорабов совсем другие заботы. Они думают о том, как при всей их страхолюдности найти себе покровителей и, желательно, не суррогатов, а Людей. Английская королева могла бы себе позволить перекроить лицо и внутренности, однако не делает этого. А мы, избранные, Люди, все оказались в положении английской королевы. Нужно принимать не только привилегии, но и неудобства положения. Хотя, последнее время упорно ходят слухи, что Императрица регулярно пользуется процедурами омоложения. А та, что выходит к народу, ее двойник, который успешно стареет. Но то ведь слухи, как их проверишь? А мне самой иногда так хочется расстаться с морщинами, дряблой кожей. Да просто заменить несколько изношенных частей моего тела! А нет же, терпи, раз ты Человек!» Роксалана вслух прочла последнюю привилегию: Уйти на покой и прекратить всякую связь с внешним миром по желанию. «Неужели пришел их черед. Теперь уже они потихоньку становятся развалинами и ближайшее окружение мечтает о том, как избавиться от них и поскорее. Но вот почему на горизонте замаячила суррогатка Зибейда? Вопрос интересный!» Маска не нашла вразумительного ответа.

Роксалана оказалась не единственной к кому обратилась Придворная Дама. Она обратилась также и к другим членам комиссии с тем же пожеланием: представить Зибейду всем своим друзьям и приятелям. Задача не очень сложная, если учесть, что элитное общество людей состояло из нескольких семей и все знали друг о друге почти все. Тем не менее, Придворная Дама сочинила сценарий для того, чтобы тактично ввести фаворитку в круг элиты. Ей не понравилась первая реакция Маски и следующий пиар ход нужно было провести как мастер класс. Императрица оценит ее мастерство.
Придворная Дама знала чем заинтриговать Кандида-Мыслителя. Кандиду она пообещала посодействовать в получении одной из самых престижных научных премий людей, учрежденных когда-то изобретателем самого разрушительного оружия на земле, ионной бомбы, Авраамом Иерихоном. Он слыл одним самых миролюбивых

людей, посвятившим свою жизнь борьбе за мир. В молодости, поругавшись с любимой и с родителями, он за неделю изобрел ионную бомбу и догадался получить на нее патент. Разбогател страшно, потом помирился со всеми, всех простил. Из обиженного, покинутого всеми и депрессивного молодого человека превратился с возрастом в миролюбивого, позитивного и очень мудрого общественного деятеля, который к тому же утвердил одну из самых престижных научных премий человечества « Премию интеллекта». Вот об этой премии с молодости мечтал Кандид. Придворная Дама заверила его, что прекрасно знакома со всеми членами отборочного комитета премии. И даже больше. Председатель комиссии женат на тетке Зибейды. Да, да, той самой Зибейды. «Суррогатки?»- нетактично спросил Кандид. «Не называйте ее так!», Придворная Дама оборвала Мыслителя. Она завершила разговор, нисколько не сомневаясь, что Кандид сделает все для того, чтобы в самое ближайшее время Зибейда стала украшением всех событий, в которых принимает участие Мыслитель.

В случае с Мумией Придворной Даме пришлось поразмышлять над тем, чем бы ее соблазнить.

У Мумии почти не осталось человеческих желаний. Глядя на нее у любого эмоционального человека возникала мысль о бренности существования. Изможденное существо, потерявшее признаки женского пола, напоминало о вечном. Старая сказка о Кощее Бессмертном воплощалась в ее женском варианте на примере Мумии. Каждый день Селин был расписан по минутам и каждая минута посвящалась бесконечным процедурам по укреплению здоровья. Основной составляющей жизненного кредо Селин являлась естественность. Только натуральные био продукты, поставлемые с ее горных ферм. Селин не признавала лекарств, химических процедур, ничего, что могло хоть отдаленно напомнить о достижениях науки последних нескольких столетий. Большую часть года она проводила в высокогорном шале. Появлялась в империи в основном во время работы комиссии. Несмотря на аскетический образ жизни, Селин являлась влиятельной фигурой. У Придворной Дамы оставался лишь один козырь, который она и пустила в ход при разговоре с Мумией. Придворная Дама предпочла связаться с Селин старым испытанным методом мобильной связью без картинки. Она не видела собеседника и не могла следить за меняющимся выражением лица. Но и ее лицо оставалось загадкой.

- Дорогая моя, я вспоминаю времена нашей молодости. Какими мы были смешными, наивными! И знаете, с каждым годом я все больше удивляюсь тому, как Вы…, как Ты прекрасно выглядешь. Совершенно не изменилась со школьных времен. Мне даже иногда кажется, что ты стала моложе! Если учесть тот факт, что ты ни разу не делала пластики, то я могу лишь восхищаться тобой. И не только я…. Придворная Дама сделала многозначительную паузу.
- Спасибо! Что я могу сказать! Я открыта для тех, кто хотел бы воспользоваться моим опытом здоровой жизни.
- Вот, вот, я скажу тебе, кто мечтает о твоей благосклонности и жаждет общения с тобой.
- Жаждет?
- Вот именно. В наше циничное время все еще встречаются милые девушки, такие как Зибейда, мечтающие об общении с такими великими женщинами, как Ты Селин!
- Зибейда? Кто это? Та самая суррогатка, вызвавшая у меня приступ болезни? Вы о ней говорите?

Опытная Придворная Дама не стала настаивать. Длительная служба при дворе научила ее терпению и умению маневрировать. Называть при случае белое черным и наоборот черное белым. А иначе она давно отправилась бы жить в один из своих провинциальных замков. Разговор закончился ничем.

Общаться с Котом Придворной Даме казалось намного легче, чем с остальными. Позитивный настрой, вот его девиз. Она приготовила ему сюрприз. Кот жил на своем острове в Тихом Океане, где он устроил Земной рай в своем понимании. Придворная Дама знала из верных источников, что на острове у Кота есть пещера Али бабы. В ней были собраны сокровища. Кота звали Аслан. Никто не вспоминал об этом, даже сам Кот. В детстве маленького Аслана звали сначала львенком, а потом, кто-то из близких назвал котенком. Прозвище прилипло, тем более, что Аслан и в самом деле больше был похож на Кота, чем на Льва. Кот увлекался романами о приключениях пиратов, о сокровищах, спрятанных в самых невероятных местах. Когда он вырос и судьба улыбнулась ему, то стал реализовывать свои детские мечты. Сначала он построил средневековый рыцарский замок в одной из провинций империи. Его слуги, перорабы носили одежды рыцарей, многие даже в жару ходили в шлемах с забралами и кольчугах. К большой радости персонала, Кот скоро разочаровался в Замке. Он упал с подъемного моста вместе с лошадью в ров, заполненый водой. Его вытащили, помыли, переодели в чистое. Однако у Кота пропало желание играть в средневекового рыцаря, он перестал приезжать в Замок, слуги вздохнули с облегчением и надели обычную одежду. Новой игрушкой Кота стал остров в Тихом Океане.

На Острове, который он назвал не очень оригинально «Остров сокровищ», Кот устроил все как в его любимых романах. В пещере стояли кованные сундуки, полные настоящих драгоценных камней, золотых, серебрянных монет, ожерелий и других побрякушек, столь милых сердцу пиратов, корсаров, разбойников всех мастей и Коту. Придворная Дама пообещала Коту голливудскую славу. Фильм, поставленный самым крутым голливудским режиссером, с участием мировых звезд. Ключевые сцены будут сняты на острове у Кота. И не просто фильм, а любимый хит богатых мачо: «Граф Монте-Кристо». В качестве десерта Придворная дама назвала исполнителя главной роли:

- А вы, Аслан, сыграете роль графа. Мне кажется, вы вылитый граф. Такой же импозантный, брутальный мужчина, как и Эдмон Дантес.

Размякший, благодушный Кот промурлыкал:

- А кто будет играть Мерседес?
- Роксолана, если Вы не против. Нужно выводить наших людей на мировой уровень. Тем более, что мы ничем не хуже, а иногда много лучше, интереснее, красивее, интеллектуальнее и богаче, чем они.
- Маска?! Вы думаете Маска способна сыграть тонкую, нежную, ранимую Мерседес?
- А Вы не считаете Роксолану нежной и ранимой? Допустим. Она цинична. Но ведь она прекрасная актриса! Посмотрите на нее! Она может сыграть любую роль. В конце концов и Мерседес не ангел! Она вышла замуж за этого негодяя Фернана!
- Хорошо. Но я требую в качестве утешительного приза, чтобы Гайде сыграла та, кого захочу я!
- Я знаю, кого вы захотите, шалунишка! – игривый тон, совершенно изменил невыразительный голос Придворной Дамы. В нем появились теплые живые нотки.

Ошарашенный Кот сглотнул:

- И кто же, по вашему мнению, мог бы сыграть красавицу Гайде?
- Зибейда!!!
- Кто?!!! Суррогатка, которую Вы активно продвигаете?
- Не называйте ее так! - Придворная Дама потеряла контроль над собой. Голос сорвался на крик.
- А как же её называть?, - издевательски спросил Кот?
- Просто Зибейда.
- По крайней мере я могу рассчитывать на ее благосклонность? Она молода, к тому же суррогат…, ах да, простите, Зибейда, а значит, пластические хирурги могут исправить природные изъяны.

Придворная Дама задумалась. Она не получила инструкций на этот счет. Вывернулась, импровизируя:

- Вы неотразимы, Аслан! Попробуйте, соблазните малышку. Но только без насилия! По обоюдному согласию!

Кот засмеялся, вспомнив, вероятно, «обоюдное согласие» множества суррогаток. Разговор подошел к концу, собеседники распрощались, довольные друг другом.

Толстяк, как казалось Придворной Даме, не был загадкой. «Стоит пообещать ему какое-нибудь редкое лакомство и он тут же согласится на любое предложение. А тем более, такую простую услугу. Пропиарить прелестную, суррогатку, боже мой, как я могу называть очаровательную Зибейду, суррогаткой.». Придворная Дама даже в мыслях старалась хранить верность своей императрице. Такая досадная оплошность показалось ей символичной. У Дамы современное мышление, передовые взгляды уживались с самыми дремучими суевериями и верой в роковые обстоятельства.

Она приехала с визитом к Толстяку, который жил по соседству. Дом Толстяка оказался самым скромным строением в ряду роскошных вилл. Тихая улица в сердце столицы, занимавшая территорию бывшего городского сада, тщательно охранялась. Толстяк жил в одном из самых старых домов, построенных еще до основания империи его родителями. Простой, без архитектурных излишеств, дом выглядел бедным родственником в окружении блистающих мрамором и зеркальными стеклами, вилл. «Интересно, почему бы ему не построить новый дом, неужели ему не хочется жить как настоящему Человеку. Конечно, у каждого свой вкус. Возможно, ему не нравятся мрамор, позолота, колонны, зеркала. А если предложить ему что-то оригинальное. Он в состоянии оценить настоящее искусство. Предложить ему проект новомодного архитектора, женщины, что построила летающий Замок для барона X. Очень интересный проект. Как ее зовут? Она похожа на арабку, большие глаза на выкате, приплюснутый нос. Талантлива. Но как же ее зовут? Ах да, ее зовут Зарнишан. Да, Зарнишан. От Зарнишан легче перейти к Зибейде.

Толстяка звали Теофиль. Имя ему придумала гувернантка, которую специально выписали из Англии к моменту рождения мальчика. Почему Теофиль? Гувернантка объяснять не стала, лишь мило улыбнулась и сказала, что это имя очень подходит хорошенькому мальчику. В то время все, что имело хоть какое-то отношение к Англии, вызывало бурный восторг, так и имя Теофиль одобрили, безо всяких дискуссий. Позже, когда малыш, с детства имевший отменный аппетит, вырос в огромного толстого мужчину, все стали называть его Толстяком.

На предложение Придворной Дамы Толстяк отреагировал без особого энтузиазма. Ему не хотелось ничего менять. Свой дом он любил. Над летающим Замком барона X откровенно посмеялся, рассказав Даме последнюю сплетню. После очередной бурной вечеринки барон, забыв, что его дом находится на высоте нескольких десятков километров от Земли, захотел прогуляться. О том, как он застрял в безгравитационной зоне и как его отлавливали слуги, рассказывали во всех злачных местах империи, каждый раз прибавляя новые детали.

- Я не слышала о новых похождениях барона. К тому же Вы, Тео, умнейший человек, не чета эксцентричному барону и сможете вместе с архитектором обсудить проект вашего дома. В конце концов, на мой взгляд, Вам не мешало бы обзавестись семьей. Женой и детками.
- Неужели я произвожу такое грустное впечатление, что кроме как жениться, я больше ни на что не годен?
- Какой Вы, однако, привередливый. Тогда скажите, чем я могу Вас порадовать?
- А это уже интересно. Что такого Вы потребуете от меня, вот какой вопрос у меня возник.
- Ничего сверхъестественного я от Вас не жду. Зибейда, девочка, которую включили в дополнительный набор, Вы помните? Познакомьте ее со своими близкими. Надеюсь она

легко войдет в ваш круг. Она такая талантливая. – Придворная Дама вздохнула, - и такая молодая. А почему бы Вам не жениться на ней? Как Вы смотрите на это предложение. Не век же Вам оставаться холостяком.

Толстяк молчал, перебирая в голове возможные варианты развития событий. То, что против него существует заговор, он не сомневался, а иначе зачем предлагать ему такой мезальянс- женитьбу на суррогатке. Пауза затянулась.

- Не отвечайте сразу, Тео, у Вас есть время подумать, но не забудьте, что Зибейде покровительствует императрица.

Офелия, в быту Монашка, стала следующей, к кому обратилась Дама все с той же просьбой. Офелия не стала противиться и задавать вопросы. Прожив бурную молодость, вкусив от всех запретных плодов, в зрелом возрасте она стала образцом добродетели. Удалилась от порочного светского мира в один из самых суровых монастырей – монастырь бенедектинок. Ей удалось усмирить свой буйный темперамент. Самым главным своим достоинством Офелия считала отрешенность и полное равнодушие к земным делам. Монашка пообещала представить Зибейду самым высоким лицам в иерархии монастыря. Придворная Дама впервые за долгую службу растерялась. Никак не могла взять в толк: смеется над ней Офелия или в самом деле за время своего заточения в храме, она потеряла чувство реальности. На всякий случай,она согласилась на любезное приглашение Монашки. Сложные маневры Придворной Дамы, заручившейся напоследок благосклонностью Дворецкого, спровоцировали непредсказуемый ход событий.

Обычное эволюционное время, неспешно текущее по раз и навсегда установленному руслу, уступило место своему собрату – революционному времени. Бешенному, безумному времени, переворачивающему с ног на голову все установленные правила. За короткий период произошло столько событий, что в обычное время их хватило бы на несколько десятилетий. Стали рушиться прежние приоритеты, ломались стереотипы. Зибейда оказалась персонажем, которого многие годы ждали суррогаты. Они с восторгом приняли нового лидера. Зибейда сумела очаровать Толстяка, увидевшего в ней образ свой незабвенной прапрабабушки суррогатки. Обретя статус замужней дамы, к тому же одного из членов высшей касты Людей, она стала уверенно гнуть свою линию. Ей удалось как когда то

Кандиду, Роксалане и Селин отправить в отставку всех членов комиссии. Роксалана, самая боевая из всех, пыталась сопротивляться, организовав в прессе кампанию против Зибейды. В ход пошли самые грязные сплетни. Биографию девушки, начиная с самого рождения, покрытого тайной, кончая недавней шумной скандальной свадьбой с полукровкой Теофилем представили на суд читателей таким образом, что у обывателей не должно было остаться ни малейших сомнений в том, что Зибейда- исчадие ада. Девушка не зря получала стипендию Эдварда Жореса I за прекрасную учебу. Зибейда научилась искусству пиара. То, как она организовала контр наступление на дряхлеющих членов Комиссии впоследствие стало классикой жанра. Компания черного пиара вошла во все учебники империи. Зибейда не стала ничего придумывать. Просто поместила фотографии без ретуши Людей – элиту империи, сопровадив их псевдонимами, которыми Люди называли друг друга в узком дружеском кругу. Единственным, кому удалось избежать позорного столба, оказался муж Зибейды- Теофиль, в миру Толстяк. Молодые поладили. Портрет прапрабабушки Теофиля занял почетное место в новом доме, построенном по проекту модного архитектора Зарнишан. Всех членов комиссии, за исключением Тео, отправили на покой, предупредив, что в случае неповиновения их лишат собственности и переведут в категорию перорабов.

Огромная армия суррогатов воодушевилась новыми идеями. Каждый день приносил новые радужные надежды на лучшую прекрасную жизнь. Зибейда стала премьер министром, сохранив монархию и императрицу в качестве номинальной правительницы. Благодарная суррогатка не стала посягать на высшую власть. А вот Придворная Дама очень пожалела о том, что невольно стала виновницей всех бед Людей. Ей, как и другим людям ,пришось смирить гордыню. Самый главный документ империи –«Декларацию о старости», переписали. Первый абзац, где говорилось о самой высшей касте общества- Людях заменили другим. Люди и суррогаты получили равный статус. Все остальные пункты оставили без изменений. По этому документу получалось, что привилегии теперь делились поровну между Людьми и суррогатами. Перорабы остались в том же положении, что и раньше. Революционное время стало замедлять обороты, плавно переходя в эволюционное. Люди потихоньку вымирали, суррогаты заполонили всю империю и перорабам стало казаться, что недалек тот день, когда они смогут расправиться с суррогатами и вот тогда наступит их время. Все вернулось на круги своя…

Made in the USA
Lexington, KY
18 May 2019